KB211045

빛의 시크릿

빛의 시크릿

기본편

정화 & 창조

SoulDe

좋은땅

좋은 책과 정보, 명상과 마음공부 등을 통해
앎과 깨달음을 얻는 체험을 할 수 있다

그 앎을 알기 전과 후의
내가 완전히 다른 사람처럼 느껴지고
모든 것이 이해되고 세상 이치에 대한
통찰을 얻게 되는 깨달음.

나는 그런 앎과 깨달음의 체험조차
일종의 신비 체험이라고 본다.
그 체험은 일시적으로 나를 다른 사람처럼 느껴지게 만들고
세상을 달리 보이게 만들고
실제적으로 변화를 맞이할 수도 있지만
그것은 그때뿐이다

당신이 책을 덮는 순간,
명상에서 벗어나고 마음공부의 내용이 잊혀지는 순간,
모든 것들은 당신의 인식으로부터 희미해져 가며
당신과 당신의 현실은 본래의 상태로 돌아오게 된다.

당신의 삶에 강력하고 지속적인 변화를 원한다면
그런 인식적 앎과 깨달음만으로는 부족하다

당신 삶의 실제적 변화는

당신이
행동하는 습관
말하는 습관
듣는 습관
생각하는 습관
느끼는 습관을

바꿀 때야만 가능하다

♡

어둠을 없앨 수 있는 가장 빠른 방법은

빛을 가져오는 것이다

어두운 방 안에 불을 켜면 어둠은 끝난다

그런데 어둠이 너무나 장대하고 칠흑 같다면

손전등 하나로 시골의 넓고 깊은 밤을 다 밝힐 순 없다

내 안의 어둠은 너무나 장대하고 깊은데

내 안의 빛은 아직 너무나 미미하다면

빛을 막고

어둠을 일으키는 요인을

먼저 제거해 주는 작업이 필요하다

내 안의 어둠의 장애물이 사라질 때

비로소

나의 빛이

온전한 창조를 시작한다

빛의 시크릿 [기본편]을
인간적인 당신께

빛의 시크릿 [심화편]을
영적인 당신께
바친다.

인간으로 살든
신성으로 깨어나든

그 어느 차원에서든
그 어떤 존재로든

모든 시공 속에서
모든 시공 밖에서

행복하기를…

지복하기를…

책 소개

이 책은 자신이 원하는 상태를 창조하는 방법과 실천법에 관한 책이다.

인간적 차원에서의 행복, 건강, 부유 그리고 영적 차원에서의 상승까지, 자신이 원하는 상태에 이르는 방법에 대한 설명과 그 방법을 실천하는 법을 담았다.

나의 첫 번째 책『내 안의 권능 사용법 1』이 나온 이후 2년 동안 나를 찾아오는 내담자분들에게 에너지 리딩 작업을 계속 진행하면서 단계별로 더 구체화되고 추가된 실천 방법들과 더 확장된 인식과 정보들이 있었고 그 모든 내용을 읽기 쉽게 책으로 정리하게 되었다.

즉, 이 책은『내 안의 권능 사용법 1』에 소개된 실천법만 따로 더 상세히 다룬 '실천 안내서'인 셈이다.

첫 번째 책에서는 책 소개만 10페이지에 달할 정도로 모든 걸 설명하려고 애썼지만 이번에는 내가 어떤 일을 하는 사람인지, 영혼, 신비 체험, 전생, 초탈, 에너지장, 저(低)진동, 고(高)진동, 다차원 우주니 하는 개념들에 대해 깊은 설명을 하지 않기로 한다.

그것은 설명이 불가능하고 설명으로 이해되고 설득되어지는 것이 아니라 직관적 이해와 체험의 영역이라는 것을 알았기 때문이다

그냥 그 모든 개념을 전제로 이 책은 쓰여졌으며 영적인 영역까지는 관심이 없는 일반인도 최대한 쉽게 접근할 수 있도록 [기본편]과 [심화편]으로 나누었다.

[기본편]은 자신이 원하는 건강하고 행복하고 부유한 인간 체험을 창조하는 것이 목표인 분들, [심화편]은 건강하고 행복하고 부유한 인간 체험과 함께 그 이상의 영적 존재로서의 체험을 창조하는 것이 목표인 분들을 위한 책이다.

[기본편]은 기존의 시크릿(끌어당김의 법칙을 이용한 현실 창조)의 한계를 보완한 더 완전한 현실 창조를 위한 원리와 실천법을 정리, [심화편]은 영적인 차원에서 접근한 보다 근원적이고 확장된 내용들과 에너지 정화와 활성화를 위한 에너지 작업 활용에 대한 내용을 담았다.

이 책을 쓰게 된 나의 여정을 최대한 간단히 요약하자면,

나는 『람타』(3만 년 전, 자유로운 바람이 되고 싶어 6년간 바람을 숙고하다 초탈을 이룬 존재)라는 영성책과 『초인생활-초인들의 삶과 가르침을 찾아서』(100여 년 전 스폴딩이라는 미국인이 팀을 꾸려 히말라야에 사는 초인대사들을 찾아가서 그들을 만나 경험한 이야기를 담은 책)라는

영성 책을 읽고 그 책의 내용들이 너무나 과학적으로 이해가 되어 2년간, 인간이 지닌 언어적 개념 중에 가장 진동수가 높다고 하는 '신'이라는 말을 넣어 '나는 신이다.'라는 만트라 명상을 하게 되었고 그 과정에서 에너지가 열려 강렬한 영적인 신비 체험들을 하게 되고 신비 체험을 한지 3년이 지난 시점에 신비 체험에 관한 글을 블로그에 올리면서 사람들이 나를 찾아오게 되었다.

지금은 에너지 리딩 작업을 통해 사람들 안에 저진동 에너지 처리와 고진동 에너지 활성화 작업을 하며 나의 에너지 작업과 함께 내담자분들이 직접 스스로 실천해 주어야 하는 과제인 정화(저진동 압축 풀기)와 창조(고진동 압축 풀기)등에 대한 방법을 공유하고 코칭해 드리고 있다.

신비 체험 이후 아무일도 벌어지지 않는 3년의 기간 동안 나는 현실 창조, 끌어당김의 법칙에 관한 책을 읽게 되었고 [시크릿 동영상] 200번 보기 작업과 함께 『호오포노포노』라는 무의식 정화법에 관한 책을 읽게 되면서 현실 창조의 방법인 [시크릿]의 한계와 보완점, [호오포노포노]를 변형하여 응용하는 방법 등을 알아가게 되었다. 그리고 에너지 작업을 통해 알게 되고 내 안에서 점진적으로 벌어지는 개인적 정화와 창조 과정을 접목해서 지금 내가 이 책에서 소개하고자 하는 정화와 창조의 방법을 통합해 내게 되었다.

나에게는 인간으로서 건강하고 부유하고 행복하게 살고자 하는 분들도 오시고 나처럼 인간으로서 이번 생이 마지막이고 싶은 초탈이 목표인 분들도 오신다.

나는 내게 오시는 분들이 인간적 차원이든 영적인 차원이든 그 모든 체험의 여정을 건강하고 부유하고 행복하게 갔으면 하는 바람으로 내가 나의 여정을 가면서 알게 되는 모든 인식들과 방법들을 공유하고 있고 그 모든 내용을 정리한 이 책도 쓰게 되었다.

나에게 에너지 작업을 받으러 오시는 분들에게 나는 말한다. 내가 에너지 차원에서 해드리는 작업은 50%의 효력을 가지며 나머지 50%는 내담자 본인이 내가 안내해드리는 방법들을 직접 실천해 주셔야 현실에서 진정한 효과를 체험하실 수 있게 있게 될 거라고. 이 책은 나머지 50%에 대한 가이드북이다.

목차

3부

1부

1

이 책을 이용하는 법

내면의 평화와 물질적 현실 창조를 이루는 방법에는 정말 다양한 길이 있을 것이다.

부정적 감정의 정화와 현실 창조를 이루는 방법 중 알아차림, 허용하기, 내려놓기, 내어 맡김 그리고 '시크릿'이라는 끌어당김의 법칙 등등.

그저 알아차림만으로 당신안의 부정적 감정이 사라진다면,

그 어떤 단계도 없이 처음부터 바로 내려놓기가 가능하다면,

특정 결과에 대한 집중 없이 그저 내어 맡김만으로 원하는 것이 이루어 질 수 있다면,

시크릿의 단순한 3단계의 과정(1. 원하는 것을 구하기/2. 받았다고 믿기/3. 받았을 때의 감정 느끼기)만으로 원하는 모든 것이 이루어진다면,

얼마나 좋을까? 그런 상태는 나 역시 부럽다.

만일 그런 방식들이 당신의 부정적 감정을 정화하고 현실 창조를 실제로 돕고 있다면 그 방법이 당신에게 너무나 잘 맞고 옳은 방법이니 그 방법대로 계속하면 된다.

그러나 그 오묘한 말들이 간과하고 있는 지점은 없는지 도대체 실제로 어떻게 적용되어야 하는지 감이 오지 않거나 그 방법들이 '작동되었다가 안 되었다.'를 반복한다면 이 책이 도움이 될 수도 있다.

평화와 행복에 이르는 다양한 길(방법)에 대해 옳고 그름, 좋고 나쁨을 따질 필요가 없다. 그야말로 다양한 길(방법)이니 서로 다른 부분을 지녀야 하고 서로 충돌을 일으키는 것처럼 보이는 지점들이 있을 수도 있다.

다양한 길이 존재하는 이유는 우리의 상태들이 다양하기 때문이다. 다양한 우리의 상태에 맞게 다양한 수준에서 다양한 접근 방식으로 그 모든 길이 우리 모두를 다양하게 돕고 있다는 것을 알면 된다.

절대적으로 완벽하고 훌륭한 한 가지 방법이 존재하는 것이 아니라 자신의 특정한 시기와 상황과 존재 상태에 맞는 가장 도움이 되고 자신이 옳다고 느껴지는 방법이 자신에게 가장 훌륭한 방법이 되는 것뿐이다.

그 방법을 그때그때 우리 스스로 끌어당기면 된다.

그리고 다양한 방법들을 접하게 될 때마다 그 모든 방법들을 자신의 상황에 맞게 잘 변형, 통합, 응용해서 창의적으로 적용하고 도움이 되게 실천을 해내면 된다.

이미 지구상에는 모든 답이 주어져 있다.

답을 찾고자 하는 절실함!

그것을 자신을 위한 답으로 알아 볼 수 있는 깊고 완전한 이해력!

자신의 생각과 삶에 맞게 적용시키는 응용력!

에너지가 쌓일 때까지 포기하지 않는 꾸준한 실천력!

결국은 이루어 내는 실현력!이

우리에게 부족할 뿐인 것이다.

내가 소개할 정화와 창조의 방법은 놀라울 정도로 간단하다. 다만 그것을 될 때까지 끝까지 해내느냐가 관건인 것이다.

그 방법은 특별할 것이 없어 보일 수도 있다. 그러나 나는 그것이 어떻게 답이 될 수 있는지 작동 원리에 대해 아주 자세하고 쉽고 명료하게 이해시킬 것이고 여러분이 포기하지 않는 한 그 방법을 될 때까지 계속 쓸 수 있도록 독려하게 될 것이다.

이 책의 내용들이 와닿지 않는다면 책을 다시 덮어도 좋다. 그리고 당신에게 와닿는 다른 책과 방법과 도구들을 찾아 나서라! 그리고 그 방법들을 체험해 본 후 한계를 느끼거나 완전한 도움을 받지 못했다면 다시 이 책을 읽어 보라고 권하고 싶다.

이제 이 책을 답으로 알아볼 수 있는 준비가 되었을 수 있으니….

이 책의 내용이 이해되고 끌리고 지금의 당신을 위한 답으로 느껴지고 실천의 의지가 생긴다면 이 책을 꾸준히 이용하라고 권하고 싶다. 매일 읽어도 되고 뭔가 막히거나 풀리지 않을 때도 다시 책을 열어 보라고 권하고 싶다.

내가 이 책을 통해 말하고 있는 모든 인식과 방법들은 누군가 가르쳐 주거나 기존의 지식을 공부하거나 외워서 여러분들에게 전달하고 있는 것이 아니라, 몇 년에 걸쳐 나에게 저절로 벌어지는 일들과 떠오르고 통합되는 인식들을 나부터 실천하고 이해해 가며 그 모든 내용을 나를 찾아오는 내담자분들과 블로그에 공유한 기록들이다.

내가 이 책의 내용들을 몇 년째 포기하지 않고 계속 직접 실천하며 다음번 인식과 방법 즉 다음 단계로 안내되고 나아갈 수 있는 이유는 아마도 내가 이 책의 내용에 매일같이 노출되기 때문인 것으로 보인다.

일반적으로 우리는 좋은 책을 읽고 그럴 듯한 방법을 알아도 얼마간 그 책의 내용에 심취하고 집중되어 방법들을 실천해 보기도 하지만 그 책을 덮는 순간, 그 감동과 인식의 확장감은 시간이 지나 내용이 잊혀 지면서 흐려지기 쉽다. 그리고 나의 에고와 머리는 또 다른 더 좋은 것, 더 획기적으로 나를 사로잡고 더 단시간에 뭔가 나를 바꿀 수 있는 것을 찾기 시작한다.

아마 나도 그랬을 것이다. 그런데 나는 에너지 작업을 하며 나를 찾아오는 내담자들에게 이 책의 내용들을 다양한 내담자의 다양한 버전으로 매일같이 설명하고 있고 설명을 하면서 나는 내가 나를 가르치고 있음을 발견한다. 그 앎에서 하루도 벗어날 수 없었고 나는 매일 그 방법을 말하며 그 방법을 실천하지 않을 수가 없는 기막힌 환경에 노출된 것이다.

그리고 더 놀라운 것은 내가 나 하나의 여정과 사례만을 가지고 있었다면 다양한 내담자들을 다양하게 도울 수 없었을 것이다. 나의 인식과 방법들은 다양한 내담자분들의 인식과 실천사례와 상황으로 인해 점점 더 확장되고 깊어지고 생생해져 갔고 이 책의 내용들을 내실 있게 완성시킬 수 있었다. 나에게 오시는 내담자분들이 나의 산증인이자 스승인 셈이다.

현실 창조를 위한 끌어당김의 법칙의 내용을 다룬 [시크릿] 동영상에는 밥 프록터(Bob Proctor)라는 노신사가 등장하는 데 그는 부와 성공의 비법을 가르치는 유명한 저자이자 강사이다. 그런 그는 60년간 매일 같은 책(생각의 힘에 관한)을 읽었다고 한다.

내가 집중하는 것이 결국 내 현실이 된다.

더 대단한 앎과 정보를 찾고 만나는 것도 중요하지만 사실상 모든 앎의 근간과 그 원리는 비슷하며 일맥상통한다. 당신이 한 가지 앎에 대해 그 내용이 이해가 되고 끌린다면 그 앎이 당신 안으로 완벽히 내재화되고 완전히 새로운 프로그램으로 깔리고 제대로 자리 잡아 체화될 때까지 그리하여 당신의 현실이 정말로 제대로 변할 때까지 그 앎을 매일 접하고 인식하며 실천해 가는 것만이 답이다.

이 책이든 당신에게 와닿는 다른 어떤 책과 정보든 당신의 생각을 확장시키고 의지를 자극한다면 매일 그 책을 읽으며 그 앎에서 벗어나지 않도록 매순간 인식하고 실천해 나가 보길 추천한다. 실제로 나는 같은 내용을 매일 설명하는 데 반복되는 지루함이 조금 있을 수 있지만 어느 순간 그 내용 자체가 뿌리와 가지를 뻗어 내는 것처럼 그 안에서 새로운 이해와 인식이 다시 발견되고 재인식, 재이해, 재깨달음이 생겨나고 계속 말하다 보니 '정말 실천을 더 잘 해내고 싶다. 하면 되겠다.'라는 느낌과 의지가 계속 재생성되는 신기한 체험을 하게 되곤 한다.

같은 책을 여러 번 반복해서 읽다 보면 그 책에 담긴 내용이 함축하고 내포하는 인식의 결이 살아 움직이며 당신의 인식과 결합하여 당신은 당신만의 고유한 지식과 정보와 지혜를 다시 얻게 되고 창조하게 될 것이다. 체험해 보라~!

그래서 여러 가지 책을 100권 읽는 것보다 한 가지 책을 100번 읽게 되면 도통하게 된다는 말이 있는 건지도 모른다.

나는

당신이 인간으로서 건강하고 부유하고 행복하게 삶을 창조하며 누릴 수 있기를,

부자라도 마음까지 평화롭고 행복한 부자가 될 수 있기를,

자신이 누구인지 답을 찾고 깨달음과 마음의 평화를 얻고자 하는 영성인일지라도 가난한 구도자가 아닌 부유하고 행복한 영성인이 될 수 있기를,

나처럼 인간 차원에서의 행복이 더 이상 끌리지 않아 인간 체험을 종료하고 초탈을 꿈꾸는 깨어나는 영혼들일지라도 몸을 입고 있는 동안 건강과 부유와 행복이 그 길을 지원해 주길 바라며(경제적으로 불안하고 마음이 불행하고 몸이 아프면 초탈명상에 집중할 수 없음.),

이 책을 그 모든 여정에 바친다.

2

끌어당김의 법칙에 대한 확장된 이해

지구상의 그 어떤 가르침과 진리의 말, 깊은 철학적 사유를 통틀어 지금의 내가 유일하게 믿어지는 이 우주의 단 한 가지 원리이자 진리는 이것 밖에 없다.

'내가 집중하는 것이 내 현실이 된다.'

나는 매 순간 무엇에 집중하고 있는가?

나는 내가 원하는 것에 온전히 집중할 수 있는가?

나는 내가 진실로 원하는 것이 무엇인지는 아는가?

우리가 5%의 현실 의식으로 아무리 긍정적인 생각과 기쁨의 감정에 집중하려고 해도 95%의 무의식이 정화되지 않은 채 온갖 부정적인 감정과 그 감정이 불러일으키는 부정적 생각(사념체)에 프로그램화 되어 있다면 결국은 그 부정적인 감정이 체험을 불러오게 된다.

그래서 일시적으로 긍정적인 생각과 기쁨에 집중해서 뭔가를 이루어도 시간이 지나면 그 일은 결국 다시 잘못되거나 힘들어지거나 불행해지는 사건 사고로 이어질 수 있다. 내 안에 95%의 무의식(잠재 의식)이 더 강력하게 우리의 의식 세계와 현실을 지배하고 있기 때문이다.

무의식 영역의 중요성을 강조하는 심리학자들은 '인간이 하는 모든 판단과 행동의 90%가 무의식적 행동이다.'라고까지 말한다.

나는 대학교 때 교육심리를 전공하고 한 때 심리상담사가 되려고도 했지만 내가 내린 결론은 '인간의 문제는 심리 차원에서 해결할 수 없다. 인간은 심리(마음)의 영역을 포함한 더 큰 차원의 영적 존재이기 때문이다.'였다.

이런 내가 『람타』라는 책을 읽고 초탈의 개념을 너무나 과학적으로 이해하고(초탈에 관한 양자역학적 이해의 과정은 [심화편]에서 다루겠다.) '이거 잘하면 진짜 되겠는데?'가 되어서 2년간 '나는 신이다.' 만트라 명상을 하게 되었고 그 과정에서 우연히 에너지가 열리는 신비 체험을 하게 되면서 인간 존재의 에너지적 구조를 알게 되었다.

참고로 나는 최면도 잘 걸리지 않았고 종교에도 오래 머물 수 없었으며 학창 시절에는 이 세상에 대해 '왜?'라는 의문이 극심하게 고개를 쳐드는 바람에 '왜? 공부해야 하고, 왜? 이 사회는 이 모양이고.' 등등으로 그 의문이 해결되지 않고는 아무것도 할 수 없어 결국 고등학교를 1년 쉬어야 했던 전적이 있으며 내가 초탈을 위한 명상을 시작할 때조차도 에너지나 기(氣)에 대한 그 어떤 신비 체험 자체를 목표로 한 것이 아니었기에(그 저 살고 죽고를 반복하며 환생을 통해 이어지는 지겨운 고통의 인간 체험 을 너무나 끝장내고 싶었음.) 이 모든 것에 대한 직접적 체험은 그야말로 나에게 '보이지 않는 에너지 영역이 실제로 존재하는구나!' 그 자체였다.

그것은 그냥 그 어떤 설명도 필요 없는 보이지 않는 에너지 세상으로의 초대와도 같았다. 그리고 그것은 비단 나뿐만이 아니라 이 시기에 적지 않은 수의 인간들 안에서 진행되고 있는 체험들이기도 했는데 이 부분은 [심화편]에서 다루기로 한다.

영적인 신비 체험 후 3년이 지나 나는 인간의 오라(Aura), 엄밀히 말하 면 단단한 육체인 입자 몸의 안팎으로 펼쳐져 있는 에너지 몸의 기록들을 리딩하기 시작했는데 아주 놀라웠다.

내담자분이 평소에 했던 생각, 감정, 말들이 내 입을 통해 문장 그대로 나올 때는 내담자분들만 소름이 돋는 게 아니라 나 역시 '내가 지금 뭐하 는 것인가? 어떻게 이런 일이 가능하지? 이걸 어떻게 설명할 수 있지?'가 되어 버린다.

트랜스 상태에서 리딩을 시작하자마자 내 입에서 "이건 좀 아니지 않 니?"라는 말이 나오면서 리딩을 받던 내담자가 "어머머머…." 하며 화들 짝 놀라는 일이 벌어졌는데 그 대사는 그 내담자가 직장에서 평소 가장 많이 쓰는 말이라는 것이다. 이 대사는 녹음기 재생하듯 통명한 어투까지 똑같이 나와서 나 역시 기억에 두고두고 남는다.

리딩을 시작하자마자 10분 동안 아무 말도 하지 못하게 되는 상황도 있었는데 그때 나는 말문이 막혀 버리는 엄청난 답답함으로 가슴이 터질 것 같은 감정을 체험해야 했고 이 모든 상태를 내담자에게 묘사해드려야 하는데 말이 나오지 않아 침묵으로만 10분이 진행된 적이 있었다. 겨우 말 못 하는 상태의 리딩이 끝나고 나는 내담자에게 '과거에 말을 못 하신 적이 있었냐?'고 질문을 하게 되었는데, 중년의 내담자분은 놀랍게도 말을 이렇게 원활하게 나누게 된 지가 불과 2년 정도밖에 되지 않았다는 것이다. 그 전까지 자신의 삶은 정말 자신의 의사 표현을 거의 하지 못하는 상태였고 엘리베이터 안에서 이웃을 만나면 목구멍까지 인사가 올라와도 절대 입 밖으로 나와지지 않는 삶을 살았다는 것이다.

리딩을 시작하자마자 10분간 내가 오열하듯 꺼이꺼이 울음을 토해 낸 적도 있었는데 내담자분은 평소에 자신이 슬픔과 눈물이 목구멍까지 차서 좀처럼 울음으로 나와 주지 않았는데 그 울음을 내가 토해 내 주었고 그 리딩이 진행되는 동안 자신도 같이 울 수 있었다고 했다.

리딩 중에 신기하고 소름 돋는 일들은 부지기수로 일어났는데 내가 리딩하고 있는 것들은 단순히 그 사람의 과거나 관련된 정보를 알아맞히는 식이 아니라 그 사람 안에 들어 있는 무거운 에너지 정보(극심한 고통과 스트레스, 분노, 슬픔, 두려움, 답답함, 억울함, 수치감 등의 부정적 감정과 생각, 사건의 기억 등)들을 리딩하는 동시에 처리해 내고 있는 작업이었다.

내담자분들은 이런 말을 한다. 정말 까마득히 잊고 있었던 기억, 감정, 생각들이라고, 그런 것들이 다 잊혀지고 내 안에서 정화되고 처리되어서 아무렇지 않은 줄 알았다고 그런데 내 안에 이렇게 남아 있고 살아 있을 줄 몰랐다고.

그리고 여기서 끝이 아니다. 우리는 이번 생만 산 게 아니었다. 나 역시 만일 내담자분들의 생생한 증언을 들을 수 있는 이번 생의 정보들이 등장해 주지 않았다면 내담자분의 에너지장 안에서 나오는 전생의 장면과 스토리 또한 믿지 않았을 것이다. 그런데 내담자 안에 가장 무겁게 작동되고 있는(주로 극심한 고통의 비극적) 전생 에너지가 처리되기 위해 전생의 장면들이 등장하기도 했다.

신비 체험 즉, 내가 처음 에너지가 열리던 순간과 리딩이 시작되던 순간을 기억한다. 내 가슴으로 엄청난(고통의) 감정이 느껴지고 그 감정과 관련된 정보와 스토리가 펼쳐지는 식이었다. 우리 안의 모든 정보는 주로 감정의 형태로 저장되어 있었다.

그리고 나는 리딩이라는 것을 하면서 카르마라는 개념을 새로이 알게 되었다. 이 세상에는 한 가지 개념에 대한 다양한 접근과 여러 수준의 이해가 존재할 수 있다. 내가 알게 된 카르마의 개념은 내가 접근한 내 수준의 이해와 개념이란 것을 알아주면 좋겠다.

카르마(업보)의 사전적 의미는 **선악의 행업으로 말미암은 과보** 즉 내가 지금 고통을 받는 것은 전생에 누군가에게 고통을 주는 악행을 저질렀기 때문이란 것이다.

그러나 내가 알게 된 카르마는 '감정' 그 자체였다. 선업의 카르마는 '긍정적인 감정' 그 자체이며 악업의 카르마는 '부정적 감정' 그 자체라는 것이다. 카르마 청산, 업장 소멸의 대상은 주로 무거운 악업에 속하므로 내가 이 책에서 말하는 **카르마란 주로 '부정적 감정' 그 자체를 의미한다.**

우리의 에너지장 안에는 카르마 즉 부정적 감정 그 자체가 어느 지점에서 처음 생성되어(부정적 감정의 초기생성 과정은 '심화편'에서 다룰 예정) 마치 프로그램처럼 깔려 있는데 이 프로그램이 환생하는 동안 매 생의 체험을 끌어당기는 주 프로그램처럼 작동한다.

여러분이 우울증으로 심리상담을 받으러 가면 주로 어린 시절 원부모와의 관계에서 그 원인을 찾을 수 있는데 예를 들어 당신은 어린 시절 강압적이고 폭력적인 부모로부터 받은 트라우마로 인해 우울증에 걸렸다는 것이다.

그런데 아니다. 당신은 이미 당신의 에너지장에 전생부터 처리되지 못한 분노, 우울, 억울함 등의 부정적 감정 즉 카르마를 가지고 이번 생에 다시 태어났으며 그 결과 그 감정들이 끌어당기는 모든 관계의 체험을 주로 태어나자 만나는 부모와 먼저 시작했을 뿐인 것이다.

부처가 말한 인간의 생(生)이 고(苦)인 이유는 주로 고통스러운 부정적 감정 즉 카르마가 주 프로그램처럼 작동하며 매 생의 체험을 끌어당기며 창조하고 있기 때문이다.

여러분의 전생들은 서로의 배역과 상황만 바뀔 뿐 그 역할과 상황에서의 감정 체험은 똑같이 반복된다. 전생에 나의 아버지로 태어나 나를 힘들게 했던 사람이 이번 생에 나의 자식으로 태어나 나를 힘들게 하고 배역과 상황만 달라질 뿐 내가 그 관계에서 체험하는 감정은 비슷하다.

왜인 줄 아는가? 여러분 안에 감정은 눌려지고 억압되고 잊혀질 뿐 결코 사라지고 처리되지 않은 채 여러분의 오라(Aura)인 에너지장 안에 그대로 기록되어 다음 생에 여러분의 잠재 의식이자 무의식장을 가득 메우게 되고 그 감정 에너지인 카르마가 결국 삶의 체험들을 끌어당기고 있기 때문이다.

내가 [시크릿] 동영상 200번 보기 작업을 했을 때, 가장 인상 깊게 남는 대사는 '느껴야만 합니다.'였다. 아무리 내가 원하는 것이 이루어졌음을 상상해도 그 감정을 느껴 주지 않으면 끌어당김의 힘이 약해진다. 느낌은 끌어당김의 힘을 더욱 증폭시키는 역할을 한다는 것이다.

나의 첫 번째 책 『내 안의 권능 사용법 1』에는 '감정 에너지의 힘'에 대한 관련 자료들을 모아 놓은 부분이 있다. 내가 무언가에 대해 감정을 느끼는 순간, 단순히 생각하는 것보다 5000배의 전자기장을 내뿜는다는 그 감정의 힘에 대해 여러분은 아셔야 한다. 감정은 끌어당김의 법칙, 현실 창조의 원리의 핵심이기 때문이다.

문제는 내가 원하는 긍정적인 생각과 감정에 집중을 절대로 완전히 해낼 수 없을 만큼 우리 안에는 전생부터 쌓여 온 부정적 감정의 압축인 카르마가 언제든 켜질 스위치처럼 우리의 무의식 안에 깊고도 장대하게 깔린 채 우리의 체험을 무작위로 끌어당기고 있다는 사실이다.

전생에 나쁜 짓을 하면 이번 생에 받는 벌과 같은 업보인 불교의 카르마 개념은 단편적인 해석이자 관점이다. 전생 리딩을 하면 피해자와 가해자가 서로 역할을 바꿔서 등장하는 경우도 있지만 역할이 바뀌어도 비슷한 감정 체험의 연속이 더 많았다. 내 인생이 너무 고통이니 내가 전생에 죄를 지어서 벌을 받고 있는 느낌이 날 뿐이지 실제로 그렇게 진행되지 않는다. 죄라면 카르마인 부정적 감정 자체 즉 체험을 끌어당기며 창조하고 있는 프로그램을 제대로 처리하지 못한 것이 죄다.

전생에 나를 죽인 가해자와 죽임을 당했던 피해자인 내가 있다고 가정해 보자. 나에겐 가해자에 대한 분노와 원망 등이 발생했을 수 있지만 누군가를 죽인 가해자의 감정 상태는 어땠을까? 그는 행복한 상태로 나를 죽였을까? 나를 죽이고 싶을 만큼 분노와 원망, 억울함으로 가득 찼을 가능성이 더 높지 않았을까? 그러면 누가 죄인인가?

아무도 죄인이 아니다. 서로 죽고 죽이는 체험 자체를 끌어당기고 창조해 낸 주범은 우리들 안의 감정 에너지(분노, 원망, 억울함, 고통 등), 카르마 그 자체이기 때문이다. 감정 에너지는 강력한 창조의 도구이며 끌어당김의 핵심 에너지임을 잊지 말길 바란다.

그러니 불교에서 말하는 업장 해소, 카르마 청산 즉 부정적 감정을 완전히 정화, 소멸시키는 것이 내가 원하는 긍정적인 체험을 끌어당기기 위한 필수 선행 작업이 되어야 한다.

우리가 원하는 긍정적인 생각과 감정들(기쁨, 행복, 부유, 건강, 기적, 감사 등)에 집중하기에는 우리는 너무도 강력하게 습관적으로 부정적인 생각과 감정들(두려움, 불안, 근심, 걱정, 분노, 고통, 슬픔, 답답함, 우울 등)에 무의식과 현실 의식이 모두 지배받고 있다는 것이다.

내가 집중하는 것이 내 현실이 되므로 내가 원하는 것에 집중할 수 없게 만드는 모든 장애물들(부정적 감정의 프로그램인 카르마)을 걷어 내고 부디 내가 원하는 생각과 감정에 온전히 집중해서 내가 원하는 체험을 끌어당기며 창조할 수 있게 되는 것이 내가 이 책을 통해 여러분과 함께 도달하고 싶은 상태이다.

3

부정적 감정 정화에 대한 확장된 이해

우리의 무의식, 더 깊고 장대하게는 인류 전체의 집단 무의식을 장악하며 환생하는 내내 프로그램처럼 우리의 체험을 끌어당기고 있는 카르마인 부정적 감정이 사라지지 않고 압축되는 이유는 무엇일까?

인류의 역사상 보이지 않는 인간의 마음, 내면을 다루는 심리학의 역사가 200년이 채 되지 않으며 그중에서도 인간의 감정을 돌아보고 다루기 시작한 것은 불과 몇십 년이 되지 않을 것이다.

인류는 굶주리고 전쟁을 하고 하루하루 생존이 보장되지 않는 상황에서 내 육신을 살리는 데 혼신을 다하고 집중된 상태였으며 그 과정에서 느끼게 되는 공포, 두려움, 긴장, 슬픔, 고통 분노, 억울함, 모멸감 등의 감정들은 그저 당연한 정신적 분비물에 불과했을 것이다.

그런 감정들을 돌보거나 집중할 겨를도 없이 적으로부터 도망을 가야 하거나 극심한 육체적 고통에 시달리거나 적자생존의 인간 사회에서 살아남고 성공하기 위해 감정들은 가장 비효율적인 방해물로서 회피나 극복의 대상이었을 뿐이다.

감정을 누르든, 짓밟든, 모른 척하든, 급기야 감정선을 끊어 무디게 만들든 감정으로 질척거리며 두려움이나 슬픔으로 생존을 방해받는 것은 막아야 했다.

감정적인 것은 이 험난한 인간 사회를 살아나가는 데 전혀 도움이 되지 않았으므로 눌러야 하고 가라앉혀야 하고 무시해야 하는 하찮은 것이었고 극복해야 하는 귀찮은 것이었다.

강한 자가 살아남기에

여자처럼 울지 마!
나약하게 굴지 마!
감정 낭비하지 마!

의 대상이었다.

그렇게 감정을 억압하고 무시한 결과, 현대의 인간들은 과거보다는 전쟁이 많이 일어나지 않고 생존이 보장되는 비교적 평화로운 시대에 살면서도 몸과 마음의 병을 얻고 자기 자신과 타인과의 관계 속에서 정신적 전쟁을 겪기 시작했다.

스트레스로 마음과 몸의 병을 얻은 현대인들은 마음의 평화를 찾아 마음공부와 명상을 하게 되는데(『내 안의 권능 사용법 1』의 '일반 명상과 마음공부의 한계' 참고) 이마저도 결국 외부의 사람과 상황을 내 뜻대로 바꿀 수 없으니 내 마음을 바꿔 보는 식, 즉 생각(해석의 관점)을 바꿔 감정을 무효화(예: 화날 만한 일이 아닌 것으로)시키거나 건드려지고 올라온 감정을 가라앉히고 잠재우는 방법이라는 것이다.

여러분은 10년~20년간 마음공부와 명상을 해서 마음을 잘 다스리고 평화에 집중할 수 있을지 모른다. 그러나 여러분이 여러분 안의 카르마인 부정적 감정의 압축을 제대로 직면하고 정화하고 처리하지 않았다면 그 카르마가 현실의 체험을 계속 끌어당길 것이기에 여러분은 스트레스를 덜 받는 상태를 유지할 수 있을 뿐(마음이 평화로운 척할 수 있을 뿐) 실제 현실은 관계와 경제와 건강의 문제가 크게 개선된 것이 없는 상태일 수 있다는 것이다.

내가 부정적인 감정에 휩싸였을 때, 그 감정을 나와 분리해서 가라앉히거나 내려놓기, 흘려보내기를 하거나 혹은 알아차림, 온전히 허용하기, 있는 그대로 느끼고 체험해 주기 등등의 방법만으로 감정이 사라지고 처리되고 정화된다면, 그것은 완전히 제거되었다기보다 당장 내 눈앞의 빙산의 일각 즉 내가 의식하고 인지하는 선상의 표면적 감정이 처리되어 사라진 것처럼 느껴지거나 우선 달래어져 다시 밑으로 조용히 잠재워졌을 가능성이 높다.

이런 방법들로 감정이 처리될 수 있다면 이런 상황은 어떠한가?

아이를 잃어 본 적이 있는가? 내 눈앞에서 내 아이가 교통사고를 당해 죽는 것을 목격했다고 하자. 내 아이의 장례식장에서 엄마인 나는 어떤 감정일까? 아니 감정이라는 표현조차 너무 가볍다. 어떤 심정일까?

나는 이혼을 하고 아이를 두고 와야 했는데 그 이후 수년간을 아이를 잃어버리는 꿈을 꾸고 오열을 하면서 잠에서 깨곤 했다. 그때 나는 아이를 잃어버리는 수준을 넘어서 아이가 내 눈앞에서 죽어 버린 듯한 고통을 느껴야 했는데 그것은 마치 내 안에 뜨거운 오열이 목구멍에 걸려서 숨통이 타들어 가고 그 뜨거운 비통의 덩어리가 내 오장육부를 녹이는데 몸은 그 에너지를 받아 내며 꽉꽉 꺾여 버렸다.

이 상태에서 이 감정을 나와 분리를 해서 가라앉히거나 내려놓기, 알아차림, 허용하기, 그대로 느껴 주기 등으로 사라지게 할 수 있다는 것인가?

음…. 실제로 벌어지는 일은 영혼이 살기 위해 혼을 정신이나 몸에서 분리시킨다. 그래서 우리가 큰 충격과 슬픔 앞에서 혼절을 하거나 혼이 나가 버리는 것이다.

여러분한테 알려 주고 싶은 사실은 감정은 에너지라는 것이다. 그냥 에너지 그 자체이고 에너지 덩어리이다. 달리 말하면 그것은 본질적으로 환상이고 환영이다. 그런데 그 에너지, 즉 환상과 환영이 너무도 많이 층

층이 쌓여서 우리에게 실제처럼 작동하며 체험을 일으키고 있다는 것이다. 이것은 본질적으로 환상이나 체험의 영역에서는 실제인 것이다.

우리 안의 부정적 감정의 압축인 카르마도 결국은 에너지이자 환상인데 그 환상이 환생하는 내내 각인되고 증폭되고 압축되기를 반복하며 너무나 깊고 진한 실체가 되어 그냥 가라앉히거나 알아차리고 허용하고 인정해 줘서 사라질 수준의 깊이와 크기가 아니라는 것이다. 여러분 안의 깊고 장대한 우울과 슬픔은 한 번쯤 그 슬픔에 직면해서 울어 주면 끝나는 수준의 질과 양이 아니라는 것이다.

여러분 안에 처리되고 정화되어야 할 카르마인 부정적 감정의 압축은 아주 장대하고 깊은 심연의 어둠과 같다. 그에 비해 여러분의 빛은 너무도 미미한 상태이니 어둠부터 제거한 후 빛을 살리는 것이 더 효율적이다.

카르마인 부정적 감정의 압축을 푸는 정화 작업은 그야말로 대대적인 대청소 작업이다. '나'라는 존재가 이 우주에 탄생해서 지구뿐만 아니라 다른 차원과 다른 행성들을 체험하며 생성된 카르마들, 그리고 내가 이 지구에서 이번 생뿐만 아니라 전생들을 체험하며 더 진하게 쌓여 버린 카르마들, 그 모든 압축된 부정적 감정들을 이번 생에 푸는 작업이다.

카르마인 부정적 감정의 압축을 어느 정도 풀고 부정적 감정의 에너지들이 많이 약해지고 사라지고 정말 실체가 아닌 환상처럼 느껴질 때야 여러분은 비로소 특별히 명상하고 마음공부를 하지 않아도 저절로 알아차림, 허용하기, 바라보기, 흘려보내기, 내려놓기를 할 수가 있게 된다.

그때야 우리는 더 이상 고통스러워하지 않은 채 고통을 체험할 수 있게 된다.

부정적 감정의 압축인 카르마를 정화하고 처리하지 않은 채로 기존의 [시크릿(끌어당김의 법칙을 이용한 현실 창조)]을 하게 될 때 벌어질 수 있는 한계점을 살펴보자면,

1단계인 '구하라!'에서 이미 문제가 생긴다. 내가 원하는 것을 생각해 내고 있는 내가 이미 부정적 감정의 압축인 카르마가 정화되지 않은 지극히 제한되고 오염된 상태이기 때문이다. 내 안의 두려움, 열등감, 우울, 분노, 고통의 감정 에너지가 정화되지 않은 상태로는 아무리 내가 행복할 것 같은 일들을 떠올려 봤자 제대로 생각해 낼 수도 없을 뿐더러 당장은 행복해질 것 같은 그 일이 이루어지더라도 결국 내 안에 처리되지 못한 두려움, 열등감, 슬픔, 분노, 고통의 감정 체험을 끌어당길 것이기 때문이다.

여러분이 시크릿을 해서 원하는 사람과 결혼을 하거나 원하는 직장을 구하게 되어도 결국 그 관계와 그 일자리에서 겪게 될 감정 체험은 여러분 안의 처리되지 못한 부정적 감정들이 될 가능성이 더 높다.

그리고 내가 부정적 감정 처리가 되어 온전한 행복감 속에 있지 않는 한 내가 무엇을 하면 행복할 수 있는지 그 답에 접근하기도 어렵다. 내가

가장 많이 듣는 한탄은 "소울디님, 저는 제가 무엇을 해야 행복한지 모르겠어요."이다. 내 마음 안에 불행감이 가득한데 내가 무엇을 하면 진심으로 행복한지 어떻게 접근하고 끌어당기고 알 수가 있단 말인가? 행복해질 수 있는 일을 끌어당기고 창조하려면 내 안에 행복의 감정 에너지가 이미 잘 구축되어야 한다.

외부는 내면의 반영이자 그림자일 뿐, 실체인 내면에서 이미 청사진의 설계가 진행되고 씨앗이 심어지고 뿌리가 내려져야 한다. **나는 무엇을 해서 행복한 게 아니라 행복해서 그 일을 하게 된 것이어야 한다.** 모든 실제적 창조는 내면의 감정 상태에서부터 시작된다.

직장이나 가정에서 힘든 관계의 체험을 하고 계신 분들에게 오로지 자신의 감정 처리인 저진동 정화와 고진동 활성화에만 집중하라고 조언한다. 그렇게 되면 나에게 고통과 스트레스를 주는 관계가 정리되고 분리가 되든지, 사람은 바뀌지 않지만 바뀐 것처럼 느껴질 정도로 상대적 관계의 체험이 바뀔 수 있다.

여러분 안에 돈에 대한 결핍감과 두려움, 분노나 고통의 감정들이 처리되지 않았다면 여러분이 금전적으로 어떤 투자나 주식 같은 것을 해도 결국 그 감정들을 체험하게 되는 일들이 진행될 수 있다. 여러분이 아무리 5%의 현실 의식으로 돈에 대해 긍정적인 생각과 감정에 집중하려 해도 (사실상 제대로 집중하기도 어렵다.) 95%의 무의식의 처리되지 못한 돈에 대한 부정적 감정의 압축이 더 강력하게 작동하기 때문이다.

내담자분들의 에너지 작업을 할 때 발이나 다리가 까맣게 보이는 분들이 있다. 발바닥이 까맣거나 무릎이나 다리 전체가 까만 페인트를 칠해 놓은 것처럼 까맣게 보이는데 이런 이미지는 그 사람이 정신적인 방황, 즉 뭔가 답이나 길을 찾아 헤맨 흔적을 상징한다.

까만색은 앞이 보이지 않는 답답함과 막막함, 두려움의 감정에너지를 상징하는데 이것이 하체에 집중되어 있는 것이다.

내가 에너지 작업 중에 이 까만색을 제거하는 작업을 하게 되고 내담자분은 돌아가서 까만색이 상징하는 감정들(답답함, 막막함, 두려움)을 압축 풀기로 풀어 주면 된다.

이 작업이 의미하는 것은 이렇다. 여러분이 자신이 답을 모른다는 답답함, 막막함, 두려움의 감정을 처리하지 않은 채 뭔가 외부의 답을 찾게 될 때 아무리 좋은 책, 방법, 도구, 스승, 지식과 정보들을 끌어당겨도 결국 시간이 지나면 그것들을 통해 여러분은 또다시 답답함, 막막함, 두려움을 체험하게 될 뿐이라는 것이다.

정말 제대로 된 답을 얻고 싶다면 답을 모를 때 느껴지는 부정적인 감정들부터 처리한 후, 이미 답을 얻었을 때의 기분(명료함과 확장됨의 기쁨)에 집중하면 된다. 그리고 '나는 답을 안다.'라고 선언하고 그 생각에 집중하면 된다. 이런 생각과 감정의 상태에 있을 때 진정한 답을 영감처럼 얻거나 접속하게 되고 정말 답을 얻었을 때의 명료함과 확장됨의 기쁨을 체험하게 해 주는 제대로 된 책과 정보와 도구와 인연들이 끌어당겨진다는 것이다.

생각과 감정은 창조의 훌륭한 도구다. 그러나 우리는 자신이 원치 않는 생각과 감정에 너무도 깊이 사로잡히고 지배당하고 프로그램화되어 있으니 이 상태에서 벗어나서 내가 진정 원하는 생각과 감정에 집중할 수 있는 상태를 회복하고 내 생각과 감정을 내가 선택하고 지배하여 내가 원하는 창조의 도구로 사용하자는 것이다.

저진동 압축 풀기(카르마인 부정적 감정을 처리하고 정화)를 하는 가장 큰 이유는 그 다음 단계인 고진동 압축 풀기(내가 원하는 긍정적인 생각과 감정에 집중하고 활성화하기)를 잘 해내기 위해서다.

어둠을 제거한 제대로 된 빛으로 끌어당기고 창조하기 즉 **[빛의 시크릿]**을 위함이다.

4

실천의 중요성

진리를 깨닫는 것과 사는 것은 다른 일이다.

진리를 한순간 깨달을 수 있고 어떤 책이나 정보, 에너지를 접하고 인식과 의식이 한순간 높아지고 확장될 수 있지만 그 자체가 삶의 완전하고 지속적인 변화를 가져오진 않는다.

깨달음이나 의식 확장의 체험조차도 일종의 신비 체험처럼 일시적으로, 길면 몇 년간 지속되며 일정 기간 나 자신이 전과 다른 것처럼 느껴지고 뭔가 삶도 달라진 것처럼 체험될 수 있다.

그러나 내가 말하고 듣고 행동하는 방식, 생각하는 방식, 느끼는 방식(육체, 사념체, 감정체 등 체험과 창조의 도구 3가지를 작동하는 방식)이 완전히 달라지지 않는 이상 실제적이고 지속적인 완전한 변화는 일어나지 않는다. (장담할 수 있다.)

아무리 좋은 책을 읽고 뭔가를 새로이 알고 깨우쳐도 그 내용을 실천하

지 않으면 실제적 변화와 창조는 없다

내가 아무리 좋은 고진동 에너지에 노출되고 내 안에 예수와 같은 사랑과 붓다와 같은 자애가 들어오고 우주의 지복감과 하나 됨을 체험해도 내 안 깊은 곳에 그와 반대되는 부정적이고 저급한 감정과 사념의 에너지가 존재하고 몸이 아프고 굳어 있다면 아무리 엄청난 고진동의 에너지도 내 안에 제대로 뿌리내리고 성장하여 나를 온전히 그리고 완전히 꽃피워 낼 수 없다.

이 우주에는 정말 다양한 체험들이 존재하고 모든 존재들은 그 체험을 선택할 수 있는 자유 의지가 있으므로 당신은 진리를 깨닫는 체험을 선택할 수도 있고 진리를 살고 실현해 내는 체험을 선택할 수도 있다. 어떤 존재들에게는 무지 안에 있다가 진리를 깨닫게 된 것만으로도 우주를 얻은 것 같은 엄청난 체험이 될 수도 있고 혹은 앎 자체에 머물며 자신이 남보다 많이 알고 있는 것에 희열을 느끼고 그 앎의 옳고 그름을 논하는 체험이 끌릴 수도 있다.

그런데 세상에는 나 같은 상태의 존재들도 있을 것이다. 앎과 깨달음만으로는 성에 차지 않고 성에 차지 않는 수준이 아니라 더 솔직하게는 이런 상태에 대한 분노에 가까운 답답함이 느껴지는 오래된 영혼들.

나는 지구라는 별에서 환생을 거듭하며 굉장히 오래 산 느낌이다. 영혼의 나이로 따지면 육백 살, 삼만 살의 개념처럼.

나는 인간으로서 겪는 고통의 체험이 힘들어서가 아니라 지겨워서 숨이 막힌다.

1947년 미국의 로스웰 지역의 UFO 추락 사건을 다룬 『외계인 인터뷰』라는 책은 당시 생포된 외계인 에어럴이라는 존재와 유일하게 텔레파시가 되어 소통이 가능했던 미공군 여성 간호장교 마틸다가 외계인 에어럴과 나눈 인터뷰를 소설 형태로 기록한 내용이다.

외계인 에어럴은 마틸다에게 우주에 관한 설명을 해 주는데,

자신들은 우주에 존재하는 존재들을 '이즈비'라고 부르며 지구의 인간들이 가진 개념 중 이즈비와 가장 가까운 개념이 바로 '신(창조자)'이라는 말을 한다.

그렇다면 결국 이 우주에 존재하는 존재들이 모두 '신(창조자)'이라는 뜻인 셈이다.

그리고 그런 이즈비이자 신이 가장 견디기 힘들어하는 것이 바로 '지루함'이라는 말을 한다.

나는 이 말이 너무나 강렬하게 와닿았다.

다 지루하고 지겹다.

인간으로서 반복되는 고통의 체험도, 살고 죽고의 체험도, 분노하지 않는 마음의 평화를 위해 마음공부하고 수행하며 몸에 사리가 나올 정도로 기도하고 명상하고 도를 닦는 체험도.

나는 그저 앎 속에 있는 것이 지겨워서 숨이 막히고 서로의 앎을 자랑하거나 앎 자체를 위해 공부에 평생을 바치거나 '네가 옳니 그르니'를 가지고 논쟁하는 상태를 볼 때 예수가 그랬던 것처럼 다 뒤집어 엎고 싶을 정도로 분노에 가까운 답답함이 느껴진다.

내 영혼은 오래전부터 절규했다.

이제 그만 진짜 '되고 싶다.'고,

'실천만이 답'이라고.

우리의 행위와 생각과 감정을 이용해서 우리가 원하는 현실을 창조할 수 있다는 사실을 알게 된 것과 그 창조력을 실제로 사용하고 실현하며 사는 것은 완전히 다른 차원의 일이고 다른 체험이다.

실현하고 싶으면 실천하면 된다.

언제까지? 될 때까지!

내가 소개하는 실현을 위한 실천 방법들을 알고 나면 너무 간단하고 쉬워서 깜짝 놀랄 것이다. 실제로 '이렇게 쉽고 간단한 방법을 알려 주셔서 감사하다.'는 문자와 이메일을 종종 받고 '이 방법을 공유해 주신 것만으로 감사하다.'며 금전적 사례를 해 오시는 분들도 계신다. 그러나 반면 그 간단하고 쉬운 것을 실천만 잘하면 되는데 그것을 제대로 시작조차 하기 어려운 분들도 계시고 시작해도 될 때까지 끝까지 해내기가 어려운 지점이 있기에 포기하는 분들도 계신다.

나는 내가 소개하려는 실천법이 왜, 어떻게 해결책이 될 수 있는지 그 원리와 배경을 충분히 설명해 낼 것이며 실천이 잘 되지 않는 이유들에 대해서도 더 충분히 설명해 내며 사람들의 다양한 상태와 상황에 맞게 최대한 많은 지점들을 이 책을 통해 다루고 정리해 낼 것이다.

최소한 나와 같은 상태의 영혼들이 이 책을 펼쳐 든 순간, 실천 방법에 대해 깊고 쉽게 이해해서 도저히 실천을 하지 않을 수가 없도록 그리고 쉽게 포기하지 않을 수 있도록 말이다.

5

창조를 위한 3가지 도구
(육체/감정체/사념체)

사람들의 오라(Aura)인 에너지장을 리딩하며 에너지를 처리하고 활성화시키는 작업을 하면서 나는 새로운 인식들을 얻고 통합하게 되었는데 그중에 하나가 바로 체험의 3가지 도구에 관한 것이다.

영화 〈콘택트〉(1997년 작)의 모티브가 된 천문학자 칼 세이건의 유명한 말.

"이 무한한 우주에 살아 있는 생명체가 인간뿐이라면 그것은 엄청난 공간의 낭비일 것이다."

여러분은 이 말이 어떻게 들리는가? 이 말의 옳고 그름을 따지자는 것이 아니다. 아무도 완벽히 대놓고 증명할 수가 없다. 설사 정말로 외계인이 우리 앞에 나타나더라도 우리는 돈을 벌어 당장 먹고 살아야 하는 몸뚱이를 지닌 휴먼들이기에 그들이 우리에게 돈다발이나 로또 번호를 제시하지 않은 이상 큰 의미도 관심도 없을 지경이다.

나는 이 문장이 지극히 상식적 이해의 접근이라는 점을 말하고 싶다. 그냥 믿어지는 사실에 대한 직관적 이해, 그것은 어떤 근거와 증거가 있어서가 아니라 그냥 완전히 다른 차원의 의식이 접근한 자연스러운 관찰과 전망에 관한 것이다. 그것은 존재의 체험에서 나온다.

드라마 〈대장금〉에서 주인공 장금이가 김치에 홍시가 들어갔다는 사실을 알아맞혔을 때 "어떻게 홍시가 들어간 것을 알았냐?"고 하자, 어린 장금은 "그저 홍시 맛이 나서 홍시 맛이 난다."고 하였을 뿐이라는 것이다.

장금이는 홍시 맛에 대한 체험이 있었고 그 홍시가 아무리 강력한 양념의 김치라는 음식에 형체도 없이 녹아 있어도 그 맛을 분별해 낼 수 있는 미각에 관한 직관력이 남달리 살아 있었을 뿐이다.

우주에서 보면 티끌만 한 지구라는 행성에서 다른 외계 행성에서 보면 또 다른 외계 종족일 뿐인 인간들이 아무리 낮은 수준의 의식을 가지고 있고 제한된 과학 기술로 창조한 문명 자체가 자연을 파괴하고(핵폭탄이나 만들어) 스스로의 생명을 위협하고 외계에 대한 그 어떤 가능성의 이해도 관심도 펼칠 수 없이, 제한된 수명으로 돈을 쫓는 노예 생활을 하며 찌그러져 있어도 칼 세이건은 완전히 기억하지 못하지만 다른 외계 행성에 대한 체험이 있었고 그래서 그 사실이 너무 당연하게 느껴진 건 아니었을까….

협소하고 제한된 의식과 과학 수준의 지구라는 감옥별(책『외계인 인터뷰』에서 외계인 에어럴은 지구는 우주의 가장 극악무도한 범죄자들을 모아 놓은 일종의 감옥별이라고 말한다.)에서 자신도 모르게 천문학자가 되어 우주를 보며 자신의 별을 한없이 그리워한 존재는 아니었을까….

이런 설명들은 [심화편]에서 다루어야 하는데 체험의 3가지 도구를 설명하다 보니 여기까지 흘러오게 되었다. 에너지 작업 중에 내담자분들의 오라(Aura)인 에너지장 안에서 지구라는 행성의 인간 생의 전생뿐 아니라 다른 차원, 다른 행성에서의 장면들까지 등장하면서 나는 우리의 영혼이 이 우주에서 아주 광활하고 다차원적인 체험을 진행 중이라는 사실을 알게 되었다.

처음에는 나조차도 내가 다 지어내는 것인가? 몇 차례 스스로 오글거리는 멘탈 붕괴를 체험하면서 지금은 그 정보와 사실들이 옳고 그름을 떠나 가능성의 영역으로, 직관적 이해로 받아들여진 상태이다. '그럴 수도 있겠다. 그리고 모든 구조적 맥락과 정황상 그래야 말이 된다. 그 모든 가정을 해야 이 세상의 모든 신비와 비밀들이 설명이 된다.'가 되었다.

우리의 영혼은 다양한 차원과 행성에서 다양한 에너지 수준과 몸의 형태로 다양한 체험을 진행 중이다. 여러분이 지구의 전생에 여러 가지 생김새로 여러 가지 다양한 직업을 가지고 다양한 상태의 사람들을 체험한 것처럼.

'인간'이란 영혼이 체험할 수 있는 다양한 존재의 형태 중 하나일 뿐이다. 인간이라는 형태의 옷을 입고 우리는 지구라는 행성을 체험하고 있는 것이다. 그런 인간 안에는 체험을 위한 3가지 도구가 있다. 그것이 바로 육체, 사념체, 감정체이다. 우리는 인간으로 태어나 몸으로 움직이고 머리로 생각하고 가슴으로 느끼며 체험을 펼쳐 내고 삶을 살고 있다고 보면 된다.

이 3가지 도구는 서로 연동되어 있고 공명한다. 이 3가지 중에 가장 중요한 프로그램이자 주요 동력이 바로 감정체이다. 가슴 안에 두려움이라는 감정의 에너지가 있다면 머리는 끊임없이 두려움을 일으키는 생각과 상상을 펼쳐 낸다. 두려움을 일으켰던 과거의 사건을 곱씹거나 아직 일어나지도 않은 불안한 미래의 상황을 계속 예상하며 끊임없이 미리 생각하고 상상하며 걱정한다. 두려움의 감정을 동력으로 두려움의 사념이 진행되고 두려운 일을 떠올리는 순간 감정은 더욱 증폭되어 더 두려워지고 그 결과 몸은 긴장되고 굳어진다. 이 세 박자가 끊임없이 돌아간다. 마치 체험의 공장처럼.

나의 체험의 공장이 내가 원치 않은 결과물을 자꾸 생산(창조)하고 있다면, 여기서 가장 선행되어야 할 일은 무엇이겠는가? 주요 프로그램이자 동력인(원치 않는 부정적) 감정 에너지를 제거하는 것이다. 그것이 바로 카르마 해소, 저진동 정화, 부정적 감정의 압축 풀기이다. (참고로 이 책에서 카르마, 저진동, 부정적 감정은 비슷한 개념이다.)

체험의 도구 3가지의 연동성과 구조를 확연하게 파악하게 된 사건이 있었다. 내가 처음 도시를 떠나 전원으로 이사 왔을 때 신비 체험 직후였고 3년 간 아무 일도 벌어지지 않는 나날을 보내며 낮에는 태양 명상이라는 것에 집중하고 있었다. 우리집은 뒤로는 국유림을 끼고 논밭 가운데 위치하고 있었고 마을에서 떨어져 있는 3채의 전원 주택 중 하나였는데 우리 집을 제외한 두 채는 주말에나 사람이 오는 주말 농장 같은 곳이어서 주말 부부로 지내던 나는 주중에는 그야말로 홀로 덩그러니 전원 안에 남겨졌다.

신비 체험이 일어난 이후였지만 내 안에는 처리되지 못한 감정들이 많았고 낮에는 밖에서 혼자 태양 명상을 할 정도로 크게 두려움에 지배받지 않았으나 저녁 6시가 되어 해가 지면 인간적 두려움이 살아나 물 한 잔을 들고 화장실이 있는 안방으로 들어가 문을 잠그고 있어야 했다.

주말에 나의 남편과 밤에 산책을 나갔다가 다시 돌아온 적이 있었는데 시골의 밤이란 정말 손전등을 비추면 거기만 보이고 나머지 공간 99%가 그야말로 암흑이었다. 남편조차도 겁이 난다고 우리는 다시 집으로 급선회해야 했다.

신비 체험을 한 후 3년이 지난 시점에 '시크릿'과 '끌어당김의 법칙' 그리고 '호오포노포노'라는 정화법에 대해 공부하고 신비 체험 글을 쓰기 시작했고 사람들이 나를 찾아오고 에너지 리딩 작업이 시작되었다. 그로부터 1년 정도 지나서 내 개인적 감정의 압축 풀기가 시작되면서 나는 1년 반에 걸쳐 내 안의 부정적 감정들을 처리해 내기 시작했다. 가장 시간이 많이 걸린 감정이 두려움이었고 두려움이라는 감정이 인간의 무의식에 깔린 뿌리 프로그램이었다는 것을 알게 되었다. 마지막엔 두려움에 대해 3일에 걸쳐 10시간을 풀어냈고 그 이후 정말 두려움이 90%는 제거된 느낌이 났다.

그런 일이 일어나는 동안 우리는 우리가 원하던 모습의 새로운 전원주택을 창조해 냈다. 산이 보이는 너무 멋진 전망의 2층집이었고 근처에는 예전 집보다 이웃집도 많았지만 밤이 되면 어두워지긴 매한가지였다. 그런데 어느 날, 나는 밤에도 겁 없이 혼자서 거실을 자유롭게 활보하며 2층을 오르내리는 자신을 발견했고 그 순간 깨닫게 되었다.

어둠이란 그냥 깜깜한 어둠일 뿐인데 왜 거기서 두려움을 느낀 것인가? 상상을 했기 때문이구나! 저 어둠에서 뭐가 나오면 어떡하지? 짐승이 나오면 어쩌지? 사람이 나오면 어쩌지? 귀신이 나오면 어쩌지? 등등의 상상을 했기 때문에 두려움이 증폭되고 몸이 위축되어 밖으로 나갈 수가 없었구나!

그럼 지금 나는 어떻게 밤에도 거실을 자유롭게 다니고 있지? 상상을 하지 않는구나! 두려움의 감정 에너지를 빼 버리니 동력이 없어 어둠 속에서 뭐가 나올 것 같다는 생각과 상상을 할 수가 없구나. 이게 세트였어. 느끼고 생각하고 다시 더 심하게 실제처럼 느끼고 몸이 실제로 반응하고 이게 자동적으로 진행되는 건데 주요 동력을 없애 버리니까 내가 더 이상 두려움을 일으키는 상상을 안 하네.

내가 알게 된 체험의 도구 3가지의 구조와 작동 원리는 이렇다. 그래서 이 책을 통해 안내하게 될 실천의 단계는 크게 1. 감정체, 2. 사념체, 3. 육체의 정화와 활성화 순이다. 이 순서는 개인의 상황과 상태에 따라 가장 효율적이고 시급한 순으로 조정될 수 있다.

그리고 체험의 도구 3가지 육체, 사념체, 감정체는 창조의 도구이기도 하다. 이 3가지가 부정적 감정의 프로그램으로 돌아갈 때, 부정적 카르마를 만들며 생을 거듭하는 동안 끝없는 고통의 체험을 반복할 수 있지만 반대로 긍정적 감정의 프로그램으로 돌아갈 때 당신은 끝도 없는 기쁨의 체험을 창조해 낼 수도 있는 것이다.

6

호오포노포노의 응용

(※ 호오포노포노에 대한 보다 심도 있는 내용을 알고 싶다면 인터넷의 자료와 수많은 관련 서적을 직접 참고하길 권한다.)

호오포노포노(현대 버전)는 하와이의 모르나 여사가 창시한 일종의 무의식 정화법으로 우리를 지배하는 95%의 무의식(온갖 두려움과 제한된 의식과 부정적 생각과 기억들)을 정화해서 제로 상태가 되면 그곳으로 신성의 지혜가 내려와 내게 가장 완전한 방식의 창조들이 이루어진다는 원리이다.

무의식의 기억들을 정화하는 방법은 너무나 단순하게도 4마디 '미안합니다, 용서해 주세요, 감사합니다, 사랑합니다.'면 충분하고 '사랑합니다.'에는 '미안합니다.'와 '용서해 주세요.'가 포함되어 있으므로, '고마워, 사랑해.' 2마디면 충분하며, '사랑해.'마저 낯 뜨겁다면 '고마워.' 한마디로 충분하다고 한다. 그리고 그 4마디로 삶의 변화를 얻은 사람들의 사례들도 넘쳐 난다.

호포노(호오포노포노의 준말)를 전파한 휴렌 박사의 정신병동 폐쇄에 관한 일화는 유명하다. 휴렌 박사는 발에 족쇄를 채워야 할 정도의 정말 심각하고 난폭한 환자들이 있는 정신병동에 근무하게 되었는데 그는 직접 환자를 보고 상담을 하지 않고 오로지 환자의 차트만 보면서 혼자 호포노로 정화를 했고 몇 개월 만에 환자들이 먹는 진정제와 약들의 양이 현저히 줄어들고 환자들의 상태가 호전되어 퇴원을 하고 급기야 4년 후 그 정신병동은 환자들이 모두 퇴원을 하는 바람에 폐쇄된다.

호포노는 내가 지닌 모든 기억이 지금의 내 현실을 불러왔다고 보고 그 기억들에 사과를 하고 용서를 구하고 감사와 사랑을 보내서 그 기억들을 해방시키며 정화시키는 과정이라고 한다.

휴렌 박사가 구체적으로 한 작업이란, 환자의 차트를 보면서 환자에게 느껴진 감정들(안타까움, 분노, 연민 등)을 정화해 내는 것이었다. 그는 환자를 치료하고 바꾸려고 하지 않고 환자에 대한 자신의 감정과 생각을 정화시켰고 그 결과 환자는 치유된 것이었다.

나는 당신이 이 간단한 호포노만으로 모든 무의식이 정화되고 치유되고 창조가 일어나서 삶이 원하는 대로 변화될 수 있다면 꼭 이 방법을 써보라고 하고 싶다.

그러나 이 방법이 선뜻 내키지 않는 지점이 있거나 한계가 느껴진다면 나의 인식과 체험에 따라 변형, 응용해서 사용하고 있는 소울디의 버전을 참고해 보라고 하고 싶다.

모르나 여사가 왜 4가지 말 '미안해, 용서해 줘, 고마워, 사랑해.'을 사용했는지 안다. 그중에서 '미안해, 용서해 줘.'를 하면 내 영혼이 지금까지 살아오면서 무의식에 저장해 온 모든 부정적 기억들 중에 내 자신에게 사과할 일, 용서를 구할 일에 대해 정화가 일어난다는 원리에서이다.

그런데 언어에는 창조의 힘이 있어서 과거를 정화하는 동시에 앞으로 미래에 내가 나 자신에게 사과할 일, 용서를 구할 일을 또 끌어당길 수 있다는 일말의 가능성조차 배제하기 위해 나는 '미안해, 용서해 줘.'를 뺀 '고마워, 사랑해.'만 사용하기로 한다.

이 우주상에서 지구의 인간들이 쓰는 언어 중 가장 진동 수 높은 말, '신과 사랑' 중에 사랑이 들어가는 표현으로 할 것이다. (실제로 호오포노 책에서도 '고마워.'나 '사랑해.' 표현 하나만으로도 충분하다고 되어 있다.)

'미안해, 용서해 줘.'는 평소에 계속 말하기보다 내가 소개할 [부정적 감정의 압축 풀기]에 넣어서 일정 기간 죄책감의 감정을 정화할 때 사용하면 된다.

내게 오시는 내담자분들 중에는 오랜 시간 명상과 기도로 나름의 정화를 하고 오시는 분들이 많고 그중에는 특히 종교적 베이스의 '경'이나 기도문을 평소에 정화의 도구로 사용하고 계신 분들도 많다.

그런 도구들이 자신에게 맞게 느껴지고 정화의 효과가 있다고 느껴진다면 계속 사용해도 좋다. (뭐든 늘 자신의 느낌과 체험에 따르라고 하고 싶다.)

그러나 특정 종교에서 만들어진 '경'이나 기도문들은 기본적으로 인간의 업이나 원죄 의식을 바탕으로 하고 있다. 우리는 모두 어딘가 절대신보다 불완전하며 업보와 죄를 지은 죄인들이고 죄를 사하기 위해 열심히 기도해야 되는 상태인 것이다.

참고로 나는 종교 에너지가 인간을 지배하기 위해 사용하고 있는 감정이 죄의식과 두려움이며 이 두 감정이 인간의 영혼이 자신을 신으로 인식하지 못하게 만들며 제한된 인간 안에 갇히게 했다고 본다. 우리는 본래 제한 없는 기쁨의 신들인데 말이다.

실제로 나에게 오신 내담자분 중에는 수십 년을 특정 종교에 소속되어 그 종교의 기도문을 매일같이 외며 자신뿐만 아니라 세계의 평화를 위해서까지 기도해 오신 분이 계셨는데 평생을 기도와 명상을 하시며 올곧고 정갈하게 살아오신 분이 인생의 후반기에 금전적인 문제에 얽혀 수억대의 소송에 걸린 상태였다. 혹시나 하고 매일같이 외어 온 기도문의 의미가 무엇인지 물었더니 그것은 일종의 참회의 기도로 자신의 모든 조상과 가족들에 대한 모든 죄를 자신이 정화하겠다는 의미를 담고 있다는 것이다.

나는 이것이 바로 말의 힘이라고 생각한다. 결국은 평생을 '나는 죄인이요.'라고 참회를 한 것과 같이 되어 버렸으니 결국 '당신이 죄를 지었으니 돈을 내놓으라.'는 소송 사건이 창조된 것일 수 있다.

나는 당장 그 기도를 멈추고 자신의 이름을 넣어 '○○아~ 고마워, 사랑해.'로 바꾸어 누군가가 나를 사랑하고 고마워할 일을 창조하자고 조언했다.

여기서 잠깐 종교에서 말하는 '죄'에 대해 설명하자면, 환생이라는 개념 혹은 시스템을 이해하게 된다면 '죄'라는 개념이 성립되지 않는다는 것을 알 수 있다. 굳이 이분법적 관점으로 접근하자면 우리는 특정인에 대해 이번 생에는 피해자일 수 있지만 전생은 가해자일 수 있으며 전생의 전생은 또 피해자일 수 있는 피해와 가해의 체험, 죄를 지음과 죄를 받는 체험을 그저 엎치락뒤치락 번갈아 하고 있으며 그보다 더 근원적으로는 우리 모두가 처리되지 못한 부정적 감정의 프로그램 속에서 죄의 체험을 끝도 없이 창조하는 카르마 구조에서 벗어나지 못하고 있다는 것이다.

그리고 죄의식이나 죄책감은 하나의 무거운 감정으로 그 자체가 프로그램처럼 창조를 일으키게 된다. 그러니 이것은 매일 되뇌어야 하는 기도문이 아니라 우리 안에서 없애고 정화시켜야 하는 부정적 감정에 속한다고 본다. 죄를 지어 죄책감을 느끼는 체험을 더 이상 원치 않는다면 말이다.

호포노를 10년 넘게 매일같이 해 온 내담자도 계셨는데 그 분이 그렇게 오래 호포노를 할 수 있었던 이유는 사업을 하다 빛이 생겼는데 뭐라도 해 보자는 심정으로 호포노를 매일같이 꾸준히 했더니 시간이 오래 걸리긴 했지만 결국 빚을 갚게 되었다는 것이다. 그런데 빚을 갚아 마이너스에서 제로 상태가 되었는데 그 이상 더 돈이 들어오는 플러스 상태가 되지는 못하고 있다고 했다.

나는 이것도 그분이 '미안해, 용서해 줘, 고마워, 사랑해.' 이 4가지 말을 다 사용해서가 아닐까 한다. 뭔가 잘못된 문제의 상황을 해결은 하는데 그 이상의 발돋움을 막게 되는 그래서 최악은 막지만 그 이상의 성장은 할 수 없게 될 수 있는 것이다. 어딘가 계속 사과하고 용서를 구하고 있으니 말이다.

호오포노포노 관련 서적에 소개된 사례 중, 중고차 딜러에 관한 이야기가 나오는데 그가 어떤 고객들이 와도 그저 속으로 '사랑해.'만 반복했더니 수익이 엄청나게 증가했다고 한다. 그가 그렇게 수익을 증가시킬 수 있었던 것은 '미안해, 용서해 줘.'는 빼고 '사랑해.'만 했기 때문이 아닐까? 한다.

몇 달 전, 고향에 계시는 나의 어머니와 전화 통화를 하다가 고향집 2층에 월세를 놓고 있는 원룸 하나가 4개월째 나가질 않아서 큰일이라며 걱정을 하시기에 내가 전에 가르쳐 드린 호포노 '우리 집아~ 고마워, 사랑해.'를 해 보라고 말했다. 정확히 2일 후에 어머니로부터 원룸이 나갔다는 소식을 전해 듣고 나는 너무 놀라서(반쯤은 그냥 던진 말인데) 어떻게 한 거냐?고 물었더니 자신은 바빠서 못 하고 아버지께 시켰다는 것이다.

나의 아버지는 예전에 내가 가르쳐 드린 호포노를 하시다가 (허리가 아
프서서 '허리야~ 고마워, 사랑해.'를 해 보라고 가르쳐 드렸더니 병원에
가기 전 엘레베이터 앞에서 허리 운동을 하며 30분간 호포노를 하셨음.)
병원에 가서 혈압을 쟀더니 혈압약을 먹지도 않았는데도 혈압이 내려가
있어서 엄청 놀라셨던 체험을 한 상태였다.

아버지는 집의 명의가 자신으로 되어 있으니 집 주인인 자기가 하는 게
맞을 것 같아서 이틀 동안 '우리 집아~ 고마워, 사랑해.'를 했고 4개월 동
안 나가지 않던 집은 이틀 후 바로 계약이 되었다고 한다.

'고마워, 사랑해.'라는 말의 힘이다. 이 말을 내가 앞으로 소개할 실천법
에서 사용하게 될 것이다.

2부

빛의 시크릿 방법

◆────────◆────────◆

1. 감정체[기본편]
    1) 정화(저진동 압축 풀기)
    2) 창조(고진동 압축 풀기/시크릿)

2. 사념체[기본편]
    1) 메타 의식을 이용한 강박 훈련(시크릿)

3. 육체[심화편]
    1) 정화(몸의 저진동 압축풀기) & 에너지 몸 활성화

1

감정체 정화 & 창조

1단계는 전체 실천법의 70%를 차지할 정도로 실제적인 중심 내용이다. 창조의 도구 3가지 중, 주요 동력이자 프로그램인 감정체만 잘 정화해도 우리는 자신 안의 어둠을 걷어 내고 자신의 빛을 제대로 작동시킬 수 있는 상태가 될 수 있다.

나는 내담자분들에게 "영적인 목표가 혹시 있느냐?"는 질문을 한다. 참고로 나는 더 이상 이 지구에서 인간으로 살고도 죽고도 싶지 않은 상태, 카르마 쳇바퀴 속 인간의 삶과 죽음의 반복에서 벗어나는 것, 즉 나의 영적인 목표는 '초탈'이다.

나처럼 초탈이 목표인 내담자분들도 계시지만 다수의 내담자분들이 이렇게 답한다. "아직은 초탈의 개념이 현실적으로 와 닿지 않고 감히 초탈을 꿈꿀 수 있는 상태인지 확신이 없다. 초탈까지는 아니더라도 이번 생이 인간으로서 마지막 생이고 싶은 마음과 함께 **카르마 정화(부정적 감정의 압축 풀기)**라도 제대로 완벽히 해내고 죽고 싶다."라고.

나 역시 만에 하나 이번 생에 초탈을 이루지 못하고 인간의 몸으로 죽음을 맞이하게 될 경우, 나의 플랜 B는 최소한 카르마(부정적 감정) 정화라도 완벽히 해서 다시는 지구의 카르마 에너지에 끌려 인간으로 환생하는 일이 없도록 만드는 것이다.

여러분이 1단계를 완전히 해낸다면 그리고 이 우주에 끌어당김의 법칙(유인력)이 존재한다면 여러분의 꿈은 이루어질 것이다.

그리고 나처럼 초탈이나 이번 생이 인간으로서 마지막 생이고 싶은 영혼이 아니라면, 여전히 인간으로서의 삶이 의미와 재미가 있고 행복을 찾을 수 있다면 당신은 1단계를 통해 인간으로서 행복을 창조하며 살 수 있게 될 것이다.

기억하라!

나는 내가 듣는 대로 되고
내가 말하는 대로 되고
내가 생각하는 대로 되고
내가 느끼는 대로 된다.

이것이 인간의 프로그램화 과정이다.

우리는 우리 자신을 새로 프로그램화 하면 된다.

자, 이제 모든 준비가 되었다면 실천법에 대해 이해하고 실천하면 된다.

실천은 실현할 때까지 하는 것이다.

내가 제안하는 방법이 매우 단순하나 원리에 대한 설명을 일단 듣고 나면 다들 의지를 불태우신다. 그 방법이 왜 효과가 있는지에 대한 이해를 내가 돕기 때문일 것이다. 그런 이해를 내가 도와드릴 수 있는 이유는 내가 다른 사람들과 똑같은 입장에서 일련의 과정을 통해 직접 체험하고 그 모든 인식을 통합할 수 있었기 때문이다.

간단한 방법에 대한 결코 간단하지 않는 설명들을 읽어 보고 그 방법을 정말 제대로 이해한다면 당신은 이 방법을 쓰지 않을 수가 없을 것이다. 그리고 그 원리에 대한 설명이 잊혀지지 않도록 실천에 대한 집중력이 떨어질 때마다 꼭 반복해서 읽어 보길 바란다.

앞서 언급했지만 내가 이 방법들을 계속 실천할 수 있는 이유는 매일 내담자분들에게 반복해서 설명하며 내 스스로가 이 방법에 대한 이해에서 한시도 떨어지지 않을 수 있기 때문이다.

1) 〈1차 녹음 파일〉 만들기 & 하루 30분 만트라

〈방법〉

'○○(자신의 이름)아~ 고마워, 사랑해.', '돈아~ 고마워, 사랑해.'라는 두 문장을 반드시 포함한 긍정적인 말들을 자신의 목소리로 녹음한다.

두 문장 외에(신이라는 표현에 거부감이 없다면) '나는 행복하고 부유한 신이다(여기서 신이란 종교적 의미가 아닌 자신 안의 신성과 잠재된 능력이 회복된 상태를 의미).', '우리는 행복하고 부유하고 건강하다(함께 사는 가족들에 대한 염원을 담아도 좋다.).' 등의 문장과 기쁨, 행복, 부유, 성공, 건강, 평화, 자유 등등 자신이 좋아하는 모든 긍정적 단어들을 넣어도 좋다.

1차 녹음 파일을(휴대폰 녹음일 경우 반복 구간 설정을 하면 무한 반복 재생 가능) 24시간 틀어 놓는다. 평소에는 작게 배경 음악처럼, 수면 시에는 가장 작게 혹은 무음으로라도 틀어놓는다. 저진동 압축 풀기(부정적 감정 정화)를 할 때는 이 녹음 본을 반드시 틀어 놓고 해야 내가 뱉어 낸 부정적 말들이 주변의 에너지장을 오염시키거나 나에게로 돌아오지 않고 정화된다.

1차 녹음 파일은 저진동 압축 풀기 50%가 진행되는 최소 6개월의 기간 동안 사용한다. 최소 6개월은 '○○(자신의 이름)아~ 고마워, 사랑해.',

'돈아~ 고마워, 사랑해.'라는 표현을 듣고 말하며 계속 노출되고 정화되어야 한다. 자신과 돈에 대한 감사와 사랑의 감정을 회복해야 한다.

(그래야 무의식 차원에서 내가 행복하고 돈이 내게로 올 수 있는 길이 열린다.)

1차 녹음 본을 틀어 놓는 것과 함께 저진동 압축 풀기를 하는 최소 6개월의 기간 동안 하루 30분 **"○○(자신의 이름)아~ 고마워, 사랑해.', '돈아 ~ 고마워, 사랑해."**를 소리내어 말하기 즉 만트라를 한다.

이 만트라를 하지 않으면 저진동 압축 풀기를 하며 부정적 감정을 다루는 동안 그 감정에 매몰되어 일시적으로 더 힘들어질 수도 있다. 당장 부정적 감정이 너무 올라와서 '고마워, 사랑해.'라는 말은 도저히 나오지 않고 하고 싶지 않을 수도 있지만 최대한 하루 중 어느 때라도 30분은 기계적이라도 그 말을 하며 고진동 에너지에 접속하는 시간을 가지라고 권하고 싶다.

(1) 〈녹음 파일〉을 사용하는 이유

어떤 소리를 24시간 배경 음악처럼 깔아 놓는 방식은 잠재의식(무의식)을 바꾸는 강력한 방법 중의 하나가 될 수 있다. 이 방법은 주로 광고에서 사용되는데 우리가 평소 TV를 틀어 놓고 광고를 보게 될 때 특별히 집중하는 상태라기보다 무의식 상태에서 보게 되고 그때 청각과 시각적 자극으로 정보가 더 깊이 뇌에 각인되게 된다.

즉 '녹음 파일' 24시간 틀어 놓기를 통해 무의식 상태에서 뇌와 내 몸의 에너지장에 프로그램을 더 깊이 까는 작업과 같다.

24시간이라고 함은 수면 시간(수면 상태는 현실 의식이 꺼지고 잠재 의식이 가장 활성화되는 시간임.)도 포함, 수면 시 아주 작게 최저로 틀어 놓아도 수면에 방해가 될 때는 녹음 파일을 무한 반복으로 재생 후 귀마개를 하거나 혹은 재생 후 무음으로 해 놓아도 된다. 가청 영역에서 들리지 않을 뿐 재생되는 순간, 고진동 단어와 말들의 주파수와 진동수는 그대로 나와서 우리의 에너지장에 영향을 주게 된다.

호오포노포노나 압축 풀기를 몰랐을 과거에 나 역시 유튜브에 나오는 주파수 음악이나 정화의 소리나 명상 음악들을 틀어놓고 지낸 적이 있었으나 지금 생각해 보면 그 주파수가 그 주파수인지 확인할 길이 없고 정화의 소리를 만들어 내는 사람들 자체가 정화가 완벽히 안 되어 있을 수도 있다.

그런데 최소한 고마워, 사랑해, 신, 빛, 기쁨, 행복, 부유 등의 말들이 참 좋은 말들이라는 것을 나의 3차원 의식은 깊이 인지하고 동의하고 있는 개념이니 나에게 그렇게 작동될 수 있다는 것이다.

그런 좋은 표현, 좋은 에너지가 깃든 말을 소리 낼 때의 내 안의 고진동 에너지가 나를 정화시키고 깨울 것이다.

당신이 완전히 정화되고 자신 안의 고진동으로 충만해지고 신성을 회복하게 될 때까지 당신은 아마도 외부의 종교나 당신보다 영적으로 우월하고 더 맑고 높아 보이는 존재들의 에너지와 소리에 의존하고 싶을 수도 있다. 그러나 아무리 좋은 혈액이나 장기도 외부로부터 수혈받고 이식받는 것보다 내 혈액과 내 장기가 나에게 가장 적합하고 나를 가장 온전히 살릴 수 있는 것처럼 에너지 역시 당신의 에너지가 당신에게 가장 알맞고 당신을 가장 잘 살릴 수 있다. 외부의 다른 소리 말고 자신 안의 고진동 소리와 에너지를 믿고 이용하길 바란다.

반드시 자신의 목소리로 자신이 늘 듣고 싶은 고진동의 말들을 녹음시켜 24시간 최대한 노출시켜 보길 바란다. 이런 작업을 이해하지 못 하는 일반인 가족들과 함께 살 경우 가족들이 들어도 놀라지 않을 표현들로 순화해서 가족들 이름을 모두 넣어서 '고마워, 사랑해~. 우리는 모두 행복하고 부유하다~.'라고 표현해도 좋다.

24시간 틀어 놓기를 몇 개월 했다고 크게 변화가 일어나지 않을 수도 있다. 그런데 이 소리를 5년, 10년을 들었다고 가정했을 때 무슨 일이 일어날 것인가? 이 책을 읽는 분들도 같이 해 보았으면 좋겠다. 10년 후에 '진작 해 볼 걸~.' 후회하지 않도록 말이다.

24시간 틀어 놓기를 할 경우, 잠재의식 프로그램화 작업은 아주 서서히 천천히 진행될 것이다. 마치 낙숫물이 바위를 뚫는 것처럼 엄청 느리게 그러나 차곡차곡 에너지는 쌓이게 될 것이고 그 에너지가 어느 임계치의 기준을 넘어설 때 걷잡을 수 없게 어마어마한 위력을 발휘하게 될 것이다. 잠재 의식이 바뀌게 된 것이므로.

고진동의 말들을 녹음한 '녹음 파일'은 부정적 감정의 저진동 압축 풀기를 할 때는 반드시 함께 사용되어야 한다. 부정적 감정 풀기를 할 때 나오는 저진동 에너지를 긍정적인 말들에서 나오는 고진동 에너지가 상쇄시키고 정화시켜서 다시 내게로 돌아오지 않게 할 수 있다.

(2) '고마워, 사랑해'를 하는 이유

1부의 6. 호오포노포노의 응용에서 설명했듯이,

무의식을 정화하고 현실을 바꾸는 4가지 말(미안해, 용서해줘, 고마워, 사랑해.) 중에 앞으로 내가 나 자신에게 사과할 일, 용서를 구할 일을 끌어당길 수 있다는 일말의 가능성조차 배제하기 위해 '미안해, 용서해 줘~.'를 뺀 '고마워, 사랑해.'만 하기로 한다.

이 우주상에서 지구의 인간들이 쓰는 언어 중 가장 진동 수 높은 말, '신과 사랑' 중에 사랑이 들어가는 표현으로 할 것이다.

그리고 **이 표현으로 모든 현실이 감사와 사랑의 체험으로 창조되길 유도할 것이다.**

사랑이라는 감정과 말은 높은 수준의 에너지를 담고 있으며 감사라는 감정과 말 역시 현실 창조에 있어 상당히 높은 효력을 가지고 있다. 책 『신과 나눈 이야기』에서는 '간청의 기도 대신 감사의 기도를 하라.'는 말이 등장한다. 당신이 신께 "소원이 이루어지게 해 주세요."라는 간청의 기도를 하게 될 때 지금 나는 소원이 이루어지지 않은 결핍의 상태라는 것을 우주에 선언하는 것이 되지만 '소원이 이루어지게 해 주셔서 감사합니다.'라는 감사의 기도를 미리하게 될 때 우주에 나는 그 소원이 이루어진 상태라는 것을 선언하는 것이 되기 때문이다.

그러니 간청하지 말고 미리 감사하라!

신께 감사의 기도를 하듯 내 삶의 창조자인 자'신'에게 감사하라!

매일 매 순간 자신을 위한 사랑과 감사의 표현을 하며 우주에 고진동의 창조 에너지를 방사하라!

(3) 자신의 이름을 넣는 이유

'○○(자신의 이름)아~ 고마워, 사랑해.'

호오포노포노의 표현에 구체적 대상으로서 자신의 이름을 반드시 넣어야 되는 이유는 내 영혼이 전생부터 지금까지 살아온 모든 인간 삶의 카르마 정화!

이번 생의 인간 삶의 행복한 현실 창조!

내 영혼이 앞으로 가게 될지 모를 영적 깨어남과 상승의 길!

이 모든 것을 하필 이번 생의 나 ○○○이 해낼 것이기 때문이다. 이번 생의 당신이 당첨되었다. 저번 어떤 생도 아니고 이번 생의 인간 ○○○이 뭔가를 감지해 버린 것이다. 환생이라는 것이 존재하고 카르마가 있을 수 있고 뭔가 보이지 않는 영적인 에너지 차원이 존재할 수 있다는 것을 이번 생의 ○○○이 알아채고 이해하게 되었다는 것이다. 그 모든 것에 대한 이해가 무의식 차원에서라도 진행되고 있었으니 당신 손안에 지금 이 책이 들어오지 않았겠는가?

그래서 이번 생의 인간 ○○○의 몸과 마음과 정신이 이 모든 것을 해낼 훌륭한 도구로 쓰일 것이다. 그러니 인간 ○○○은 너무나 소중하고 귀한 존재이며 ○○○ 즉, 인간 차원의 당신부터 살려야 한다.

그래서 **'인간 ○○○에 대한 사랑과 감사의 감정 회복하기'**가 이 모든 존재성 회복과 영적 작업의 베이스가 될 1순위 선행 작업으로 진행되어야 하는 것이다.

이 작업은 정말 중요하다. 인간으로서 지구상에서 종교를 체험하면서 무의식에 세뇌된 죄의식[기독교: 우리는 죄인이다./불교: 우리는 고통의 생을 반복하는 업(죄)을 짓는 인간이다.]을 제거하고 나를 사랑하는 감정을 필히 회복해야 한다. 이 죄의식이 존재들의 깨어남을 가장 심하게 막았기 때문이다. (신의 반대말은 죄인일 것이다.)

내가 자'신'에 대한 감사와 사랑의 감정을 회복할 때 외부에서 나를 사랑해 주고 고마워해 주는 인연과 관계의 체험들이 끌려올 수 있다. 그런데 우리는 지금까지 그렇게 살지 못했다.

내심외경(內心外境, 의미: 내 속에 있는 것을 밖에서 본다는 말로, 겉으로 비치는 것들을 통해 내 마음을 들여다볼 수 있다는 의미를 말한다.)

이 우주에는 나밖에 없다. 내 영혼이 생을 반복하면서 쌓아온 나에 대한 모든 부정적 기억, 생각, 느낌들의 또 다른 현현으로서 외부의 타인들이 나에게 오는 것뿐이다.

내게 오신 한 내담자는 좋은 대학을 나와 외국에서 유학을 하고 누구나 알아주는 기업에서 일하며 장관상도 수상하는 등 정말 똑똑하고 스펙이 대단한 분이셨다. 그런 그는 부유한 집안의 여자와 결혼을 하게 되었는데 몇 년간의 결혼 생활 끝에 결국 이혼을 하게 되었고 자신의 결혼 생활을 한마디로 표현하자면 노예의 삶과 같았다고 했다.

자신과 너무나 맞지 않고 감당하기 어려웠던 여자에게 깊이 상처받고 시달린 나머지 그는 더욱 처절히 외로운 상태가 되어 정말로 제대로 된 상대를 만나 행복한 사랑을 나누고 싶어 했다.

우선 나는 그에게 체험을 끌어당기는 부정적 감정 에너지인 카르마의 구조를 설명했다.

즉 당신이 이상한 여자를 만나서 외로움, 고통, 모멸감, 답답함, 분노 등의 체험을 한 것처럼 느껴지고 그 여자만 아니면 다른 체험을 할 수 있을 것 같겠지만 사실상 벌어진 일은 원래 당신 안에 처리되지 못한 외로움, 고통, 모멸감, 답답함, 분노 등의 감정이 압축되어 있었기 때문에 그런 감정을 체험시킬 역할자인 이상한 상대를 끌어당겼다는 것이다.

소름 돋겠지만 감정들은 그 감정을 배출하고 체험할 타겟을 찾아 끌리게 만든다. 이게 카르마 프로그램의 실체다.

당신 안의 외로움, 고통, 모멸감, 답답함, 분노의 감정이 처리되지 않는 한 당신은 외로움 유발자, 고통 유발자, 모멸감 유발자, 답답함 유발자, 분노 유발자를 계속 끌어당기게 된다.

그러니 누군가를 만나기 전에 당신 안의 부정적 감정들부터 처리하고 당신은 자신에 대한 사랑과 감사의 감정들을 회복하고 그 감정들로 채워져 있어야 한다.

내가 타인과 맺는 관계 체험은 내가 나 자신과 맺고 있는 관계 체험의 반영일 뿐이다.

타인이 나를 노예처럼 대했다면 내가 나를 노예처럼 대하고 있었을 가능성이 높다.

내가 그에게 "당신이 생각하기에 당신은 좋은 사람인 것 같습니까? 그리고 당신 자신을 사랑하나요?"라고 질문하자 그는 잠시 생각하더니 "그렇다."라고 답했다.

나는 다시 설명을 이어 갔다. 혹시 당신이 자신이 좋은 사람이라고 생각한 그 기준이 타인이 당신을 좋은 사람이라고 인정해 준 부분들(일의 성과에 대한 칭찬이나 장관상을 받는 등)과 그런 외부의 기준이나 사회적 조건에 동의한 판단은 아닌지, 다른 사람들이 나를 괜찮은 사람이라고 인정해 주니 나도 인정할 수 있어!와 같은.

내가 나를 괜찮은 사람이라고 인정하고 사랑한다는 것은 예를 들면 이런 상태와 가깝다. 내세울 것은 쥐뿔도 없고 나의 상태를 그 누구도 부러워하지 않는 변변치 못한 상황에서도 나를 떠올리면 '그냥 나는 내가 좋아~. 나라는 사람 자체, 존재 자체가 나는 그냥 좋아~.' 같은 상태. 근거 없는 자신감 내지 자존감의 상태로 아무런 조건 없이 있는 그대로의 나를 인정하고 사랑하는 느낌 같은 것이다.

나의 꿈을 결정할 때 부모와 이 사회가 인정해 주지 않고 손가락질하더라도 내가 행복할 수 있는 진로와 일을 선택하는 것, 이것이 나를 사랑하는 상태다. 누구에 의한 삶이 아닌 세상에 유일무이한 더없이 고귀하고 고유한 존재인 자신에게 온전히 집중된 삶을 살고 자신을 두려움 없이 온전히 사랑해 낼 때 당신은 당신을 사랑하고 행복하게 해 준 그 결과로 결국은 승리하게 된다. 안전 지향적인 두려움에 근거한 부모님의 편협한 세계관과 이 사회의 틀을 마침내 깨고 확장시키며 성장시키게 된다. 인류 역사상 위대한 발명과 발전과 진화를 가져오고 사회를 개혁한 도른자(미친자)들은 자신(자신의 생각과 느낌, 자신이 원하는 것들)을 미치도록 사랑한 자들이었다.

여기서 좀 더 깊이 설명을 들어가자면

당신의 꿈과 부모님이 나에게 바라는 꿈이 다를 때, 어떤 선택을 할 것인가?

나는 이런 말도 안 되는 고민을 하는 세대가 나의 세대에서 끝나길 바란다.

이것은 『신과 나눈 이야기』는 책에 등장하는 내용이다. 한번 잘 이해해 보길 바란다.

"그가 그 자신을 위해 원하는 것을 내가 그를 위해 원해 줄 때, 내가 사랑하는 것은 그이지만 내가 그를 위해 원하는 것을 내가 그를 위해 원할 때 내가 사랑하는 것은 그가 아니라 나이다."

자식이 자신을 위해 좋다고 생각하는 것을 부모가 자식을 위해 지지하고 응원하며 이루어지기를 원해 줄 때 부모가 사랑하는 것은 자식이지만 부모가 자신의 입장과 판단에서 자식을 위해 좋다고 생각하는 것을 자식에게 하기를 바라고 강요하고 원한다면 그때 부모가 사랑하는 것은 자식이 아니라 부모 자신(부모 자신의 가치관, 신념, 사랑의 개념 등)이다.

사랑은 내가 사랑이라고 생각하는 사랑을 일방적으로 주는 것이 아니라 상대방이 사랑이라고 생각하고 받기를 원하는 형태의 사랑을 주는 것이다.

부모로서 자식의 꿈에 대해 가질 수 있는 가장 큰 사랑의 형태는 '내 아이가 어떤 꿈을 가지고 어떤 일을 하며 어떤 선택과 체험을 해 나가더라도 행복하면 돼~.'여야 한다. 내가 보기에 자식이 선택한 일이 자식을 행복하게 해 주지 못할 것 같아 보이더라도 자식이 그 모든 선택의 귀결을 직접 체험하게 하고 깨닫고 성장하고 발전할 기회를 주는 것이 사랑이다. 그 과정에서 실수와 좌절에 대해 미리 걱정하고 비난하고 조롱하지 않고 언제나 지지해 주는 것이 사랑이다.

그게 아니라 특정한 일을 해야만 네가 행복할 수 있다고 부모의 신념이나 가치 판단을 강조 또는 강요하며 혹은 감정적 호소(네가 이렇게 해 주면 내가 행복할 것 같아, 네가 그렇게 해 주지 않는다면 내가 슬플 것 같아.)를 하며 이 모든 것이 너를 행복하게 하려는 것이고 너를 사랑해서야! 라는 부모가 있다면 그것은 사랑이아니라 가스라이팅이라고 말하고 싶다.

가스라이팅은 별것이 아니다. 어른들이 쓰는 지능적인 '생떼'다.

그런 부모는 자식을 사랑하고 있는 것이 아니라 자식을 통해 자신의 신념과 사랑의 개념에 집착하고 있는 것이다. 이런 상태는 굉장히 뒤틀리고 위험한 상태다. 그리고 그런 상태를 아이들은 부모의 진정한 사랑과 구분하기 어렵다. (사실상 부모 자신도 자신의 판단과 행위가 자식을 위한 사랑이라고 착각한다.)

내가 누군가를 사랑할 때 자유와 평온이 아닌 고통이 온다면 그것은 집착이다.

내가 누군가의 사랑을 받을 때 자유와 평온이 아닌 고통이 온다면 그것은 집착이다.

집착은 사랑이 아닌 '정'이라는 카르마 감정이다. ('정'이나 연민의 감정은 카르마 감정이다.)

아무도 누구에게 그 사람의 삶에 깊이 관여하며 특정한 선택들을 하기를 혹은 하지 않기를 요구할 권리는 없다. 부모라 할지라도 말이다.

부모인 내 입장에서 자식을 위해 할 수 있는 판단과 생각들이란 만고에 사랑을 가장한 온갖 두려움과 불안, 근심, 걱정이라는 감정들이 만들어낸 제한된 의식 속의 정보와 지식과 판단들임을 알아야 한다.

내 생각에 자식이 불구덩이, 가시밭길을 걸어 들어가는 것처럼 보일지라도 그것은 나의 과거 체험과 정보에 근거한 제한된 판단일 수 있다. 자식은 나와 다른 체험과 창조를 해낼 수도 있다. 자식에게 시행착오와 실패를 통해 모든 일의 귀결을 스스로 체험하고 지혜를 얻고 경험이라는 산지식의 스펙을 쌓을 기회를 주는 것. 그 모든 여정의 선택들에 그저 멀리서 믿고 기다려 주며 지지해 주는 것. 그리하여 부모를 신경 쓰고 부모의 제한된 두려움의 의식에 영향 받고 지배받는 삶이 아닌 자신의 무한한 가능성과 잠재력의 바다에서 항해할 수 있도록 기회의 자유를 주며 허용하고 응원하는 것이 부모가 자식에게 줄 수 있는 사랑이다.

그렇지 않고 부모가 원하는 것을 했을 때에만 보상과 사랑을 주는 조건부의 사랑 행위, 자식이 부모가 원치 않는 것을 하려고 할 때 자식에게 너로 인해 내가 마음과 몸이 편치 않다는 모든 태도, 원망, 불쾌감, 분노 등의 표현은 모두 가스라이팅이다. 자식이 부모와 자신을 분리시키지 못하고 자립하지 못한 것처럼 부모가 자식을 정신적, 정서적으로 분리시켜 내지 못하고 자립하지 못해 자식에게 자신의 행복과 불행이 좌우되고 자식의 모든 삶의 일들에 일희일비하고 매달려 있는 아이의 상태라고 보면 된다.

마트에서 매번 장난감 사 달라고 떼쓰는 아이들, 정상적인 식사 대신 계속 과자만 달라는 아이들에 대해 부모가 때로는 선을 긋고 단호하게 대처해야 하는 것처럼 선을 넘어 떼를 쓰는 부모들에게도 자식이 단호해야 할 필요가 있다.

어른이 되어 보니 정말 어른이 된다는 것은 쉬운 일이 아니었다. 아이들이 알면 충격받을 수 있는 수준으로 그냥 아이인 상태로 몸만 큰 부모들이 많다. 그들의 정신, 정서, 판단력은 나아질 게 없지만 어른이어야 하는 그 위치와 역할에 의해 무게를 잡고 최선을 다하고 있을 뿐이다.

그들은 어른인 채로 여전히 자신의 삶의 욕구와 희로애락을 부모에게 걸었던 어린아이처럼 자신의 자녀에게 자신의 행복을 걸고 "이거 해 달라, 저거 해 달라, 이렇게 살아 달라, 저렇게 살아 달라, 네가 이렇게 안 하면 네 인생이 불행해진다(내 인생이 너로 인해 불행하다.)."를 하고 있는 것이다. 그것도 사랑이라는 이름하에.

내 나이 40살에야 나는 나의 어머니에게 "죄송합니다. 엄마가 원하는 대로 못 해드려서요."를 그것도 몸을 덜덜 떨면서 겨우 해낼 수 있었다. 그 전까지 내 인생은 널뛰기였다. 엄마가 원하는 대로 공부를 해 주었다가 너무 숨이 막혀 튕겨져 나가 학교를 자퇴하고 또 그게 미안해 다시 학교로 돌아와 엄마가 원하는 대학에 들어가고 다시 내 자유를 찾아 방황을 하고 또 그 방황이 죄송해서 부모님이 좋아하실 것 같은 조건의 결혼을 했다가 다시 못 버티고 이혼을 하는 널뛰기를 반복했다.

내가 원하는 것을 선택할 때마다 따지고 보면 부모님을 신경 쓰느라 내가 진심으로 원하는 것을 완벽히 알아내지도 못하고 늘 뭔가를 중간 지점에서 거래하고 협상하듯 선택했고 그런 반쪽짜리 어정쩡한 선택들은 항상 나의 자유를 반납하고 인내하는 식으로 진행되었기에 유통 기한이 짧았다.

결국 나는 부모님의 기대를 저버리며 매번 충격을 안겨드렸고 그런 충격을 드릴 수밖에 없는 나를 원망하고 자책하며 부모님이 늘 나를 걱정하며 돌덩이로 여기듯 나 역시 부모님의 존재가 가슴 안에 돌덩이와 같았다.

내가 이혼을 하고 아이들과 떨어져 명상이라는 것을 하고 있었을 때 이 상황을 이해시킬 그 어떤 방법도 없었다. 부모님은 계속 전화로 고향으로 내려와 원래 하던 중학교 교사를 하라며 종용하셨고 나는 그때마다 사과를 했다. 죄송하지만 부모님 뜻대로 해드릴 수 없다는 의사표시였다.

이건 효과가 있었다. 그 전까지 나는 부모가 자신의 인생에서 왜 나를 분리시키고 놓지 못하는지 이해되지 않아 숨이 막힐 정도로 답답했고 나로 인해 고통받고 힘들어하는 부모님에 대해 엄청난 원망과 죄책감으로 시달리며 부모님을 이해시키고 설득시키려고 노력하다 지치면 결국 부모님이 원하는 것을 해주는 식이었다.

마치 매번 장난감을 사 달라고 떼쓰는 아이에게 알아듣게 설명하고 이해시키다가 지쳐서 포기하고 결국은 사 주는 부모처럼.

그런데 내가 부모를 이해시키려고 한 그 모든 설명이 부모님 입장에서는 당신의 판단과 요구가 잘못되었다는 느낌을 준 것이었기에 오히려 저항과 반발만 더 샀다는 것을 알게 되었고 나는 일단 "부모님의 마음과 요구는 이해하나 제 뜻은 다르며 제가 원하는 대로 살고 싶습니다. 요구를 못 들어드려 죄송합니다."라고 한 것이다.

마치 아이에게 "네가 매번 장난감을 사 달라고 하는 것 자체가 잘못된 거고 이러면 안 돼!"가 아니라 "장난감을 사고 싶었구나. 그 마음은 이해해. 그런데 엄마는 지금은 사 줄 수가 없구나. 미안해~ 집에 가자!" 하며 단호하게 데리고 나오는 것처럼 말이다.

선을 넘어 들어오는 아이든 어른이든… 네 행위의 의도는 이해하지만 '응, 아니야~. 그만해.'라고 선을 그어 주어야 한다.

자식을 위한 걱정이고 사랑이라는 이유로 선을 넘는 모든 것이 허용되어선 안 된다. 내가 나를 사랑하는 방법에는 선을 넘어 들어와 나에게 개입하고 자유를 억압하는 모든 대상들에 대해 내가 시달리고 끌려 다니지 않을 수 있도록 나를 지키고 보호하는 것도 포함된다.

구조적으로 한국의 부모 자녀가 서로 정신적, 육체적, 물질적으로 건강하게 분리되고 독립되지 못하고 유독 집착과 과잉 개입이 진행될 수 있는데는 유교적 '효(孝)'사상과 부모의 경제적 지원이 가장 큰 몫을 차지한다. 부모를 지극히 섬긴다는 것이 부모에게 무조건 복종하며 부모가 원하는 대로 삶을 산다는 것은 아니다. 만일 효(孝)가 그런 의미라면 효도 대신 자신과 부모를 그냥 사랑하라고 말하고 싶다. 각자의 영역이 존중되는 선들이 지켜지는 건강한 사랑을 말이다. 그리고 부모의 경제적 지원이 내 삶의 자유와 주도적 선택들을 제한하고 구속하는 장애물로 작용할 가능성이 있다면 그런 부모의 경제적 지원은 사양하는 편이 내 삶의 자유가 온전히 보장된다는 사실을 알길 바란다.

내가 나를 사랑한다는 것은,

내 감정을 스스로 알아채고 존중하고 표현하고 다루어 주는 것이다.

남이 어떤 감정인지에 눈치 보고 헤아리며 맞추는 것에만 집중되어 내 감정 따위는 억압되고 무시되는 상황이 당연한 삶은 나를 사랑한 삶이 아니다. (나를 병들게 하는 삶이다.)

내가 나를 사랑한다는 것은,

내가 무엇을 원하는지, 무엇을 좋아하고 싫어하는지를 제대로 알고 그 욕구와 선호도를 사랑하며 마음껏 펼치는 것이다.

엄마, 아빠, 선생님, 친구들, 사회가 무엇을 원하고 좋아하고 싫어하는지에 집중되어 그들이 원하는 것에 나를 맞추다가 내가 무엇을 좋아하고 원하는 지도 모르는 삶은 나를 사랑한 삶이 아니다.

공부를 잘하면 부모님과 선생님이 칭찬해 주고 친구들이 부러워하며 존재감을 가질 수 있었겠지. 그게 자신이 진정 원하는 일이고 진정한 행복이었다면 문제가 없겠지만 그런 환경에서 내가 과연 무엇을 좋아하는지 선호도조차 집중하고 탐색해 볼 그 어떤 기회도 가질 수 없었다면 문제는 생기고 만다는 것이다. 뒤늦은 방황과 회의감과 우울감으로 말이다.

내 설명을 듣고 난 그는 결혼 생활이 아닌 직장 생활 역시 너무 힘든 상사 밑에서 거의 하인처럼 극심한 스트레스 속에서 일했다고 말하며 자신이 어떤 일을 하면 행복한지 모르겠다고 말했다.

자신이 정말로 순수하게 무엇을 하면 행복한지 모를 때, 그 일을 알아내는 방법 중 하나는 내가 지금 너무 부유해서 경제적인 돈 문제를 걱정하지 않아도 된다는 가정하에 내가 무엇을 하고 싶은지를 떠올려 보는 방법이 있다. 돈이 있어도 하고 싶은 게 있다면 그건 정말로 순수한 꿈일 수 있다. 돈이 없고 생존과 생계가 보장되지 않을 때 가질 수 있는 최선이자 최고의 꿈은 어떤 일을 해서든 돈을 많이 벌어 성공하는 것으로 제한되겠지만 돈이 충분히 있고 돈을 벌기 위해 일하지 않아도 될 때 내가 하고 싶은 일은 정말 순수하게 내 마음이 행복한 일일 수 있기 때문이다.

그리고 또 하나의 방법은 내 안의 부정적 감정의 저진동 압축 풀기를 해 보는 것이다.

나 같은 영혼은 부모의 가치관과 사랑의 개념, 사회의 제도와 가치들이 협소하고 불합리하고 답답하고 숨이 막히게 느껴지는 영혼이었다. 이런 나는 남들이 나를 어떻게 보느냐 보다 내가 어떻게 느끼고 체험하느냐가 중요했고 행복의 기준이었다. 내가 이런 영혼이라는 것을 발견하고 인정하고 그렇게 살 수 있기 까지 40년이 걸렸던 이유는 내가 태어나 보니 내 주변의 모든 사람들(부모, 형제, 친구들, 학교 선생님들, 모든 아이들과 어른들)이 남이 나를 어떻게 보느냐에 온 삶이 집중되어 있었기 때문이었다. 내가 무언가를 좋아하고 잘해도 권위 있는 타인에게 인정받지 못하고 그 일이 돈이 되지 못하면 무의미하고 무가치 했다. 내가 무엇을 하면 행복한지가 아니라 내가 무엇을 하면 남들이 나를 인정하고 행복하게 봐주고 부러워해 줄 것인지에 모든 삶이 혈안되어 있었다. 나라는 영혼은 그런 사회에 덩그러니 태어나 뭔가 허전하고 답답했지만 그렇게 살아야 하며 그게 행복이라고 학습되었다.

좋다. 모두가 나 같은 영혼은 아닐 것이기에 '사회적 인정에의 욕구(내가 사춘기 때 발견한 모순: 빌어먹을 사회가 이 모양인데 이런 사회에 인정받으려 애쓰는 게 말이 되나?)'를 자연스러운 욕구로 인정한다는 가정하에 당신은 남들에게 인정과 사랑을 받고 싶고 남들이 부러워하는 삶을 성공적인 삶이라고 생각하며 그렇게 살고 싶을 수 있다. 그것이 당신의 진정한 행복의 기준이라면 진심으로 그런 자신을 존중해 주며 그런 행복을 추구하면 된다.

그런데 그런 행복이 행복인 줄 알면서 열심히 살아왔고 남들에게 성공적이고 행복해 보이는 삶을 살고 있음에도 결국 몸과 마음이 병 들었다면(각종 질병과 우울증, 공황장애 등) 당신은 진심으로 당신의 영혼이 가슴 뛰고 충만해지는 행복의 기준을 몰랐다고 볼 수 있다. 그리고 더 정확하게는 그런 기준에 제대로 접근할 수 있는 상태가 되지 못했다고 볼 수 있다.

'사회적 인정에의 욕구'가 당신 안의 처리되지 못한 부정적인 감정들(인정받고 사랑받지 못할 것에 대한 두려움, 결핍감, 열등감, 원망, 분노, 고통, 슬픔 등)에서 기인된 것이라면 당신은 당신을 행복하게 해 줄 수 있는 길을 향한 첫걸음부터 오류가 생긴다. 이 모든 것들이 처리되지 못했다면 당신은 아무리 높은 유명세와 권력과 부를 소유해도 여전히 인기와 사랑과 인정이 떠날 것에 대한 두려움, 상대적 결핍과 열등감, 유명한 만큼 확장된 관계의 체험에서 오는 여러 가지 배신, 원망, 분노, 고통, 슬픔 등의 카르마적 체험과 감정을 고스란히 겪어야 할 것이다.

가장 이상적인 것은 내 안의 감정들을 있는 그대로 존중하며(그렇게 나를 사랑하며) 저진동 압축 풀기를 통해 부정적인 감정들을 처리한 후 내가 원하는 긍정적인 감정들로 나를 채울 수 있고 집중할 수 있을 때 그 어떤 두려움, 열등감, 결핍감도 없이 행복과 기쁨으로 넘치는 상태에서 내가 진정 행복할 수 있는 일을 발견하게 되고 그 일을 하게 된 결과로 사회적 성공과 부를 가져오는 것이다.

나를 사랑한다는 것, 내 감정과 내가 원하는 것에 집중한다는 것은 자칫 나와 관련된 타인에게 상처와 피해를 줄 수 있는 이기적인 상태가 되는 것이 아닐까? 당신은 걱정할 수 있다.

지금 나의 남편이 과거 어느 모임에서 자신이 살아온 인생 스토리를 사람들 앞에서 나눈 적이 있었다. 그 자리에는 나도 함께 참석해 있었는데 남편은 자신을 세상에서 가장 사랑한다는 말을 했고 나는 그 표현을 맥락적으로는 이해했지만 아내로서 내심 서운했다. 내가 그에게 1순위가 아니라니.. 그리고 아무리 자신을 가장 사랑해도 남들 앞에서는 아내인 나를 가장 사랑한다고 로맨틱하게 말해 주길 바랐고 모임이 끝난 후 이런 내 마음을 남편에게 솔직히 말했더니 나의 남편은 이렇게 말했다.

나는 나를 세상에서 가장 사랑하고 내가 나를 사랑하는 만큼 너를 사랑해….

당신이 사랑하는 대상에 당신 자신을 1순위로 넣어야 한다. 그리고 그만큼 남을 사랑하면 된다.

타인을 미워하고 하찮게 여기며 나만 사랑하고 나만 귀하게 여긴다면 그건 이기적인 것이겠지만, 반대로 나를 귀하게 여기지 않고 희생시키며 타인만 사랑한다면 그건 이타적인 것이겠지만, 나를 사랑하고 그만큼 남도 사랑한다면 그것은 중심이 잡힌 균형 있는 사랑이 될 것이다.

누구 하나가 나가떨어지고 죽어 나가야 하는 사랑이 아니라 서로 존중받고 서로 귀하게 되는 사랑 말이다.

나를 진심으로 사랑해 주고 감사해 주는 상대를 만나고 싶은가?

그럼 나부터 나를 사랑하고 감사하라!

내가 나를 사랑하고 감사할 때 나를 진정 사랑하고 감사해 주는 타인을 끌어당길 수 있다.

나는 어떻게 되든 상관없이 상대방이 행복하면 그게 나의 행복이라는 사랑을 하게 될 때 당신은 정말로 당신이 어떻게 되든 상관없는 상대를 끌어당길 가능성이 높다. 그렇게 당신은 남용당하며 노예가 되어 갈 것이다. 그리고 더 무서운 사실은 아무리 노예처럼 열심히 사랑해도 내가 상대방을 완전히 행복하게 해줄 수 없다는 것을 알게 된다는 것이다. 상대방이 원하는 모든 것을 채워 줄 수 없고 사실상 다 알 수도 없음을 알게 되고 그때쯤이면 이미 나는 사랑과 인간 자체에 대한 번 아웃이 올 가능성이 높다.

나 하나도 제대로 알고 사랑해 주지 못 했는데 타인을 어떻게 알고 사랑한단 말인가….

정신 차리길 바란다. 내 코가 석 자다.

일단, 자신부터 사랑하고 그 사랑을 회복하고 이루는 데 올인하라!

매일 들려주고 말해 주어라.

'○○(자신의 이름)아~ 고마워, 사랑해.'

당신이 아무리 엄청난 사랑을 주는 부모 밑에 태어나도 이런 말을 매일 들을 수 있는 시간은 부모 품에 있는 몇 년뿐이다. 그 이후 학교와 사회로 나와 당신은 그 말을 아니 그 비슷한 말을 단 한 번이라도 듣기 위해 사는 내내 참고 희생하며 자신을 잃어 가야 할 수도 있다.

전생에는 그 말을 누군가에게서 듣고 내가 나에게 해 준 적이 있었겠는가? 아마 이번 생보다 더 기회는 없었을 것이다. 우리는 자신에 대한 사랑과 감사의 엄청난 결핍을 가지고 있으며 결핍을 넘어 무의식 차원에서는 자신에 대해 가혹할 정도의 실망과 좌절과 자기혐오와 원망과 분노까지 가지고 있는 심각한 상태일 수 있다.

이런 상태로 나 외에 어떤 타인을 온전히 사랑할 수 있으며 사랑받을 수 있겠는가?

이 우주 어디인가에 존재하는 조건 없는 사랑, 나를 낳은 내 부모에게조차 기대하기 어려운 그 사랑을 내가 나에게 해 주어라.

나는 내가 그냥 너무 좋아~~~.
나야~ 나랑 함께해 줘서 너무 고마워 사랑해~~~.

그리고 사랑과 감사의 감정은 그냥 품거나 인지하는 것으로는 부족하다. 그런 생각과 감정은 곧 사라진다. 우리 안에는 아직 그 반대의 감정과 생각이 천만 배나 더 많기 때문이다. 나에 대한 사랑과 감사의 감정이 내 안에 뿌리내릴 수 있도록 즉 프로그램으로 깔릴 수 있도록 매일 듣고 소리 내어 말하고 표현해야 한다.

실제로 신학을 전공한 지금의 나의 남편은 기독교 사상(우리는 매일 회개해야 하는 죄인이라는 관념)에서 벗어나기 위해 가장 먼저 한 일이, 아침에 양치질을 하기 전 거울을 보며 자신의 이름을 넣어서 "○○아~ 사랑해." 10번 말하기였고 그 방법을 실천하고 몇 달 후 나를 만났다고 한다.

(4) 돈에 대한 감정 회복

'돈아~ 고마워, 사랑해.'

당신에게 돈 하면 떠오르는 생각과 감정은 어떠한가? 돈은 참 좋고 아름답고 친숙하고 다정한가?

인간이 체험을 진행시키고 있는 물질 세상에서 돈이란 모든 카르마적 감정 체험을 주도하고 있는 주요 이슈이자 아이템이다. 우리가 육체를 입고 물질과 돈을 필요로 하는 이상 돈은 우리의 삶을 끌고 간다. 돈 때문에 목숨을 걸고 사람을 죽이고 가족이 동반 살해를 하고 서로 원수가 되고 돈 때문에 꿈을 포기하고 갈등이 생기고 인간 삶의 실제적 문제와 불편의 90%는 돈이 있으면 해결될 것처럼 보이는 구조 속에 우리는 살고 있다.

우리가 환생하는 내내 부자이면서 돈 걱정을 하지 않았던 전생은 얼마나 될까? 단언컨대 설사 부자였어도 돈으로 생기는 카르마적 체험(돈과 얽힌 분노와 스트레스의 체험)을 피하긴 어려웠을 것이다. 우리 안에는

전생부터 누적된 돈에 대한 서러움과 한, 고통과 상처의 체험이 인류의
집단의식 수준으로 압축되어 있다.

돈은 한마디로 우리의 생과 사를 좌지우지 할 만큼 중요하고 가치 있지
만 좀처럼 나에겐 오지 않고 소유하기가 너무나 힘든 고통의 대상, 즉 애
증의 대상이다. 우리는 안타깝게도 돈에 대해서도 노예의 체험을 하고
있다.

돈과 나와의 관계를 회복하기 위해 돈에 대한 내 안의 무의식적인 모든
부정적 감정을 정화해야지만 돈이 내게로 올 수 있다. 내가 돈이 필요하
고 돈을 원하지만 내 안에 돈에 대한 부정적 생각과 감정들(돈은 더럽고
돈을 욕심내는 것은 저급하고 세속적인 것, 돈은 치사하고 서럽고 힘든
것, 나와는 거리가 먼 것이라는 생각과 원망, 분노 등의 감정)을 정화하지
않는 이상 당신은 계속 돈을 밀어내게 될 것이다. 돈이 당신에게로 올 수
가 없다. 왔다가도 다시 가 버린다.

결국은 돈에 대한 당신의 무의식적 감정이 돈에 대한 당신의 체험을 결
정한다.

돈에 대한 부정적 감정을 정화하고 돈에 대한 사랑과 감사의 감정을 회
복할 때 돈이 당신에게로 무사히 잘 올 수 있다. 돈을 떠올리거나 보게 될
때 당신은 꽃을 보듯 아름다워해야 하고 가슴이 환해지고 충만해지면 된
다.

돈은 죄가 없다. 돈에 대한 인간들의 부정적 감정이 돈을 인간 삶에서 고통의 사건사고를 일으키는 주범으로 만드는 것이다. 우리는 돈과 감정적인 화해가 필요하며 돈에 대해서도 사랑과 감사를 회복해야 한다.

'돈은 필요하고 가지고 싶은데 참~ 가지기 힘들다!'가 우리가 돈에 대해 가진 주요 생각과 감정이다. '돈은 참 힘들다~.' 이 감정을 **'돈아~ 고마워, 사랑해.'**로 만트라해서 돈에 대한 고마움과 사랑의 감정을 회복하면 끝이다. 거기서부터 제대로 된 돈의 창조가 시작되는 것이다.

주변에 특히 마음공부를 하시는 분들 중에 자신은 돈에 대해 여여하고 크게 욕심을 내지 않는 모습을 보이는 분들이 계신다. "돈은 먹고살 만큼만 있으면 되고 벌 만큼만 벌면 되지요. 제가 이만큼 돈이 필요하면 딱 그만큼 돈이 또 들어오더라고요."라고 말하는 그런 분들을 보면 대부분 그럭저럭 고만고만하게 근근이 살아간다.

우리가 가난하지 않는 것이 정상이 아니다. 흘러넘치는 것이 정상이다.

이 우주는 무한한 풍요와 잠재력의 영역이다. 돈에 대해 세뇌된 편견과 두려움 등으로 돈에 대한 체험을 제한하지 말라.

A4 용지에 써서 벽에 붙여 놓아라

'나는 돈이 흘러 넘친다.'

(5) '30분 시간 채우기' 이유

나한테 오시는 분들 중엔 호포노를 10년 가까이 장기적으로 한 분들도 계신다. 그분들께 어떻게 하셨냐고 여쭤 보면 생각날 때마다 수시로 했다고 한다. 『호오포노포노의 비밀』같은 책을 보면 저자인 조 바이텔(Joe Vitale)이 자신은 10년 정도를 훈련하고 습관화를 들여서 자신이 의식하지 않아도 [미.용.감.사]가 돌아가게끔 자동 시스템화시켰다고 하는데 그 정도로 내가 엄청나게 훈련하고 습관화를 들여 저절로 머릿속에서 [미.용.감.사]가 진행되게끔 해 놓지 않은 이상은 우리가 생각날 때마다 한다고 하는 것은 외부에서 뭔가 자극이 올 때, 자신이 필요하고 다급할 때 하게 된다. 외부의 누군가 자신을 짜증나게 하고 화나게 했거나, 스스로 뭔가 긴장되고 두렵거나, 뭔가 해결하고 싶거나 할 때 하게 된다. 그러나 또 그럭저럭 살아지거나 큰 자극들이 없으면 다시 흐지부지해지고 만다.

내가 생각날 때마다 한다고 하고 호포노를 해 보니 하루 총시간의 양이 30분이 안 될 때가 많았다. 그래서 일상에서 생각날 때마다 수시로 하는 것은 기본이고 거기다 더해 따로 무조건 타이머 맞춰 놓고 내가 하루 30분 명상하고 하루 30분 운동이나 산책하는 셈치고 30분은 충분히 이어서 하라는 것이다. 가부좌하고 앉아서 하지 않아도 된다. 우선 습관화를 들이는 것이 목표니 감정이 느껴지지 않아도 기계적으로 소리 내어 반복해도 되고 세수하고 출근 준비를 하거나 집안일을 하거나 이동이나 운전을 하면서 해도 된다.

이 우주에는 근원적으로 시간이 존재하지 않지만 이 지구는 시공간 시스템 안에 있고 시간 에너지라는 것이 존재한다. 소위 말하는 '1만 시간의 법칙', 이 법칙을 발견한 교수가 바이올리니스트들을 추적했더니 그들이 어릴 때부터 연습한 시간의 총 양이 1만 시간을 넘어설 때 재능이 폭발하더라는 것이다.

아무리 일반인도 어느 한 분야, 하나의 영역에 꾸준히 일정 시간을 지속적으로 투자해서 에너지를 쏟아붓게 될 때 그 시간이 충분히 쌓이면 그 에너지는 언젠가는 활성화되어 폭발하게 된다. 현실에 무언가로 현상화되는 것이다.

'시크릿' 동영상에는 보이지 않는 땅 밑에서 새싹이 조금씩 올라오는데 보이는 땅 위에서는 아무 일도 벌어지지 않는 장면이 등장한다. 내가 시크릿(현실 창조)을 아무리 하고 호포노를 아무리 해도 당장 보이는 현실에서는 아무 변화가 없을 수 있다. 그래도 보이지 않는 차원인 땅 밑에서 30분, 30분, 에너지는 쌓이게 되고 언젠가 에너지의 임계치가 다다르고 기회가 닿았을 때 그것은 폭발하게 되어 있다. 내가 1년 동안 호포노했는데 아무 일도 안 일어나서 지금까지 한 거 다 무효야~라고 선언해도 그 에너지는 보이지 않는 에너지 차원에서 쌓여 있게 된다.

어쩌면 시간 에너지의 축척의 증거가 나일 수 있다. 내가 '1년을 명상에 올인하자.'라고 하고 '나는 신이다.' 만트라 명상을 하루 3시간 이상씩 1년을 했는데 아무 일도 일어나지 않았고 오히려 생계에 대한 두려움이 밀려왔다.

경제적인 것부터 해결하고 명상을 해야지 더 마음이 편할 것 같아서 명상을 멈추고 1년간 사업을 하다가 실패하고 다시 몇 달 명상하다가 마지막 직업으로 미뤄 두었던 학원 강사를 해 보고 더 절망을 느끼며 정말 인간에 대한 모든 것을 포기했다. '내가 인간사회에서 할 수 있는 어떤 직업도 존재하지 않는다.'라고 판단하고 모든 것을 내려놓게 되었고 '명상하다가 죽어도 좋고 이번 생에 안 되면 다음 생에라도 한다.'라는 마음으로 다시 명상을 시작하고 3개월 만에 에너지가 열리는 체험이 일어났다.

1년 동안 명상했던 그 시간의 에너지가 어디 가지 않고 그 자리에 쌓여서 나를 기다리고 있었다는 것이다.

목표는 내가 나 자신에 대한 사랑과 감사의 감정을 느끼며 하는 것이지만 처음에는 그냥 30분 채우기를 목표로 해도 좋다. 나중에 자연스레 감정이 생성되고 올라올 때가 있을 것이다.

30분을 특별히 시간 내거나 가만히 앉아서 가부좌 틀고 하지 않고 30분 동안 운동하고 요리하고 세수하고 출근 준비하고 퇴근하는 차 안에서 해도 된다. 30분은 바쁜 직장인 기준이고 더 할 수 있는 분들은 더 해도 좋다. 일단, 하루 최소 30분은 채워 주어야 에너지가 쌓인다.

(6) 만트라의 원리

그냥 속으로 '○○아 고마워, 사랑해.'를 하는 것이 아닌 입으로 소리를

내서 반복하는 것이 더 효과적인 이유를 설명 하자면,

만트라는 같은 소리(말)를 반복해서 내는 것으로 소리 진동의 힘을 가지고 있다. 사실 어찌 보면 만트라, 즉 소리 진동의 힘의 증거가 또 나일 수 있다. 나는 사실 당시 만트라가 뭔지 제대로 알지도 못한 채 1년간 집에서 아무런 활동도 없이 명상만 하면 체중이 늘까 봐 식사 후 거실을 왔다 갔다 하며 "나는 신이다."를 소리 내서 말하면 더 칼로리가 빨리 소비되겠지~ 하고 시작한 것이 만트라였다. (참고로 무릎 관절이 꺾인 상태로 진행하는 가부좌 명상법은 기가 정체되는 상기 현상이 일어날 수 있는데 내가 다이어트용으로 걷기 명상을 했던 것 역시 에너지 상기증을 피할 수 있었던 신의 한 수가 되었다. 기존의 방법들에 대해 모든 게 무지했는데 모든 게 통했다고 본다.)

만트라는 사실 우리 주변에 만연하다. 특히 종교 쪽에, 불교의 염불은 불경을 계속 소리 내어 외는 것이고 기독교의 기도문 암송하기, 찬송가 등도 모두 일종의 만트라, 소리 진동들을 의미한다. 같은 말을 계속 반복하게 되면 그 주변에는 하나의 에너지장이 형성된다. 우리가 성당 같은 곳에 들어서면 굉장히 엄숙하고 경건한 느낌에 압도되는데 신을 의미하는 주님, 하느님 등의 고진동 말들이 반복되며 소리 진동이 쌓여서 에너지장이 형성되었기 때문이다. 절의 법당 등도 마찬가지다. 그곳에 들어서면 어떤 기운 내지 압도되는 분위기가 있는데 그곳에 불경의 소리 진동으로 에너지장이 형성되어 있기 때문이다.

내가 내 입으로 계속 반복하여 "○○아 고마워, 사랑해."를 소리 내어 말할 때 내 주변의 오라장에 나에 대한 사랑과 감사의 에너지장이 형성된다. 그 에너지장은 하나의 방탄 보호막이 되어 내가 이 쓰레기장과 같은 지구에서 살아갈 수 있도록 나를 지켜 줄 수 있다. 이 만트라 작업은 굉장히 물리적인 작업이다.

책 『초인생활/초인들의 삶과 가르침을 찾아서』에는 '치유의 사원'이라는 장소가 등장하는데 그 사원 안에서는 오직 치유에 관한 말만 아주 오랜 시간 동안 반복해 치유의 에너지가 형성되었고(다른 말은 나오지 않는다고 함.) 그 사원을 통과하는 것만으로도 치유가 일어난다고 한다. 내가 나에 대한 고진동의 말, "○○아~ 고마워, 사랑해."를 반복해서 나에 대한 고진동의 에너지장이 형성되어 내 근처에만 와도 사람들이 나를 고맙고 사랑하는 느낌 외에는 가질 수 없는 상태로 가 보자는 것이다.

머릿속으로 컵을 떠올렸다고 가정했을 때, 컵을 상상으로 떠올리기만 한 것이 아니라 실제로 "컵!"이라고 발음해서 소리를 내게 되면 머릿속의 컵을 소리 진동으로 현실에 50% 현현시킨 것이 된다. 이때 소리 진동을 반물질이라고 하며 '태초에 말씀이 있었다.'에서 말씀은 소리 진동을 의미하며 그 소리 진동은 생각 다음 단계의 물질 창조의 씨앗이 되는 것이다.

내가 속으로 그냥 '○○아~ 고마워, 사랑해.' 하고 떠올리기만 한 것이 아니라 실제로 "○○아~ 고마워, 사랑해."라고 소리 내어 발음을 하면 그때 ○○이에 대한 고마움과 사랑을 현실에 50% 현현시킨 것이다. 그래

서 만트라를 할 때 에너지가 더 증폭되고 빨리 쌓일 수 있다. 그러니 이왕 하는 것, 만트라를 이용하라고 권하고 싶다.

그리고 인간이 들을 수 있는 가청 영역이 존재하고 가청 영역 밖에도 소리는 존재한다. 우리는 그 소리를 헤르츠나 주파수 단위로 표현할 수가 있는데 지구는 인간의 가청 영역 안과 밖이 모두 부정적인 저진동의 소리들로 오염이 되어 있다고 보면 된다. 진동수가 낮은 주파수와 각종 뉴스와 매체들을 통해 두려움, 공포, 분노 등을 유발하는 부정적 소식(정보)과 소리들에 노출된다. 이런 소리 환경에서 우리는 우리 자신의 고진동 소리들에 접속이 힘든 상태로 더 깨어나지 못하게 되었을 가능성이 높다. 그리고 우리가 아무리 에너지적으로 열려도 혼선과 오염으로 인해 저진동 에너지체(에너지 수준이 낮은 에너지체나 빙의령체 등)에 접속되기 더 쉬운 상태가 되는 것이다.

이런 지구에 우리처럼 열린 존재들이 태어난다는 것은 비유를 하자면 마치 갓난아기가 발가벗겨진 채 쓰레기통 안에 고대로 놓여 있는 것과 같다. 가청 영역 밖도 그렇게 오염되었는데 안은 어떨까? 한번 체크해 보자.

여러분이 태어났다. 들리는 소리 영역-부모님, 사회, 학교 선생님, 친구들이 "○○아~ 고마워, 사랑해."라고 들려주는가? 그들이 가끔 그런 말을 들려 줄 수도 있다. 그런데 그런 말은 10% 내외 나머지 90%의 모든 말(소리 진동)의 뉘앙스와 의도는,

'안 돼! 하지 마! 넌 어딘가 부족해! 넌 어딘가 잘못되었어! 넌 어딘가 못났어!' 그래서 '넌 이래야 해! 저래야 해!' 등등 이다.

이런 말, 이런 소리 진동으로 내 오라장의 90%가 녹음되어있고 오염되어 있다고 보면 된다. 그럼 그런 90%의 소리 진동 속에서 성장하면 나중에 그 아이는 어느 순간 이렇게 말하고 있게 된다. '나 왜 이렇게 부족하지? 왜 이렇게 못났지? 나 진짜 죽고 싶어, 나 같은 건 죽어도 돼.'까지 가는 것이다.

내가 살면서 단 한 번이라도 '나 죽고 싶어! 나 같은 건 죽어도 돼!'라고 생각했다면 그 순간 인간 몸을 이루고 있다는 약 100조 개의 세포 중 수만 개가 파괴된다고 보면 된다. 그때 우리 몸에 염증 반응, 통증 반응이 일어나지 않을 수가 없고 그 상태를 지속하면 질병이 생길 수밖에 없으며 우리는 지금까지 그렇게 살아온 것이다.

이 모든 것을 다 바꾸자는 것이다. 무엇으로?

'○○아~ 고마워, 사랑해.'로

90%의 나에 대한 부정적 피드백의 소리 진동으로 녹음된 나의 에너지장에 "○○아~ 고마워, 사랑해."로 재녹음하는 것이다. 이건 정말 지극히 물리적인 작업이다.

내가 이 재녹음 작업을 하지 않으면 아무리 외부에서 엄청난 진리의 메시지를 읽고 일시적으로 진리를 깨닫고 의식이 확장되는 희열을 느끼더라도 그 메시지의 내용이 점점 잊혀지면 그 느낌도 옅어지면서 결국 나의 에너지장에 녹음된 90%의 부정적 소리 진동이 다시 나를 지배하고 나의 현실 체험을 끌어오게 된다. 꼭 이 재녹음 작업부터 해야 한다.

어디선가 환청으로 "○○아~ 고마워, 사랑해."가 들릴 때까지 하고 내가 몸을 입고 있는 한은 환청이 들려도 하길 바란다. 왜냐하면 내가 몸을 입고 있는 한 내가 계속 "○○아~ 고마워, 사랑해."를 해 주지 않으면 나에 대한 90%의 부정적 소리 진동이 다시 나의 현실을 창조하기 시작할 것이다. 지구는 부정적이고 저급한 생각과 감정이 담긴 (말)소리 진동으로 오염된 쓰레기통 안이고 그 쓰레기통 안에서 쓰레기를 계속 밀어내고 있지 않으면 다시 나에게 쓰레기가 우르르 쏟아지기 때문이다.

이 우주에서 나를 지킬 사람은 나밖에 없다. 수호천사들과 여러 존재들이 지켜 줄 수도 있지만 그조차도 내가 나를 지킬 때 훨씬 그 수호의 에너지가 가속화되고 활성화되고 제대로 연결되고 작동된다. 하늘은 스스로 돕는 자를 돕는다고 했고 그럴 수밖에 없는 것이 우리는 모든 것과 연결되어 공명하고 있고 의식적이든 무의식적이든 나의 의지에 우주는 공명할 수밖에 없기 때문이다.

외부의 다른 누군가가 나에게 "○○아~ 고마워, 사랑해." 해 주면 더 좋을 것 같지만 "○○아~ 고마워, 사랑해."를 계속 하다 보면 어느 날 누군가로부터 문득 그런 말들을 듣게 되는 경험을 하게 될 것이다.) 내가 스스로 발음을 해내는 것이 더 효과적이다. 내가 내 입으로 "○○아~ 고마워, 사랑해."라고 말할 때 내 몸의 안과 밖이 동시에 울리기 때문이다. 이것은 내 몸의 내부와 외부가 동시에 진동하면서 동시에 녹음되는 작업인 것이다.

(7) 저항

이 책을 통해 안내하고 있는 모든 방법들을 정말 의지에 불타서 시작을 잘하시는 분들도 계시지만 안타깝게도 〈1차 녹음〉 단계에서부터 자신의 목소리가 듣기 싫고 자신의 이름을 넣어서 "고마워, 사랑해~."라고 표현하는 것이 익숙하지 않고 낯 뜨거워 말이 나오지 않는다는 분들도 계신다. 그것은 자신 안에 나에 대한 부정적 감정이 처리되지 않았기 때문이다. 자신에 대한 원망, 분노, 답답함의 감정 등이 있을 때 **"○○아~ 고마워, 사랑해."**를 할수록 부정적 감정이 더 건드려지고 오히려 더 저항이 오게 될 것이다.

이럴 경우는 매일 내가 내 입으로 "○○아~ 고마워, 사랑해." 말하기는 할 수 없지만 우선 〈1차 녹음〉을 형식적이라도 해서 틀어 놓고 자신에 대한 부정적 감정의 압축을 풀다 보면 자신에 대한 사랑과 감사의 표현에 대한 저항이 줄어들 수 있다. 그리고 계속 듣다 보면 말할 수도 있게 된다.

저진동 압축 풀기 방법

부정적 감정의 표현을 소리 내어 최소 30분 반복해서 말하기.

〈1차 녹음 파일〉을 반드시 틀어 놓고 현실 상황에서 건드려
지고 자신 안에 있다고 감지된 부정적 감정에 대해 최소 30
분 지속적으로 반복해서 말하고 그 감정에 대한 느낌이 희
미해지고 감정 에너지가 완전히 연소될 때까지 시간을 연
장해서 계속 풀어 준다. (예: 두려움의 감정 → 두려워~를
30분 동안 소리 내어 반복) 하나의 감정 정화에 대해 몇 시
간~ 몇 달이 소요될 수 있다.

2. 저진동(부정적 감정) 압축 풀기

(1) 저진동 압축 파일의 개념

에너지 작업이 들어갔거나 호포노(○○아~ 고마워, 사랑해.) 만트라 과제를 내드리면 이런 피드백이 온다. "내가 절대 이런 딸이 아닌데 50살이 넘은 내가 요즘 엄마한테 전화만 오면 짜증을 내고 있다." 그리고 "호포노를 하는데 계속 저항이 생기고 오히려 뭔가 다운되고 슬퍼지고 화가 나고 답답함과 짜증이 올라온다." 등등.

우리 안의 저 깊이에는 신성과 지복과 기쁨과 사랑 등의 고진동 에너지가 자리하는데 그 위에 인간 삶을 반복해 오면서 켜켜이 쌓여 버린 카르마, 즉 저진동의 부정적 감정 에너지체들이 바위처럼 고진동을 누르고 있어서(고마워, 사랑해~라는 고진동의 말을 이용한 만트라 작업에 의해) 고진동이 활성화되면서 그 위에 있는 카르마 즉 저진동의 부정적 감정 에너지도 같이 들썩이게 된다. 이 저진동을 이제 들어내야 되는 시기가 온 것이다.

만에 하나 당신이 이번 생을 인간으로서 마지막 생으로 설계해 온 영혼이라면 혹은 이번 생이 마지막 인간 생이길 바란다면 이 저진동의 카르마 압축 파일이 호포노를 할수록 건드려지면서 터지려고 할 것이고 더 이상 그것을 누르고 가라앉히기는 힘들 것이다.

이런 압축 파일이 어떻게 생성된 것인지를 살펴보면, 보통 호포노는 과거의 무의식에 쌓인 기억들을 정화한다고 하는데 그것은 상태에 따라 꽤 시간이 걸릴 수 있고 그래서 하다가 포기하시는 분들이 생긴다. 내가 볼 때 호포노는 과거를 정화하기도 하지만 처음 발생되는 부정적 감정체들을 정화하고 처리해서 쌓이지 않게 하는데 상당히 유용한 것 같다. 생애 초기의 작은 부정적 감정들, 처음 일으켜지는 작은 짜증, 분노, 슬픔 등을 호포노로 정화해서 처리해서 내 안에 쌓이지 않게 도와주는 것이다.

그런데 우리가 거대한 쓰레기통 안에 태어났을 때, 호포노 같은 것을 몰랐다. 아무도 정화의 방법을 가르쳐 주지 않았다. 특히나 에너지가 열린 아이가 태어나게 되면 어떤 일이 벌어질까? 그 아이는 아직 말도 배우지 않은 상태로 엄마가 자신에게 특별한 말을 하지 않았는데도 엄마의 눈빛만 봐도 엄마의 감정에너지가 이 아이 안에 에너지로 그대로 전달되어 쌓이게 된다. 아빠가 아이한테 버럭! 하면 그대로 분노의 에너지가 아이에게 쌓이고 아이에게 직접 뭐라 하지 않아도 엄마 아빠가 서로 싸우는 옆에만 있어도 분노의 에너지가 아이한테 그대로 흡수되는 것이다. 그 아이는 성장할수록 주변의 부정적 에너지를 흡수하며 감정의 압축 파일을 만들어 가게 된다. 그런 아이가 커서 아무리 『시크릿』을 읽고 『호오포노포노』를 읽어서 실천해 보려고 해도 결국 그 압축 파일이 그 아이의 현실을 끌어당긴다는 것이다.

시크릿이 잠시 되었다가도 안 된다. 돈이 생겼다가도 사기를 당하고 돈이 나를 떠난다. 사랑하는 사람을 만났다가도 그가 배신을 하고 떠난다.

몸이 나았다가도 다른 곳이 다시 아파진다.

연못물이 맑은 이유는 진흙이 가라앉아서이다. 우리는 마음이라는 연못 안의 진흙 가라앉히기를 잘 한다. 내 인생이 진흙탕이고 너무 힘들고 파란만장할 때 우리는 도대체 내 삶이 왜 이런지 그 이유와 해결책을 알고 싶어서 책을 읽고 심리 상담을 받고 프로그램에 참가해서 내 인생에 그런 사건이 왜 일어났는지 최대한 그 원인에 대해 분석하고 정리해서 결론을 내리고 혹은 명상을 해서 들고 일어나는 감정을 가라앉힌다.

어떤 사건이 벌어졌을 때 그 일이 구조적으로 어떻게 해서 일어나고 그 사람이 왜 나한테 그런 말을 하고 행동을 했는지가 근본적인 원인이나 실체가 아니다. 사건 당시 내 안에서 생성된 감정 에너지가 원인이자 실체다.

어린 시절, 엄마가 나한테 이래서, 아빠가 나한테 이래서, 어떤 친구가 나한테 이래서 내가 트라우마가 생기고 슬픔과 분노가 생기고 했다고 보통 분석하고 인지하고 있지만 사실은 그 반대이다. 전생부터 쌓여서 내 에너지장 안에 저장되어 나를 따라온 카르마 감정의 압축 파일이 내 안에 존재하기 때문이다.

그 압축 파일이 존재하면 그 감정을 체험시킬 역할자들을 끊임없이 끌어당긴다. 너 이래도 화 안 나? 이래도 안 슬퍼? 이래도 안 힘들어? 하고 계속 자극하는 인연들, 내가 성장해서 그런 역할자인 부모를 어떻게든 피했다면 그다음은 배우자, 직장 상사, 동료, 친구로 다시 등장한다.

에너지 작업 시에 내담자의 가슴 차크라에 손을 대면 트랜스가 오면서 그 사람이 가지고 있는 슬픔이나 고통 혹은 배우자나 직장 상사에 관해 가진 답답함, 분노 등의 대사들이 내 입으로 흘러나오면서 처리가 되기도 하는데 아무것도 리딩이 안 되는 분들이 있다.

아직 때가 아니거나 너무 포장을 잘해 둔 것이다. 특히 마음공부를 한 영성인들은 포장을 아주 잘해 둔다. 그 사건은 다 벌어질 만해서 벌어진 것이고 나에게 그런 행동을 했던 그 사람도 역할자이며 그 사람이 그런 역할을 해 주고 그런 사건을 체험했기에 나는 성장할 수 있었고 그 결과, 그 모든 것이 완벽이야~라고 일종의 긍정적 정신 승리나 영적 합리화를 한다.

이런 해석 내지 진흙 가라앉히기가 자신의 마음을 일시적으로 편안하게 하고 나는 일반 사람들과는 다르다는 존재감을 느끼고 싶은 에고의 영적인 합리화가 아니라면 당신은 정말로 다시는 그런 비슷한 일을 끌어당기지 않는 상태가 되어야 한다. 그러나 마음공부를 하고 수행하는 대부분의 영성인들은 현실의 체험이 그다지 달라지지 못한 채 비슷한 체험을 반복하며 자신의 체험에 대한 그럴듯한 해석만 발전시키며 카르마에서 크게 벗어나지 못하는 상태로 산다는 것이 함정이다.

나에게 오시는 분들에 대한 나의 에너지 작업의 목표는 가슴 차크라를 가로막고 있는 저진동 카르마 에너지 처리가 아니다. 그 저진동을 처리하고 그 안에 있는 그 사람의 신성과 고진동 에너지 리딩과 활성화가 목표인 것이다. 그런데 저진동 에너지가 리딩이 잘 되지 않고 가로막고 있다면 진입이 잘 안 되어 아무것도 진행할 수가 없게 된다.

여러분들한테 벌어진 삶의 사건사고의 실체는 그 사건이 왜 벌어졌고 그 역할자들이 왜 그랬고 그래서 내가 무엇을 해야 되고가 아니라 그 사건이 벌어졌을 당시 내 안에서 건드려지고 올라온 감정 에너지들이 그 모든 사건과 체험을 끌어당기고 창조한 원인이자 실체라는 것이다. 내 안에서 올라온 분노, 공포, 미움, 증오, 걱정 등의 감정이 제대로 다루어지고 처리되지 못한 채 무의식에 압축 파일로 저장되어 있다면 이번 생애를 무사히 넘긴다 하더라도 그 압축 파일은 다음 생으로 이동한다. 그러면 이제 또 누가 가해자가 되고 피해자가 될지 모른다.

(2) 저진동 압축 풀기의 원리

부정적인 감정을 소리 내어 풀어내는 방식은 단순하고 본능적이고 생체 물리학적인 원리다. 우리는 가끔 엄청난 분노로 가득 찼을 때 으아~~~~~!!!! 하고 소리를 지르고 싶거나 지르게 되는데, 본능적으로 알고 있는 것이다. 내가 소리를 질러 나의 분노 에너지를 밖으로 내보내지 않으면 미치거나 죽을 수도 있다는 것을 말이다. 이 에너지가 밖으로 발산되지 못할 때 그 에너지는 내 안으로 들어와 나의 세포를 공격한다. 이렇게 감정 즉 정신적 스트레스가 신체화되어 병이 되는 것이다.

내가 저진동 압축 풀기의 개념과 방법을 처음 만난 그날을 기억한다.

그 방법은 나에게서 저절로 그냥 벌어졌다. 신비 체험 후 내 개인적 에너지 작업이 스스로 계속 진행되며 호포노(소울디~ 고마워, 사랑해.)를 열심히 하던 어느 날, 나는 가슴 안에서 뭔가 너무 슬픈 느낌과 함께 분노와 증오가 일어났는데 처음엔 그게 뭔지 모른 채 '집 안에만 있어서 햇빛을 못 받아서 우울해지는 건가?' 하고 햇빛을 쬐기 위해 마당으로 나가게 되었다. 그런데 거의 반 트랜스 상태로 나도 모르게 내 입에서 "그 새끼 죽여 버릴 거야."라는 말이 거의 수백 번을 반복해서 나왔다. 내가 과거 특정인에게 가지고 있었던 분노가 수년이 지난 어느 날 불현듯 터진 것이다. 나는 분노와 증오가 가득 찬 그 말을 멈출 수가 없었고 1시간이 넘어서고 있는데도 분노와 증오가 좀처럼 진정되지 않았다. 오히려 더 진해지고 세지고 증폭되고 있었다. 뭔가 심층적인 압축 파일이 터지기 시작한 느낌이었다.

그때 내가 한 가지 깨달은 것은 '이 감정을 제대로 처리해 내지 않으면 살면서 계속 올라오겠구나.'였고 '또 이런 감정을 나에게서 유발하고 체험시킬 비슷한 인연들과 상황을 끌어당길지도 모른다.'는 생각에 이 감정을 한번 제대로 다루고 처리해 보기로 결심하게 된다. 이것이 저진동 압축 풀기의 시작이었고 지금 책에서 소개하고 있는 방법이 탄생된 계기였다.

그리고 이것은 신비 체험 이후 에너지적으로 뭔가 알 수 없는 고진동의 에너지에 노출되어 내 안의 고진동이 계속 활성화되고 있었고 호포노로 인간 차원의 에너지도 정화되고 있어 내 안에 고진동과 맞지 않는 저진동 에너지들이 더 이상 견디지 못하고 정화되기 위해 터져 나오는 작업이라는 것을 알게 되었다. 마치 내 안의 고진동의 순도를 높이기 위해 티끌의 저진동도 허용하지 않고 빼내는 것처럼 말이다.

더 이상 누를 수도 없고 걷잡을 수도 없이 터져서 마치 화산 폭발한 마그마처럼 분출하고 있는 분노에 대해 나는 제대로 직면하고 맞장을 뜰 수밖에 없었다. 그래서 분노와 직면하고 분노를 인정하고 분노에 푹 빠져서 맞장 뜨는 날, 즉 [증오 데이]를 가졌다. 오늘은 내가 작정하고 무언가를 소탕하듯 내 안에 있는 '나에게 증오를 일으키는 특정인'에 대한 분노와 증오를 때려잡겠다는 심정으로 태어나 처음으로 나에게 공식적으로 분노와 증오를 허용하고 실컷 증오에 제대로 오래 집중해 보기로 한 것이다. 정말 분노의 화신이 되어 내 모든 상상력을 동원해서 그리고 내 모든 증오에 대한 언어적 표현과 소리와 말을 이용해서 분노를 표현하고 활활 태워 냈다.

누군가에 대해 미움을 품어 보면 알겠지만 굉장히 기진맥진하게 된다. 증오에 집중하니 두통까지 왔는데 두통약을 먹으면서까지 했다. 하루 종일 증오와 분노를 해 본 것 같은데 아마 시간상으로는 3~4시간에 불과했을지도 모른다. 그러나 이 시간도 굉장히 길고 힘들었다.

그런데 그렇게 분노를 말(소리 진동)과 상상으로 표현하고 다루고 난후 3~4일이 지난 후 무심코 분노와 증오 유발자를 떠올렸을 때, 전과 같은 극심한 분노와 증오가 치고 올라와 나를 휘어잡지 않음을 느꼈다. 체감적으로 80%가 전소된 느낌, 감정 에너지 연료가 거의 바닥이 나서 내가 그 증오의 생각과 감정에 또렷이 집중이 안 될 만큼 뭔가 희미해진 느낌이었다. 신기했다. 물론 감정이 전생부터 켜켜이 쌓여 온 것이라면 이 작업이 한 번에 끝나지 않을 수도 있다. 올라올 때마다 충분히 길게 다루어 주면 되고 그러면 그 느낌이 점점 희미해져 감을 체험하게 될 것이다. 이것은 시간이 지나 감정의 기억이 서서히 잊혀지는 것과 다르다. 없애서 정말 감정 에너지가 사라지는 것이다.

30분 이상 계속 부정적인 말을 반복하면 나중에 그 말이 더 이상 입 밖으로 잘 나오지 않게 된다. 마치 너무 지겹도록 충분히 많이 해서 배가 불러 숟가락이 놓아지듯 뭔가 사라지고 내려놓아지는 느낌으로.

여러분들이 부정적 감정에 무의식적으로 계속 갇혀 있게 되는 것은 그 감정들을 끊임없이 부정하고 저항했기 때문이다. 나는 착한 사람인데 누군가를 미워하면 안 되지, 나는 점잖고 성숙한 사람인데 화를 내면 안 되지, 나는 강한 사람인데 슬퍼하면 안 되지… 등등.

옳고 그름도 아니고 좋고 나쁨도 아닌 이 우주의 그저 다양한 체험일 뿐인 이 모든 감정 체험을 불편해하고 힘들어하고 거부했기 때문이다. 이 지구의 인간 사회는 감정 체험을 가로 막고 제한하기에(남자는 슬퍼하거나 울면 안 돼! 분노하는 것은 남에게 피해를 줄 수 있어! 등등) 우리는 특히 부정적 감정들을 다루고 처리하는 것에 너무나 서툴고 그 감정들이 쌓여서 극한의 상태가 되기 전인 초기에 잘 다루고 처리할 수 있는 방법을 배우지 못했다.

어차피 우리 안에는 초기 감정보다는 전생부터 진행된 부정적 감정의 압축 파일이 이미 어마어마하게 존재하는 덕분에 초기 감정 처리가 더 어려울지도 모른다. 그리고 실제로 그 감정을 터뜨렸을 때 벌어질 불상사들과 사회생활의 데미지에 대한 불안 등으로 감정들은 더욱 억압될 수밖에 없거나 그럴듯해 보이는 관념이나 생각의 논리로써 감정을 합리화하고 변호하는 방식 즉 말로 논쟁하는 방식을 쓰기도 한다.

'나 너한테 화가 나! 나 너 싫어!'를 아주 거창한 논리로 풀어내고 있는 것이다. 인터넷 뉴스를 보면 지금 우리 사회에 벌어지는 모든 사건과 이슈, 아젠다 등이 그 모든 감정 풀이의 미끼이자 도구가 된다.

내가 제안하는 방식은 정말 단순한데 효과가 있다. 그저 내 안에서 올라오는 감정에 대해 충분히 오랜 시간 반복해서 소리 내고 말해 주는 것이다

그 감정에 대해

부정! 부정! 부정!/회피! 회피! 회피!했던 것을

인정! 인정! 인정!/직면! 직면! 직면!해 주는 것이다.

당사자한테 직접 가서 감정을 표현하는 것이 아니니 안전한 방식이기도 하다.

우리가 아는 심리 기법 중에는 자신의 솔직한 감정들을 풀어내 보고 정말 소리도 질러 보고 화도 내고 펑펑 울며 통곡도 해 보는 방법들이 존재하는데 이 기법들도 순간의 억눌린 감정을 해소하는 데 도움이 된다. 그런데 내가 제시하는 방법이 그 기법들과 차이가 나는 지점은 최소 30분 이상 충분히 오랜 시간 소리 내어 말로 반복해서 에너지를 연소시키는 방법이라는 것이다. 노트에 욕을 써 보거나 자기도 모르게 너무 미워서 누군가를 저주하는 말을 한 번씩 해 본 적은 있지만 아마 이런 방식을 써 본적은 거의 없을 것이다. 그러니 해 보라!

속마음 솔직히 표현하기, 욕하기, 소리 지르기, 울며 통곡하기, 쿠션 던지거나 때리기 등의 방법들은 엄밀히 말하면 내 안의 감정을 더 이상 누르지 않고 직면하는 정도에 불과하다. 전생부터 쌓여 온 감정이 한두 번 폭발시켜 표현한다고 사라지는 것이 아니기 때문이다. 누르고 참아 오던 과거와 비교해 상대적으로 시원해지고 홀가분해져서 처리된 것처럼 느껴질 수 있지만 그런 식의 작업으로는 오래가지 못하고 또 울고 폭발시켜야 되는 순간이 올 것이다.

그리고 감정은 에너지 그 자체여서 소리 에너지로 표현해서 뱉어 내는게 훨씬 효과적이며 우리의 감정은 사념과 연결되어 일종의 개념화가 이루어진 관계로 두려움의 감정을 단순히 소리 지르기가 아닌 "두렵다."라는 언어적 문장(사념적인 인식이자 개념)으로 표현해 주게 되면 내 안의 감정과 함께 그와 관련된 생각과 기억(사념체)까지 정화가 가능해진다. 그러니까 **"두렵다." 언어적 표현을 반복하면서 두려움의 감정과 '두렵다.'**

라는 생각을 같이 처리하는 것이다.

　물론 감정 풀기 초기에는 에너지 자체가 너무 쌓여서 말로 표현하기에
는 너무 감정이 압도적으로 강하고 많을 때 문장이 아닌 울거나 소리 지
르기 수준으로 에너지 자체를 뿜어내야 하는 작업이 필요할 수도 있다.
너무 오랜 시간 감정을 참고 살아서 늘 가슴에 돌을 얹은 것처럼 답답하
신 분들은 바다, 산, 숲과 같은 자연이나 도심의 노래방 등 혼자 소리 지
를 수 있는 공간으로 가서 울고 소리 지르기부터 하는 것이 도움이 될 수
있다. 그렇게 어느 정도 감정의 에너지 덩어리가 빠지고 나면 전생부터
압축된 심층적 감정을 압축풀기로 촘촘하게 다루고 격파해 나갈 수 있게
된다.

　**부정적 감정 풀기는 최소 30분 이상 지속되어야 압축이 그나마 건드려
지고 풀리기 시작한다.** 30분 이하는 감정 직면에 가깝고 전생부터 누적
된 깊은 감정의 압축을 뿌리째 뽑아내듯 집요하게 파내고 풀어내는 것에
는 한계가 있다. (물론 그조차 안 하는 것보다는 낫다.)

　그냥 한두 번 소리 지르거나 욕을 해 보는 것이 아니고 최소 30분(소리
내어 반복하면 입이 아플 수 있어 정한 최소한의 시간 단위임. 30분 하다
가 입이 아프면 다시 10분 쉬었다가 30분하거나 힘들면 다음 날 이어서
다시 30분 단위로 진행) 혹은 그 이상, 같은 대사(올라오는 부정적 감정
을 표현하는 대사-너무 힘들어, 너무 답답해, 너무 싫어, 너무 화가 나 등
등) 하나를 소리 내어 반복한다. 한 감정(문장)당 최소 30분이다. 더 이상

그런 감정이 잘 생성이 되지 않고 입 밖으로 말이 잘 형성이 되지 않을 때까지 한다.

저진동 압축 풀기 초기에는 '두렵다.'를 풀다가 슬픔이 건드려져서 '슬프다.'부터 풀어야 되는 식으로 이것저것 올라오는 대로 풀어야 될 수도 있다. 눌러 온 감정이 너무 여러 가지여서 마치 두더지 잡기 게임처럼 한 감정당 30분을 채우지 못하고 이 감정 저 감정을 마구잡이로 풀어야 될 수도 있다. 초기에는 그럴 수밖에 없고 그런 식으로 어느 정도 풀고 걷어 내고 나면 한 감정당 30분 단위로 집중해서 풀어낼 수 있게 된다.

나의 첫 번째 책인 『내 안의 권능 사용법 1』에서 부정적 감정의 저진동 에너지를 정화할 수 있는 자연(숲이나 나무 근처 등)의 에너지장을 이용하는 법과 집안에서 식물 화분을 가져다 놓고 압축 풀기를 하는 것에 대한 안내를 했는데 작은 화분 안의 식물이 시들어 버리는 일들이 간혹 보고되었다. 자연 역시 순수한 원시림이 아닌 이상 인간의 에너지가 묻은 숲이나 산 같은 경우, 도심보다는 나을 수 있지만 그곳에서 부정적 압축 풀기를 하다가 되려 에너지적 오염이 진행될 가능성도 있다. 그러니 **부정적 감정의 압축 풀기를 할 때는 최대한 나 외에 다른 사람, 애완동물, 식물 등이 없는 방 안이나 고립된 공간에서 해야 하며 자연에서 할지라도 반드시 〈고진동 녹음 파일〉을 틀어 놓고 하길 권한다.**

필요하다면 데스노트를 작성하라고까지 말하고 싶다. 내가 정말 죽이고 싶은 사람 명단을 적고 정말 내가 하고 싶었던 모든 분노를 가장 잘 담고 표현할 수 있는 문장을 만들어서 계속 반복해서 소리 내는 것이다. 욕을 해도 되고 "죽어라~, 죽이고 싶어. 죽었으면 좋겠어."라고 말해도 된다.

이것은 내가 그 사람 앞에 가서 직접 그 사람을 욕하고 저주하는 것이 아니다. 우리가 우리도 모르게 무의식중에 품고 있거나 속으로 하는 것을 밖으로 드러내고 온전히 허용하고 인정하며 제대로 집중해서 일정 기간 다루고 처리해 주는 작업인 것이다. 내가 과거에 단 한 번이라도 눈물을 삼켰거나 올라오는 분노를 삼켰다면 그 감정 에너지는 압축 파일로 존재하게 된다.

이것은 내가 누군가를 저주하고 해하는 것이 아니라 지극히 내 안의 감정 에너지를 말이라는 소리 진동으로 반복해서 풀어내는 일종의 에너지 해원 작업이다.

이제 갓 말을 배운 아이들을 한번 보라. "엄마 미워! 삼촌 싫어! 나 이거 안 먹어!" 그들의 감정 표현은 거침이 없고 최소한 그 상태의 아이들에겐 [이번 생의] 한(억울함)은 아직 없다. 그런데 그런 아이들이 커 가면서 감정 표현을 삼키게 된다. 부모들이 아이가 울 때 이제 다 컸으니 울음을 그치라고 혼내기도 하고 특히 남자들은 울면 나약한 것이라고 교육받기도 하며 인지가 발달하면서 자신이 그런 표현을 하면 상대방이 상처받거나 싫어할 수 있다는 걸 알게 되고 사회적 관계를 유지하기 위해 그런 표현과 말들을 삼키게 되는 것이다.

그런데 우리가 어른이 되면 부정적 감정들에 대해 표현을 삼기기만 하는 것이 아니라 더 나아가 그 감정 자체를 체험하고 싶지 않은 나머지 무효화시키는 수준으로까지 가게 된다. 슬픔이 분명히 느껴지고 올라왔는데 머리가 나서서 판단을 한다. '이것은 슬퍼할 만한 일이 아니야, 누구나 그 정도는 힘들어, 나만 힘든 게 아니야, 그건 화를 낼만 한 일이 아니야, 내가 슬프고 힘든 것은 내가 나약해서야.' 등등으로.

슬픔의 감정 자체를 아예 부정하고 생성되지 말아야 할 것으로 무효화시켜 버리는 작업이 자동적인 습관처럼 될 때까지 진행시킨다. 이것이 저진동 압축 파일 자동 생성 과정이기도 하다.

내가 화를 내느니 참고 말지, 내가 누군가를 미워하느니 이해하고 말지, 용서하고 말지, 슬퍼하느니 그냥 잊어버리고 말지… 등등.

특히나 누군가를 미워하는 증오의 감정에 대해서 우리는 어릴 때부터 교육을 받는다. '누군가를 미워하면 안 돼. 누군가를 미워하는 것은 잘못된 감정이고 네가 나빠서야, 우리는 서로 이해하고 양보하고 사랑해야 돼.' 그래서 우리는 누군가를 미워하고 증오하는 것에 대해 죄책감을 가지게 된다.

아무리 천상의 고차원적인 천사 같은 존재라고 해도 인간 몸을 입고 인간 안에 갇혀서 카르마에 얽혀 체험을 진행시키고 있는 이상, 상대방이 나한테 상처 주는 말과 행동을 할 때 기분이 좋고 행복할 리 없고 기분이 나쁘고 상대방이 밉게 느껴질 수 있다. 그건 너무나 자연스럽고 당연한 감정 체험인 것이다.

그런데 우리는 이런 감정들을 여러 가지 이유로(그런 감정들은 잘못되었거나 나쁜 것이고, 내가 이해심과 사랑이 부족해서 느끼는 감정이고, 당사자한테 표현하면 상처받을 수 있고, 상황이 더 악화될 수 있고 등등) 제대로 표현하고 다루고 처리하지 못한 채 억지로 가라앉히고 무의식에 밀어 넣고 그렇게 압축 파일을 전생부터 만들어 온 것이다.

지구의 에너지가 상승하는 이 시기에 저진동의 카르마 감정 압축 파일은 더 이상 버틸 수 없을 것이다. 아마 고진동의 호포노를 진행할수록 더 건드려질 것이다. 그리고 사회적으로는 사람들의 무의식 안에 눌려진 분노가 더 들고 일어나 흉악 범죄들이 더 증폭될 것이다. 마치 전체적으로 인류의 집단 분노조절 장애가 진행되는 것처럼.

이 모든 압축 파일을 처리해 주어야 한다. 내가 호포노를 하는데 저항이 오고 뭔가 더 다운되고 무거운 감정들이 더 올라온다면 압축 파일이 존재한다는 것이니 호포노를 멈추고 압축파일 풀기를 먼저 진행하는 것이 좋다.

극단적으로는 데스노트를 작성하면서까지 압축 풀기를 하려고 할 때 시간이 흘러 그 사건에 대한 기억이 잘 나지 않고 그때만큼 그렇게 크게 분노도 올라오지 않고 그 기억을 들추어내고 싶지가 않을 수도 있다.

좋다. 그렇게 해서 '○○아~ 고마워, 사랑해.'가 나 자신에 대한 고마움과 사랑을 느끼며 잘된다면 그냥 진행하면 된다. 그러나 뭔가 저항이 오고 하기 싫어지고 기분이 다운된다면 나에 대한 부정적 감정의 압축 파일이 존재하는 것이니 기억이나 현실적 맥락이 크게 없어도 한 번쯤 이 작업을 시도해 보라고 하고 싶다.

신비 체험 당시 나의 에너지가 열렸을 때 처음 벌어진 일은 바로 내 가슴이 뒤로 재껴지면서 엄청나게 소리를 지르고 고통에 울부짖으면서 눈물을 철철철 흘리는데 내 3차원 인간 의식은 도대체 내가 왜 이러는지 공감이 전혀 되지 않았고 그런 감정에 대한 현실적 맥락도 없는 상태였다. 왜냐면 이번 생의 나는 전생의 기억이 없었기 때문이다. 나는 엄청난 고통 속에서 죽임을 당하는 장면을 재현하고 있었는데 그 당시 체험한 엄청난 원한과 고통의 감정 에너지가 지금 폭발하는 작업이었던 것이다.

신비 체험의 50%가 이런 과거의 압축 파일이 터지는 작업이었는데 이것은 무엇을 의미하겠는가? 우리의 에너지장 안에 고진동 에너지와 저진동 에너지가 공존하는데 저진동의 압축 파일들이 고진동 활성화를 계속 막고 있었다는 말이다. 우리는 날개가 있어도 마치 전생부터 계속 따라오는 무거운 바위 같은 압축 파일에 발목이 묶여서 날 수가 없는 상태인 것이다.

과거의 어떠한 기억이 구체적으로 나지 않아도 상관없다. 만에 하나 호포노를 하는데 뭔가 다운되고 슬픔이 느껴질 때 보통 우리는 '내가 왜 슬프지?'하며 머리로 원인을 알아내고 분석하려고 하는데 절대적으로 머리(생각)는 멈추어야 한다. (저절로 생각나면 몰라도.)

그냥 "아~ 슬프다."를 계속 만트라하면 된다. "아 슬프다~ 아 진짜 슬프다~ 슬퍼 죽겠어." 등을 타이머 맞춰 놓고 최소 30분 이상 오래 소리 내어 반복하면 된다. "내가 슬프다."라는 말을 반복하며 원인 모를 슬픔의 감정을 태우고 나면 마치 슬픔의 에너지 장막이 하나 걷히면서 그 안에 막연한 슬픔을 만들어 낸 온갖 기억들과 감정들이 복잡하게 얽힌 채 하나씩 들고 일어날 수 있다. 어떠한 기억(아~ 그때 그놈을 내가 한 대 때려 줬어야 하는데 하는 후회나 자신에 대한 수치심까지)이 생각날 수도 있다. 그러면 또 그런 감정(분노나 수치감)과 생각들을 그냥 반복해서 만트라해 주면 된다. 절대 분석하고 판단하지 말고 그냥 그 생각과 감정을 있는 그대로 말로 반복해서 충분히 오랜 시간을 내뱉어 주는 것이 포인트다.

이 방식은 초상집에서 "아이고 아이고~." 소리 내어 통곡을 하며 슬픔을 태워 내는 작업, 자신만의 비밀을 속앓이하듯 가슴속에 꽁꽁 숨기고 있다가 대나무 숲에 가서 "임금님 귀는 당나귀 귀~." 하고 소리 지르며 속 시원하게 풀어내는 작업의 원리와 같다.

다른 점이 있다면 위의 방법들은 특정 사건과 특정 사실에 대한 일시적 감정 해소를 돕는 것이지만 같은 문장을 30분 이상 반복해서 소리 내어 태우는 것은 압축되어 있는 감정 에너지 자체를 뿌리째 뽑아내고 태워 내는 방식이라는 것이다.

(3) 저진동 압축풀기를 방해하는 요소들

● 두려움

부정적 감정의 압축 풀기를 시도할 때 크게 2가지의 두려움이 생길 수
있다.

첫째, 감정 폭발에 대한 두려움.

아주 오랫동안 감정을 표현하지 않고 참고 억압해 온 경우, 혹은 그런
감정들이 있는 경우, 저진동 압축 풀기를 통해 부정적 감정들이 건드려지
기 시작하면 걷잡을 수 없이 감정들이 들고 일어나서 통제 불능의 상태가
될지 모른다는 두려움이 있을 수 있다. 실제로 저진동 압축 풀기를 시작
하면서 분노 조절 장애 상태가 되어 주변에서 "전혀 다른 사람이 된 것 같
다."는 피드백을 받을 수도 있다.

전생부터 쌓여 온 극한의 카르마 감정은 현생에서도 관계상의 프랙탈
구조를 형성하여 비슷한 체험을 반복하며 더 증폭되어 있을 수 있다. 특
히 이번 생의 저진동 압축 풀기의 대상은 주로 수십 년을 함께해 온 가족
들일 가능성이 높다. 나를 화나게 하는 친구나 직장 동료는 힘들 경우 관
계를 끝낼 수 있지만 가족들은 미우나 고우나 서로 얽힌 채 관계를 유지
해야 하기 때문에 감정의 골, 즉 압축이 심한 상태다. 그리고 압축 풀기를
하는 동안 가족이 같은 공간에 살고 있다면 나를 화나게 하는 당사자가
내 눈앞에 왔다 갔다 하는 환경에서는 그야말로 압축 파일이 터져서 제어

가 되지 못할 수도 있다. 혼자 방 안에서 분노를 터뜨리며 만트라하는 것으로는 성에 차지 않아 당장 달려가 멱살을 잡고 싶을 수도 있고 그동안 쌓여 왔던 말들이 당사자 앞에서 터져 버리거나 따지고 싶어질 수도 있는데 이런 현상 또한 자연스러운 정화의 과정이다.

너무 오랜 학대나 스트레스에 노출되고 감정의 골이 깊은 상태라면 당사자한테 표현해 보는 것도 방법이다. 아마 당사자가 당신을 자극하면 더 이상은 참을 수가 없을 것이다. 어떤 대상에 쌓인 분노와 답답함과 상처가 너무 많다면 그건 폭발될 수밖에 없는데 그것은 내가 가만히 있는 착한 사람에게 가서 저주하고 상처 주는 또 다른 카르마를 쌓는 행동이 아니다. 그것은 그 당사자가 나한테 오랜 시간 보낸 부정적 에너지들을 다시 되돌려 주는 에너지 균형 잡기이며 상황의 성격에 따라서 오히려 업장 해소의 작업이 될 수도 있다.

그 사람이 나한테 너무 오랫동안 보내고 체험시킨 부정적 에너지를 그 사람한테 다시 돌려주는 것이다. 그 사람이 나를 상처 입히는지도 모른 채 계속 나를 가해해 왔다면, 혹은 과거에 그렇게 나를 육체적이든 정신적이든 극심한 상처를 주었다면 그 에너지는 폭발하게 되어 있고 주인에게 돌아가게 되어 있다. 너무 쌓여서 폭발할 것 같다면 참지 말길 바란다. 아마 더 이상 참아지지도 않을 것이다. 혼자 압축 파일 풀기를 해서 해소가 된다면 계속 그렇게 하고 그래도 뭔가 당사자에게 돌려주고 싶고 참아왔던 표현들이 있다면 솔직히 말해 보는 것도 방법이다.

당신이 부정적 감정의 압축 풀기를 시작하면 마치 가족 간의 갈등이 더 심해지는 사건사고들이 일어날 수 있는데 이것은 그간 곪아 왔던 문제들이 풀어지고 해결되기 위해 수면 위로 떠오르려 하기 때문이다. 가족 간의 얽힌 갈등과 감정의 골은 마치 엄청 견고하게 얽힌 큰 털실 뭉치와 같다. 이 털실 뭉치가 풀리기 위해서 일종의 충격이 가해져 털실 간의 간격이 벌어져야 한다. 풀리기 위한 충격을 위해 갈등이 고조되는 사건 사고가 일어날 수 있다. 이 모든 일들이 당신을 통해 이렇게라도 처리되지 않는다면 그 에너지는 압축되고 압축되어 대형 폭탄이 되고 그야말로 사회 뉴스에 등장하는 '명절에 일어나는 가족 간의 칼부림 사건'이 터지는 것이다.

참고로 내가 저진동 압축풀기를 하는 2년 동안 우리 가족 단톡방은 5번 넘게 폭파되었다. 그리고 그 과정을 관통하면서 풀릴 관계들이 풀리고 정리될 관계들이 정리되고 관계를 끊을 수 없다면 어떤 식으로든 접촉과 교류를 줄일 수 있는 식으로 체험들이 바뀌어 가고 내가 그렇게 바꿀 수 있는(질척거리지 않을 수 있는) 용기가 생겼다.

당신의 100년 인생에서 저진동 압축 풀기를 하는 1~2년 동안 당신이 분노 조절 장애자로 잠시 사는 것이 100년 동안 잠재적 분노 조절 장애자로서 사는 것 보다 낫지 않겠는가? 분노와 그 외 무거운 감정들을 억압한 채, 온갖 마음공부로 가라앉히고 참으며 버티다 병들고 분노와 고통을 일으키는 사람과 상황을 평생 끌어당기며 사는 것보다는 100배 낫지 않겠는가?

100년 동안의 내외적 전쟁과 1~2년간의 외적 전쟁 중 선택하면 된다.

둘째, 부정적 사건이 다시 창조될 가능성에 대한 두려움.

압축 파일 풀기 작업을 가르쳐 드리고 극심한 분노와 증오의 감정을 집중해서 다루는 것에 대해 알려 드리면 혹여나 내가 집중하는 것이 현실이 된다는 끌어당김의 법칙에 의해 나한테 다시 그런 일들이 창조되면 어쩌나 걱정하시는 분들이 있다.

저진동 압축 풀기는 내가 전에 없던 새로운 분노와 증오의 감정을 미리 느끼고 집중해서 현실로 끌어당기는 창조 작업이 아니라 전생부터 지금까지 나를 따라다니며 나를 힘들게 하고 있는 감정의 압축 파일 그 무거운 쓰레기를 주워서 '이거 쓰레기잖아.' 확인하고 버리는 작업이다. 그것은 철저히 이미 쌓여 있는 감정 에너지 청소 및 정화 작업인 것이다.

이 감정 에너지가 모든 현실들을 끌어당기는 연료로 쓰이고 있는 것이다. 장작이 있어야 불이 붙듯이 감정 연료의 장작이 있으니 계속 불이 붙고 활성화가 되는 것이다. 이 감정 연료가 있으니 증오가 불이 붙고 다시 분노가 활활 타게 되는 사람들과 상황들을 끌어당기는 체험이 반복되는 것이다. 내가 일정 기간, 일정 시간을 내 안에 있는 부정적 카르마의 감정 에너지에 온전히 집중해서 충분히 표현하고 다루고 느낌으로 체험시켜서 감정 에너지가 연소되고 해원되어 내가 그 감정으로부터 자유로워질 수 있다면 그렇게 하여 나머지 나의 모든 인생, 나의 24시간을 오로지 기쁨과 행복과 건강과 부유와 지복의 긍정적인 생각과 느낌들에 집중할 수 있다면 이것은 제법 효과적인 그리고 효율적인 작업인 것이다.

'시크릿' 동영상에 보면 자신이 40년 평생을 부정적인 생각만 주로 하고 살았는데 긍정적인 생각과 느낌에 조금 집중한다고 해서 그게 될까요? 라는 물음에 시크릿 전문가가 이런 답을 한다. 긍정적인 생각은 부정적인 생각의 100배의 힘을 발휘한다고. 전생부터 지긋지긋 따라오면서 나의 삶을 고통 속에 빠뜨린 부정적 감정체에 정말 제대로 일정 시간 집중해서 처리하고 나머지 더 많은 시간을 더 집중이 잘되는 상태로 "○○아 ~ 고마워, 사랑해."에 집중할 수 있다면 이젠 정말 제대로 된 정화와 창조가 그때부터 시작될 수 있는 것이다.

내가 호포노를 억지로 하거나 부정적인 감정이 올라올 때 그것을 억누르고 상쇄시키려고 사용하다 보면 압축 파일은 더 쌓이고 나중에 결국 저항을 받고 흐지부지하고 포기하게 되고 제대로 된 정화가 잘 일어나지 못할 수도 있다. 제대로 된 정화가 일어나지 못하면 제대로 된(끌어당김) 현실 창조도 일어나지 못한다.

이 시기는 과도기다. 저진동 쓰레기 처리와 고진동 활성화, 즉 정화와 창조의 작업이 동시에 진행되고 있는 시기이다. 그래서 이 특정한 과도기에 내가 이중인격자처럼 느껴질 수도 있다. 죽이고 싶다는 분노를 드러냈다가 또 한편으로 "고마워, 사랑해." 하는 고진동 만트라를 해야 하기 때문이다. 그런데 괜찮다. 내가 긍정적인 생각과 느낌에 집중하고 싶고 부정적인 감정들에 집중하고 싶지 않아서 만일 압축 파일이 존재하는데도 호포노를 억지로 강행한다면 제대로 된 청소가 일어나지 않아서 호포노를 열심히 해도 그 효력이 제대로 작동되지 못할 수도 있기 때문이다.

나의 감정을 속일 순 없다. 누가 뭐래도 아무리 머리가 이런저런 속삼임으로 그럴듯한 논리와 대단한 영적 지식과 합리화로 포장하려고 해도 내 가슴은 속일 수 없다. 뇌는 잊고자 하지만 가슴은 기억한다. 감정 에너지를 차단해서 가슴의 기억조차 잊고자 하지만 에너지장엔 모조리 저장되어 있다. 당신 몸의 에너지장은 당신의 모든 감정 에너지의 체험을 녹음, 녹화를 하듯 기록하고 저장하고 있다. 그래서 리딩을 하는 내 입에서 대사들이 그대로 재생되어 나오는 것이다.

방법은 내 안에서 올라오는 감정을 어떤 판단이나 해석 없이 그대로 그냥 소리 내어 최소 30분간 반복해서 충분히 표현하는 것이다.

압출 파일 풀기를 하고 다음 날 회사에 갔더니 상황이 더 안 좋아져서 혹시 '내가 압축 파일 풀기 하느라 부정적 말들을 내뱉어서 그런가?' 불안하겠지만 압축 파일 풀기를 했는데 상황이 더 안 좋아지는 것은 그야말로 압축 파일이 이제야 풀리기 시작했다는 뜻이다. 압축 파일 풀기 작업을 가속화시키는 상황인 것이다. 올라오는 불안감으로(이런 상황이 '너무 두려워.') 다시 압축 파일 풀기를 하면 된다. 부정적 감정의 압축 풀기를 시작하는 초기에 일시적으로 부정적 일들이 일어나는 것은 정말 우연의 일치이거나(당신의 삶은 원래도 좋지 않은 일들이 빈번히 일어나고 있었다.) 감정을 더욱 직면시키기 위한 기회이거나 당신 안의(부정적인 생각에 집중해서 그 일이 벌어지는 것에 대한) 두려움이 끌어당긴 상황들일 수 있다. 그 모든 것조차 하나의 과정이나 기회로 삼고 잘 관통하면 된다. 나의 이런 설명에도 여전히 두렵다면,

두려움부터 압축 풀기로 풀어 보라! 그래도 두렵고 더 두려워지기까지 한다면 저진동 압축 풀기는 무리해서 진행하지 말고 자신의 상태를 존중하고 용기를 낼 때까지 기다려 주며 호포노(○○아~ 고마워, 사랑해./돈아~ 고마워, 사랑해.)나 고진동 압축 풀기(시크릿)를 당분간 먼저 해 보는 것도 방법이다.

● 에너지 부족(번 아웃)

'저진동 압축 풀기' 같은 경우, 자신의 부정적 감정을 직면해서 스스로 압축 풀기를 시작하는 데 2년이 걸리시는 분들도 계신다. 저진동 압축 풀기라는 것은 일종의 대청소 작업이다. 환생하는 내내 나의 에너지장에 켜켜이 쌓이고 압축된 부정적 감정을 이번 생에 청소하는 것이고 개인에 따라 그 양과 규모가 어마어마할 수 있는 장기적인 에너지 정화 프로젝트인 것이다. 그러나 내게 오는 많은 분들이 환생하는 내내 부정적 감정의 카르마 체험으로 이미 지칠 대로 지치고 너덜너덜해진 에너지적 번 아웃 상태로 그야말로 기어서 나를 찾아오는 수준이다. 지친 영혼들에게 이제부터 스스로 대청소를 해야 한다고 말하는 것은 직장에서 일주일 동안 야근을 하고 온 사람에게 집 안 대청소를 해야 한다고 말하는 것과 같다.

이런 경우는 억지로 힘을 낼 수도 없고 무리를 할 수도 없기 때문에 기다려 주는 수밖에 없다. 그래서 대청소할 여력이 생길 때까지 자신을 기다려 주라고 말하고 싶다. 힘이 있어야 대청소도 할 수 있기 때문이다. 그렇게 에너지 작업을 하면서 기다려 주면 내담자는 2년이 지난 시점에 이제 실천을 해 보겠다고 의지를 내는 경우들을 보게 된다.

이 모든 방법을 결국 직접 실천해야 하는 것은 맞지만 그 과정에서 자신의 상태를 존중해 주고 기다려 주며 스스로를 너무 몰아붙이지 않는 자세가 필요하다. 이 작업은 어차피 장기전이다. 더디게 가거나 잘 해내지 못해도 스스로를 자책하고 실망하지 않고 포기하지 않는 것이 중요하다. 에너지적으로 지친 상태에서는 저진동 압축 풀기를 하고자 하는 의지 자체가 생기기 힘들고 몸의 무기력과 심적 저항감이 오기 때문에 시작하기가 어렵다.

그리고 당신이 의지는 있지만 현실적 상황들이 많이 힘든 일종의 위급 상황일 때도 저진동 압축 풀기는 잠시 미루고 호포노(고마워, 사랑해.)나 고진동 압축 풀기(시크릿)를 먼저 하라고 권하고 싶다.

저진동 압축 풀기는 대청소(정화) 작업이고 내적, 외적 여력이 조금은 있어야 할 수 있다. 부정적 감정의 압축 풀기를 시작하면 그 감정의 직면을 돕기 위해 일시적으로 상황이 더 안 좋아지고 외부에서 부정적 감정을 자극하는 사건들이 벌어질 수 있는데 그 상황을 감당할 정도의 환경과 여건은 되어야 한다.

현실적으로 위급한 상황(당장 중요한 시험을 앞두고 있거나, 법적 소송을 앞두고 있거나, 경제적으로 빚이 너무 많거나 생계 유지가 힘들 정도로 경제 상황이 불안정하거나 당장 암에 걸린 상태이거나 건강이 너무 좋지 않는 경우 등)에서는 저진동 압축 풀기를 추천하지 않는다. 저진동 압축 풀기도 어느 정도의 여력과 여유가 있는 상태로 하는 것이 안전하다.

당장 상황이 위급할 때는 저진동 감정 압축 풀기는 시도하지 말고(풀지 않으면 너무 답답할 경우 제외) 우선 호포노나 고진동 압축 풀기부터 하고 혹은 에너지 작업 같은 것을 이용해서 자신의 에너지적 여력을 키워가며 상황이 어느 정도 안정되면 그때 제대로 시작하는 것이 안전하다.

● 감정 장애

부정적 감정의 압축 파일 풀기를 해야 하는데 자신의 기억에 대한 감정 자체가 없고 느껴지지 않는 분들이 계신다. 감정선을 끊었거나 마음공부로 엄청 깊이 누르고 포장을 심하게 한 경우다.

이와 관련된 몇 가지 다양한 상태를 소개해 보겠다.

종교든 영성이든 심리 분석이든 마음공부로 마음을 무장하신 분들 중엔 자신 안에서 리딩된 저진동의 이미지나 대사들이 나올 때 자신의 아픈 이야기들이나 분노에 대해 남의 일처럼 웃으시는 분들도 있다. 그리고 하나같이 이렇게 말한다. "이런 게 왜 나올까요? 저는 다 잊었고 지금은 아무 기억도 없고 느낌도 없는데요. 저는 괜찮

은데요."

당신의 현실 의식은 지금에 집중되어 과거 그 모든 감정의 기억들을 다 잊었고 생각도 나지 않기에 문제가 되지 않는다고 느껴지겠지만 그 감정의 기억들이 제대로 처리되지 않은 채 압축 파일로 에너지장 안에 그대로 저장되어 있기 때문에 리딩이 되어 나오는 것이다. 당신의 에너지장이 과거의 부정적 감정의 기억에 영향을 받고 있다는 의미이다. 당신이 실제로는 몸과 마음이 무겁다는 뜻이고 당신의 무의식은 여전히 인간 카르마 프로그램에 의해 돌아가고 있다는 뜻이다.

당신의 현실 삶이 그다지 산뜻하고 부유하고 건강하고 행복하게 펼쳐지지 않고 있을 가능성이 90%이다. 그래도 내 마음이 특별히 고통스럽지 않으니 "저는 행복해요."라고 말한다면 할 말이 없다. 당신은 계속 자신을 속이면서 고통스럽지 않게 무겁고 고만고만하게 살아지고 버텨 내지는 삶을 연명하다 병들고 죽어 가게 될 것이다.

보통 내담자분의 에너지장 위에 강물이 흐르는 분들이 있다. 그것은 평소에 잘 울거나 슬픔이 많다는 것을 상징한다. 그런데 어떤 분은 가슴 차크라에 빙하의 이미지가 보이는 분들이 있다. 이것은 눈물을 얼려 버렸다는 의미이다. 눈물이 있는데 흐르지 않게 얼려 버린 것이다. 가슴속 슬픔을 얼려 버려서 가슴을 차갑게 만들어 놓은 것과 같다. 다행히 얼긴 했지만 그래도 눈물이 생성되어 있다는 뜻이니 녹이면 된다. 그런데 더 심각한 상태의 분들이 있는데 그것은

바로 몸 내부의 가슴 차크라 저 아래쪽 에너지장 안에 쇳덩어리가 가라앉아 있는 이미지가 보이는 분들이다. 거대한 회색빛 금속의 직육면체 덩어리인데 이것은 보기만 해도 갑갑하다. 감정 자체를 아예 차단하거나 감정을 자신의 이성적 사고나 판단으로 분해하고 분석해 결론을 내려서 정리하고 아예 감정의 씨를 말려 박제해 놓은 것이다. 이런 쇳덩이가 나오는 분들은 리딩 중에 내 몸이 계속 처지고 의식이 아득해지고 졸음이 오고 결국 리딩은 명료하지 못하고 너무 난해하고 힘들게 진행되거나 아예 진입 불가로 멈추게 된다.

감정 에너지를 살려야 제대로 된 정보를 리딩해 낼 수가 있는데 마치 정보가 저장된 USB 자체가 먹통이 된 것이다. 이런 상태의 분들은 무조건 자신안의 부정적 감정의 압축 풀기를 먼저 해내야 한다. 무의식의 슬픔, 고통, 분노 등이 있을 것인데 그 감정들부터 찾고 인지하고 대면하고 풀어내야 한다.

압축 파일에 대한 저항이 보기에 아프도록 안타까운 분도 계셨다. 그 분도 오랜 시간 마음공부를 통해 늘 밝고 긍정적인 캐릭터를 유지하며 살아 오셨는데 놀랍게도 나의 에너지 작업을 받으면서 상황이 좋아지기는커녕 바닥부터 뭔가가 들고 일어나 자살 시도 직전까지 가는 상태를 맞이해야 했다. 방문 예약을 취소했다가 다행히 살아서 다시 나타났다. 그분은 압축 파일을 푸느니 죽고 싶다고까지 표현했다. 증오를 대면하는 순간 정말 그 사람을 가서 죽일 수도 있을 것 같아서 차라리 자신을 죽이는 게 나을 것 같다고 했다. 그 정도

의 증오와 고통 체가 어찌 보면 마음공부 때문에 더 합리화되고 오랜 시간 압축되어 버린 것이다.

나에게 오시는 내담자분들 중에는 정말 지금까지 살아 있는 게 기적인 분들도 계시는데 ○○님이 그런 분이셨다. ○○님은 3번째 작업까지도 여전히 저진동 처리만 계속되고 있었다. 뭔가 진전이 없는 것 같아 ○○님도 지치고 나도 더 이상 내가 도움이 되지 못한다면 여기서 작업을 멈춰야 되는 게 아닌가 싶은 내담자였다. 내가 더욱 힘이 빠지는 이유는 ○○님이 호포노 만트라(○○아~ 고마워, 사랑해.)와 압축 파일 풀기를 제대로 못 하고 계셨고 뭔가 무기력하고 의지가 생기지 않은 상태였기 때문이다. (누군가가 뭘 하라고 시키면 너무 하기 싫다고 말씀하시니 어쩌겠는가?) 다만 진척이 있다면 압축 파일 풀기 단계까지는 아니지만 예전에는 자신의 감정에 대해 무디고 무시했는데 이제는 자신의 슬픔이나 고통을 있는 그대로 인정하고 바라보는 것이 가능해졌다는 것이다. 자신한테는 그것도 큰 변화라고 했다.

○○님이 말하길 자신의 삶에서 벌어진 여러 가지 일을 다른 사람이 겪었다면 아마 엄청 힘들었을 것 같은 일들이 자신의 인생에 벌어졌는데 자신은 솔직히 고통을 특별히 느끼지 못했다는 것이다. '그냥 죽으면 죽지 뭐….' 이런 식이었다고 한다. 그리고 과거에 대한 것이 아무런 기억이 없고 턱부터 머리가(병원을 가도 아무런 이상이 없는 상승증후군 형태로) 죄어 오는 압이 와서 이것으로부터 해방되고 싶은데 그것도 안 되고

있는 상황이었다.

상승증후군은 그야말로 지구적 에너지 상승을 지극히 물리적인 형태로 인간 몸의 입자성이 감당해 내고 있는 굉장히 과격한 형태의 에너지 상승(변형) 작업이다. 이런 현상을 체험하시는 분들이 2012년 이후로 많이 생겨나 현재는 급격히 증가하고 있는 것으로 안다. 보통 병원을 전전하는데 원인 모를 여러 가지 증상(무기력감, 진동, 이명, 두통, 경련, 비현실감, 오한, 피부병, 칼로 찌르는 통증, 환청, 환시 등등)을 체험하며 병원에서는 공황 장애 진단을 받기도 한다.

○○님의 두통이라도 낫게 해 주고 싶건만 에너지 변환으로 인한 상승 증후군은 병이 나서 몸이 아픈 것과 다르기 때문에 일시적으로 조금 편하게 해 줄 순 있지만 그냥 그 모든 증상을 그대로 체험하며 안고 관통해 가야 한다. 그 증상들이 자신의 작업을 다 마치고 일종의 조정 작업이 끝날 때까지 증상과 함께 버텨 내야 한다. 그래서 상승 증후군을 겪고 계신 분들이 사실 가장 안타깝고 부디 그 모든 에너지 변환 과정을 무사히 버텨 내길 바랄 뿐이다.

과거에 대한 아무런 기억이 없는 ○○님은 에너지 리딩 중 내 입에서 나오는 대사들이 '저게 내가 한 말들이고 내 생각들인가?' 공감이 하나도 가지 않아서 녹음된 것을 계속 들어 보는데 듣다 보면 기억이 하나씩 나기 시작했다는 것이다. 그리고 그 대사 중에는 "너는 태어나지 말았어야 해."가 있었는데 어머니한테 확인을 해 보니, ○○님을 임신했을 당시 ○

○○님의 어머니는 ○○님을 출산하게 될 경우 밑이 다 빠져 버릴 것 같이 힘든 상태였다고 한다. 그래서 ○○님 위의 두 형제에게 ○○님을 임신한 배 위에 올라와서 뛰라고 했다는 것이다. 어머니는 계속 ○○님에게 그때 너무 힘들어서 그랬다며 항변을 하셨지만 ○○님은 이렇게 말했다고 한다. "엄마가 힘들었던 건 알겠는데 그건 그거고 엄마 나한테 사과해." 그렇게 50살이 넘은 자신이 노모에게 사과를 받아 냈다고 한다.

인간의 에너지장 안에는 태아의 상태에서 어머니가 품은 생각까지도 저장되어 있다. 이것은 태어나기도 전에 그 아이의 인생 프로그램이 다 운로드된 것과 같다. 이 아이의 인생은 어떻게 되겠는가? 태어나지 말았어야 되는 인생으로 펼쳐지는 것이다. 인생의 사건들이 그냥 그 아이더러 죽어라~ 한다는 것이다. 절대로 팔자(인생)가 펴지질 않을 것이다. 싹이 쥐어 밟힌 채로 태어나 버렸으니 말이다.

그럼에도 우리는 자신의 의식과 감정 에너지를 가지고 있다. 부디 이 의식의 힘으로 부정적 감정의 압축을 풀고 무의식 프로그램을 제거하고 감정 에너지를 이용해서 어떤 경우에도 내 기분은 내가 결정해! 나는 행복에 집중할 거야!로 나의 행복 프로그램을 다시 깔 수 있었으면 좋겠다.

○○님의 3번째 작업의 특이 사항은 예상치도 않게(그전 작업에서 빙의령 에너지를 이미 처리했음에도) 차크라 아래에 집을 짓고 사는 수준의 활성화된 빙의령들이 거의 차크라 개수만큼이나 튀어 나오는 작업이 진행되었다. 빙의령들의 원한과 분노가 담긴 사연들이 내 입에서 대사로

나오는 형태의 해원 작업이 진행되었다. 이런 수준이라면 ○○님이 감정을 차단한 건 오히려 빙의령에 완전 빙의되지 않게 스스로를 보호한 격이 된 것이다. 이런 상태로 감정이 예민했다면 빙의령은 ○○님의 활성화된 부정적 감정에 자신의 것을 완전히 공명시켜 ○○님을 완전히 장악했을 가능성이 높다. 또 다른 에너지 상태의 전말이었다.

(참고로 무겁고 부정적인 감정 에너지가 정화되지 않은 채 죽어서 몸만 벗어난 영체들은 몸을 입고 살아 있는 인간들의 에너지 장을 들락거릴 수 있다. 인간 안에 무겁고 부정적인 감정이 존재한다면 영체들은 그 감정 에너지에 공명되어 언제든 자석처럼 끌려올 수 있다. 그 영체에 얼마나 영향받고 지배당하느냐의 차이일 뿐이다. 살아 있는 인간 의식이 50% 이상 영체에게 넘어가면 빙의가 일어날 수 있다.)

3번째 작업에서 나는 ○○님을 눕힌 채 손이 가는 대로 에너지장의 에너지 처리를 진행시켰다. 손은 백회와 가슴 차크라에서 계속 에너지를 뽑아내고 나중에는 무한대를 그리며 에너지를 정돈하고 활성화시켰다.

그리고 ○○님으로부터 며칠 후 문자가 왔다.

[오늘은 지인과 식당에서 식사를 하는데 황당한 일이 있었어요(제게는 엄청난 일이에요.). 가끔 조금씩 가슴이 저리는 건 느껴 봤지만 식사하면서 아무런 이유 없이 명치에서 아픔이 너무 강하게 느껴지면서 눈물이 계속 쏟아지려는 걸 참느라 힘들었어요. 제게는 큰 경험

이랍니다.]

이제야 ○○님의 끊어진 감정선이 연결되기 시작한 것이다.

감정 장애 상태의 증상은 다양하다. 내 감정을 차단해서 타인의 감정에도 무딘 사람이 있나 하면 자신의 처리되지 못한 감정으로 인해 맥락 없이 감정 과다 증상이 일어나 울 일이 아닌데 울게 된다거나 타인에 대해 마치 자신을 바라보듯 과도한 연민과 공감으로 이입하고 공명하게 되는 상태가 될 수도 있다. 과도하게 연민이 많거나 과도하게 밝고 업된 상태를 유지하려는 심리 기저는 반대로 우울감(처리되지 못한 부정적 감정이 모두 합쳐진)이 무의식에 깔려 있다는 의미이기도 하다.

자신의 감정에 대해 그것을 대면하고 싶지 않은 두려움과 체험하고 싶지 않은 저항과 살기 위해 극복해 내려는 그 모든 감정 왜곡 작업들은 거의 생존을 위한 본능적인 작업처럼 자동화, 습관화되어 있다. 우리는 결국 이 험한 세상을 살아 내기 위해 내 슬픔과 분노와 고통을 참고 넘어가기로 선택한다. 그렇게 인정받지 못하고 다루고 체험되고 처리되지 못한 부정적 감정들이 무의식에 깔려 저진동 프로그램을 더 강화하고 이 프로그램이 또 더 슬프고 고통스럽고 분노를 일으키는 상황들을 계속 끌어오는 악순환 에너지 구조 속에 우리는 살게 된다.

그냥 인정하고 대면해 주면 된다. 방법은 진짜 간단하다. 두꺼운 심리분석학 책을 읽지 않아도 된다.

아이들의 문제 행동을 치료해 주는 한 TV 프로그램에서 그곳에 등장하는 아이들의 문제 증상들은 너무나 다양했지만 전문가가 말하는 원인은 한 가지였다.

그것은 '부모가 아이의 마음을 읽어 주지 않아서'라는 것이다.

그리고 부모에게 내려진 솔루션으로 아이가 무슨 말을 하거나 감정을 표현하면 그것을 그대로 말로 다시 표현해 주라는 것이었다. 아이가 "엄마 배고파~." 하면 "우리 ○○이 배고프구나~.", 아이가 울면 무시하거나 뚝 그치라고 혼내는 것이 아니고 "우리 ○○이 슬펐구나~." 해 주면 된다는 것이다.

내가 아이를 사랑하고 타인을 사랑하는 방식 그리고 누구보다 가장 먼저 선행되어야 하는 **나를 사랑하는 방식, 그 첫 번째 작업은 바로 내가 나의 감정을 있는 그대로 알아주고 인정해 주고 읽어 주는 것이다.**

만트라 30분!

30분 동안 반복해서 읽어 주면 된다. 내가 전생부터 차마 말로 꺼내지 못했던 분노와 증오와 고통과 슬픔을 실컷 읽어 주면 된다는 것이다.

해 보라~, 해 봐 주라!

여러분이 인류와 지구를 사랑하고 구하고 싶거든 먼저 자신부터 사랑하고 구원하라. 그 방법부터 제대로 알고 행하라!

여러분이 아무리 많은 마음공부를 해도 여러분의 감정 에너지를 제대로 정화하고 활성화해서 운용하지 않으면 머리로만 깨달음을 얻게 될 것이다.

여러분이 아무리 많은 수행과 수련을 해도 여러분의 감정에너지를 제대로 정화하고 활성화해서 운용하지 않으면 몸으로만 깨어남을 이루게될 것이다.

뭐 그래도 깨닫고 깨어날 수 있을지도 모른다. 깨달음과 깨어남에도 여러 수준과 차원과 종류들이 있을 테니 그러나 근원적 창조의 도구인 감정에너지를 회복하지 못한 채 어느 차원에 간들 당신은 그 차원에서도 여전히 머리와 몸을 쓰면서 외부적 변화를 위해 안간힘을 써야 될지도 모른다.

● 부정적 감정 표현에 대한 저항

저진동 압축 풀기를 위해서는 우선 내 안의 부정적 감정이 생성될 수있음을 인정하고 그것을 표현해서 만트라(반복해서 소리 내어 말하기)로 풀어 주어야 하는데 분노나 증오심 같은 부정적 감정 자체를 스스로 부정하고 억압하기도 하지만 그 감정을 드러내고 묘사하는 표현 자체에 대한 저항을 가진 분들도 많다. "나 같이 점잖고 마음공부한 사람이 어떻게 남을 미워하고 증오하고 욕할 수 있겠어요? 그러다 내가 벌받으면 어떻게

해요? 정말 그 사람이 잘못되면 어쩌죠?" (나의 대답은 농담 반 진담 반이
긴 하지만 나를 가해한 사람이 잘못되면 그렇게 되어 준다면 속이 다 후
련할 것이다.)

내가 앞서도 이야기했지만 우리가 하려는 저진동 압축 풀기는 오랜 시
간 지속적으로 부정적 감정에 집중해서 그것을 활성화시켜 현실로 불러
오는 창조의 작업이 아니라 특정 감정에 대해 일시적으로 깊이 집중해서
그 감정 에너지를 풀어서 소멸시키는 정화 작업이다. 이것은 평생 하는
것이 아니라 집중적으로 단기간(1~2년)에 끝난다. 그리고 매일 고진동의
만트라(고마워, 사랑해.)를 30분씩 한다면 내가 내뱉은 저진동 말들은 상
쇄되고 정화되니 두려워하지 않아도 된다.

여러분이 일시적으로 일정 기간 부정적 감정에 집중해서 다뤄 주는 저
진동 압축 풀기를 해내지 않으면 여러분은 평생을 질질질 끌려가며 전생
부터 압축된 부정적 감정 에너지에 지배를 받게 된다. 이번 생에 이어 다
음 생에까지 또 그다음 생애에도 계속, 이걸 풀지 않으면 카르마가 해소
되지 않았기에 이번 생에 내가 증오했던 대상들을 다음 생에 다시 만나고
다시 증오심을 일으키는 체험의 반복이 된다. 이게 바로 벌을 받는 것이
고 업보인 것이다. 나 하나로 인해 이번 생을 이어 다음 생에까지 죄와 업
이 이어지는 것이다. 최소한 이번 생애에는 끝내야 될 것 아닌가? 당신이
특정 대상에 대해 가진 분노와 증오가 정화되고 해원될 때 상대방도 당신
으로부터 자유로워진다. 이것이 카르마(업장) 해소이자 종료이며 서로로
부터 자유케 된다는 의미이다.

이해하고 사랑하고 용서 따윈 잊어라! 그것도 카르마이다. 나의 모든 압축 파일이 풀려서 저절로 이해되고 용서되면 몰라도 억지로 이해하고 용서하는 것은 더 큰 카르마가 된다. 해 보시라~. 교회 다니고 성당 다니고 절에 다니고 마음공부를 엄청 하면서도 암에 걸리기도 하고, 서로 속고 속이며, 죽고 죽이기도 한다.

압축 풀기는 분노를 일으키는 당사자 앞에 가서 분노를 터뜨리는 방식이 아니다. 나 혼자 있는 공간에서 해야 한다. 그 대상이 실제로 큰 잘못을 했는지 죽일 놈인지는 중요치 않으니 절대로 감정을 분석하고 판단하려 들지 마라. 오로지 내 감정자체에 집중해서 30분 반복 만트라를 해내면 된다.

분노와 증오를 할 때 욕이 나오면 욕을 해도 된다. 아주 찰지게 최대한 분노와 증오의 느낌을 담아 저주의 표현을 과장되게 해야 분노와 증오의 감정이 일순간 증폭되어 압축 파일 풀기 작업이 최대한 빨리 끝날 수 있다.

나는 일종의 착한 여자 신드롬 속에 살아온 35년 인생 동안 남에게든 혼자서든 쌍욕을 해 본 적이 없었다. 상대방이 욕설을 내뱉는 순간 그 사람이 너무 저급하게 보이고 왠지 같이 말을 섞으면 안 될 것 같고 그 정도로 욕설에 대한 편견과 저항이 심했다. 이혼 전 부부 상담을 받을 때 상담사가 전남편이 욕설을 하면 같이 욕설을 하라고 해서 해 봤는데 속이 시원한 게 아니고 반대로 내 기분이 더러워지는 느낌만 들었다.

그 정도로 욕설에 대한 편견이 심했다. 그런데 지금의 남편 푸초(닉네임: 푸른초장/green pasture의 준말)님을 만나고 내 분노를 분노하게 되면서 상대방한테 직접 욕설을 하는 것은 아니지만 혼자서 분노를 표현할 때 욕설을 쓸 수 있게 되었다. 푸초님과 내가 만나 서로 함께하기로 결정했을 때 그는 나에게 이렇게 말해 주었다.

울고 싶으면 울고 화를 내고 싶으면 화를 내고 웃고 싶으면 웃고 너 자신을 살아!

그때는 내가 신비 체험을 하기도 전이었고 압축 풀기나 호오포노포노의 개념도 모르던 시기였는데 정말 푸초님은 신기한 사람이었다. 그래서 『신비 체험』글 중간중간에도 'ㅈ 까라 그래.' 이런 표현들이 등장한다. 남한테 직접 대고 하면 안 되지만 나 혼자라도 열 받는 것에 대해 욕으로 표현했을 때 속이 시원해지는 정도까진 된 것이다.

우리는 남을 미워하고 증오하는 것은 나쁜 것이고 욕을 하는 것은 더 나쁘고 교양 없는 것이고 속으로라도 남을 욕하면 안 되는 것으로 가정과 사회에서 교육을 받으며 자란다. 부정적 감정이 어떤 식으로든 남에게 표현되었을 때 생기는 문제들 때문에 내 안에서 일어나는 감정과 표현 자체를 막아서 압축 파일이 생기고 이 사단이 난 것이다.

그러니 답은 간단하지 않은가?

그냥 남한테 직접 표현하는 대신 나 혼자 실컷 분노를 표현하고 욕을 해 주면 된다는 것이다. 이것조차 하지 못하고 막아서 분노 조절 장애가 생기고 우울증이 생기고 공황 장애가 생기고 살인이 나는 것이다.

당신이 혼자 압축 파일 풀기를 위해 일정 기간 동안 욕을 실컷 하면 평생 속으로 그 사람을 미워하고 저주하지 않아도 된다. 당신은 그 증오의 에너지로부터 해방되는 것이다. 미워하지 않고 이해하고 사랑하고 용서하기 위해 마음공부하며 종교의 힘을 빌려 가며 증오와 미움과 고통으로 사투를 벌이고 증오로 남을 죽이지 않기 위해 결국 나를 서서히 죽이지 않아도 된다.

욕을 하라! 최대한 강력하게 저주하라! (단, 혼자서)

그 모든 표현을 이용해서 내가 그 감정으로부터 해방될 수 있다면 그리하여 여러분이 부정적 감정의 압축 파일과 프로그램에서 해방되어 자신의 고진동을 활성화하여 기쁨과 행복에 더 잘 집중해 내고 고진동의 감정을 우주에 보낼 수 있다면 당신은 당신 자신뿐만 아니라 당신이 저주한 모든 사람들을 결국 구원하게 될 것이다.

(4) 저진동 압축 풀기 효과

외부의 상황이나 사람에 의해 건드려진 부정적 감정을 반복해서 만트라 함으로써 감정이 옅어지고 사라지는 체험을 하며 가벼워지는 효과를 보게 되고 그리하여 저진동 압축 풀기 방법을 잘 쓸 수 있게 된다면 즉 이 도구의 유용함을 알고 이 도구에 도통하게 된다면 당신은 그야말로 인생 필수템을 득템 한 것이다. 세상이 달라 보이게 될 것이다. 아니 세상을 달리 체험할 수 있게 될 것이다.

외부에서 들고 일어나는 모든 안 좋은 상황과 나를 괴롭히는 타인들은 내 안에 처리되지 못한 부정적 감정의 압축인 저진동 카르마를 건드리고 직면 시켜서 처리하고 정화할 수 있도록 돕는 기회이자 역할자들인 것이다. 그 상황들이 내 안의 고통을 건드려 준다면 땡큐다! 그 사람들이 내 안의 분노를 건드려 준다면 갓블레스유다! 내 안에 고통과 분노의 감정이 있다는 것을 알게 해 줬으니 나는 압축 풀기로 그 감정을 처리하고 정화할 수 있게 된 것이다.

세상의 모든 것이 기회이며 내 안에 답이 있다는 것은 이런 것을 의미하는 것이 아니겠는가!

● 두려움이라는 환영에서 벗어나다

내담자분들 중에는 기존의 마음공부로 인한 여러 가지 지식과 방법에 대한 정보가 많이 없는 백지 상태의 분들이 계신데 그런 분들은 내가 제안하는 방법들을 내가 말한 곧이곧대로 듣고 실천해 보고 내가 체험한 효과를 직접 체험하곤 하신다.

어느 날 문자 하나를 내담자로부터 받았는데 자신이 "두렵다."를 30분 만트라했는데 갑자기 '그런데 두려움이 뭐지?' 라는 생각이 들었다고 한다.

이 우주에는 애초에 두려움이라는 개념조차 존재하지 않았다. 두려움이라는 개념은 존재들이 체험을 진행하다 발생되고 만들어진 일종의 가상의 개념이며 본질적으로는 환상이자 환영이다. 우리가 과거에 최초의 두려움이 일어났을 때, 두려움이라는 환영에 너무 깊이 각인되었거나 반대로 두려움을 체험하고 싶지 않아서 회피하고 무의식으로 밀어 넣었을 경우, 즉 두려움을 거부하고 저항한 나머지 처리되지 못한 두려움은 무의식에 깔려 프로그램이 되어 그 당시의 두려움은 모면했지만 다음에 또 다른 두려움의 상황을 끌어당기게 된다. 이렇게 우리는 두려움이라는 환영의 개념에 영원히 사로잡히게 되는 것이다.

우리는 그야말로 무언가에 씌이게 된다. 두려움에 씌이고 분노에 씌이고 귀신에 씌이고 본질적으로는 환영인 그 모든 에너지에 씌인 채 살게 되는 것이다.

그렇게 쌓여서 씌여 버린 두려움을 끄집어내어 직면! 직면! 직면! 인정! 인정! 인정!을 30분 동안 만트라로 해 주면 '두려움이 뭐지?'가 되면서 두려움이라는 환영의 개념이 나와 분리가 일어나고 내가 두려움을 바라보면서 이 두려움은 허상이 되어 날아간다. 그리고 "두려워~. 무서워 죽겠어~." 하는 동안 떠오른 모든 두려웠던 상황들과 사람들에 대해 '그런데 그게 뭐가 두렵지? 내가 왜 무서워하고 있었지?'가 되는 것이다.

물론 단 30분 만으로 전생부터 쌓여 온 두려움의 감정 에너지가 모두 풀리지 않을 수 있지만 포기하지 않고 올라오고 심하게 느껴질 때마다 계속 하다 보면 언젠가는 풀리고 가벼워진다. 두려움이 물러가고 두렵지 않게 되고 그때서야 제법 강해지고 나 자신을 활짝 열게 된다.

압축 파일 풀기를 하면 그 감정이 연소되어 더 이상 일어나지 않든지, 그 감정을 일으키는 사람들과의 인연이 정리되거나 그런 사람들을 더 이상 끌어당기지 않을 수 있게 된다. 혹은 상황들이 그 감정이 체험되지 않는 방식으로 변형되고 풀려 간다.

● 아토피가 치유되다

이 모든 여정을 감에 있어 나는 내 개인적 여정 속에서 벌어지는 일밖에 모르지만 내게 오시는 다양한 상태의 내담자분들을 통해 다양한 여정의 사례를 쌓게 되었다. 이런 방법들이 진행되면서 이런 원리로 이런 일들이 진행될 수 있구나!를 알고 체험하게 되는 것이다.

이 책을 쓰고 있는 시점을 기준으로 에너지 작업을 한 지는 4년차이며 저진동 압축 풀기 방법을 공유한 지는 2년이 조금 넘어서고 있다. 이 과정에서 저진동 압축 풀기를 제대로 시작하는 것 자체가 힘들기도 하고 시작해도 끝까지 해내기가 어려운 분들도 있다. 그러나 에너지 작업을 받으며 이 모든 방법을 포기하지 않고 끝까지 실천하고 있는 분들도 많다.

내담자들 중에는 정말 나보다 더 열심히 저진동 압축 풀기를 하고 있는 분들이 있는데 그중 두려움의 감정만 10개월 째 풀고 있었던 분이 계셨다. 너무 힘들어 보여서 쉬면서 하라고 옆에서 말리고 싶을 정도였는데 ○○님은 이번 생에 자신 안의 모든 카르마(부정적 감정의 저진동 압축 파일)를 풀고 죽는 게 목표일 정도로 의지가 대단했다. 다음 생에도 이렇게 살 자신이 없기 때문에 최대한 풀고 죽고 싶다는 것이다.

나 같은 경우 저진동 압축 풀기를 잘 할 수밖에 없었던 이유는 그 감정을 풀어내지 않으면 당장 너무 답답하고 일상을 살아 나갈 수가 없었고 분노나 두려움이 가득 올라와 있는 채로 에너지 작업을 할 순 없었으므로 풀어낼 수밖에 없었다. 당장 건드려져 올라와 있는 부정적 감정을 직면하여 그것을 느끼며 푸는 것도 힘들지만 풀어내지 않고 있는 상태는 더 힘들었기 때문에 할 수밖에 없었다.

그런데 ○○님 역시 저진동 압축 풀기를 힘들어도 진행할 수밖에 없었는데 그 이유는 바로 감정을 풀기 시작하면 몸으로 반응이 와서 그 반응을 해소시키기 위해서라도 풀어야 했다는 것이다. 저진동 압축 풀기를 하면서 자신 안의 부정적 감정이 신체와 얼마나 연동이 되어 있는지 적나라하게 느끼는 체험을 했다고 한다.

특정 감정을 풀기 시작하면 두통이나 복통(설사) 등이 시작되는데 압축 풀기를 멈추면 그 증상이 더 심해지고 멈추지 않고 끝까지 풀면 그 증상들이 사라졌기 때문에 신체 증상들을 없애기 위해서라도 끝까지 풀어낼 수밖에 없었다고 한다.

그 과정에서 어느 날, 분노의 감정을 풀기 시작하자 8년간 앓아 오던 아토피 증상이 엄청나게 심해지며 올라왔는데 ○○님은 그때 아토피가 분노의 감정 때문이라는 것을 알게 되었다고 한다. 분노를 풀 때마다 온몸이 불에 타는 듯한 아토피 증상이 쓰나미처럼 일어나고 가라앉기를 반복하며 결국 아토피 증상은 사라져 갔다고 한다. 저진동 압축 풀기 과정에서 분노를 처리하다가 아토피가 호전된 사례는 ○○님 외에도 몇 분 더 계신다.

　결국 신체의 자가 면역 반응인 아토피란 분노를 표현해서 타인을 공격할 수 없으니 분노를 억압함으로써 자신을 공격한 신체화 증상인 것이다.

　모든 신체적 질병을 감정 에너지로만 연결시키거나 뜬 구름 잡는 듯한 비과학적 기치유 같은 것으로 치료해 보라는 말은 아니다. 나는 여러분들이 과학적이고 의학적인 모든 수단과 방법을 이용해 아프지 않고 건강하고 행복하길 바란다. 그렇지만 그 모든 것으로도 해결되지 못할 때 우리 안의 부정적 감정에너지가 압축되어(마치 스트레스가 만병의 근원이라는 원리처럼) 우리 몸 안에서 입자화(물질화)되어 염증과 통증 반응을 일으키고 종양이 되어 갈 수 있음을 알고 저진동 압축 풀기를 시도해 보라고 말씀드리고 싶다.

　아토피가 호전되고 나은 분들도 그 증상을 고치기 위해 나한테 온 것이 아니었다. 전체적 에너지 정화를 위해 왔고 그 모든 것들을 해 나가는 과정에서 부수적인 현상처럼 그런 치유들이 자연스레 벌어졌다. 나 역시 그분들의 사례를 통해 아토피가 분노의 감정(아이들 같은 경우 전생부터 누적되어 왔거나 에너지적으로 스폰지와 같은 아이들 안에 부모의 분노의 감정이 전이되고 압축된 상태)에서 기인한 것일 수 있다는 것을 알게 된 것이다.

● 분노로부터 자유로워지다

분노를 잘 다스리며 화를 내지 않는 사람이 되고 싶거나 화가 나지 않는 마음의 상태를 위해 당신은 명상을 하고 마음공부를 할 수도 있다. 마음의 번뇌에 휩싸이고 화가 나는 상태에서 그렇지 않은 상태로 가기 위해 당신이 명상이나 마음공부를 하는 것은 마치 화를 내지 않는 상태를 흉내내며 참는 법을 훈련하거나 춤이나 사랑을 글로 배우듯 분노하지 않는 상태를 글로 배우며 개념적으로 이해하려는 것과 같다.

분노하지 않는 상태로 가는 가장 자연스러운 방식은 그 상태를 수행하며 모방하고 개념적으로 이해하며 배우는 것이 아니라 분노를 진실로 온전히 실컷 체험하는 것이다. 마치 음식을 충분히 배부르게 먹어서 저절로 숟가락이 놓아지는 것처럼 당신은 분노의 체험을 충분히 했기에 분노를 놓을 수 있게 된다. 그렇게 당신은 분노하는 체험을 진실로 충분히 했으니(분노도 이젠 지겹군~. 해 봐도 별거 없네~가 되어서) 분노를 하지 않는 체험(이젠 분노하지 않는 체험을 선택해 볼까?)으로 이동할 수 있다. 자연스러운 업그레이드가 되는 것이다.

내가 높은 단계로 이동하는 즉 성숙하고 진화하는 가장 자연스러운 단계는 억지로 애를 써서 높은 단계를 향해 공부하고 수행하는 것이 아니라 그전 단계를 충분히 체험해서 자연스레 숟가락이 놓아지고 그다음 단계로 이동되는 것이다.

나의 어머니는 힘든 시집살이를 하며 항상 분노에 가득 차 있었고 언제 터질지 모르는 시한폭탄과 같은 상태로 사셨다. 어머니가 폭발할 때마다 주변 사람들이 불편해지고 가정의 평화가 깨지는 것을 보며 나는 절대로 화를 내지 않는 사람이 되고 싶었다. 나의 꿈은 모든 사람들을 이해하고 사랑하는 것이었는데 모든 사람들이 이해되면 화가 나지 않을 거라고 생각했기 때문이었다. 나는 화를 허용하지 않았고 화는 저급하고 가정의 평화를 깨는 잘못되고 미성숙한 행동이라고 생각했다. 나의 어머니는 내가 세상에서 가장 이해할 수 없는 힘든 사람이었고 그래서 나에게 가장 강력한 분노 유발자이기도 했다. 나는 결혼을 하면서 그런 어머니를 잘 피했지만 내 안에 처리되지 못한 분노는 더 큰 분노 유발자인 전남편을 끌어당겼다. 모든 관계의 체험은 상대적 체험이고 내가 저항하고 거부했던 내 안의 분노의 감정이 정확히 분노를 건드리는 관계의 체험을 끌어당기고 창조하기 시작했다. 지옥 같은 결혼 생활이 내 멱살을 잡고 흔들었다. "네가 이래도 화가 안 나니?" 이해와 사랑으로 가득 찼던 내 마음이 온통 누군가를 증오하고 죽이고 싶은 마음으로 가득 차는 상황이 지옥과 같았고 내 안의 증오, 미움, 분노를 직면하고 인정할 수밖에 없었다.

지금의 남편인 푸초님을 만나고 그가 나에게 **"울고 싶으면 울고 화를 내고 싶으면 화를 내고 웃고 싶으면 웃고 너 자신을 살아!"**라고 해 준 덕분에 나는 정말 화를 실컷 내 보는 기회를 가지게 되었다. 분노를 표현하는 것이 항상 글이나, 침묵 정도였는데 분노를 허용하는 순간 나는 정말 5살 아이처럼 서툴고 거칠게 화를 표현했다. 쟁반을 던지기도 하고 쟁반을 던졌을 때 푸초님이 "어어! 던지는 건 위험해."라고 주의를 주기도 했다. 나는 내가 저급하고 유치하다고 생각했던 모든 분노의 표현들을 마구 했다. "아씨~ 짜증나~. 뭐 저런 사람이 다 있어?" 마구 지껄이듯 말했고 푸초님은 나의 그런 유치하고 관용이라고는 1도 없는 표현들에 어떤 비난도 가하지 않으며 같이 동의해 주고 맞장구쳐 줌으로서 나의 분노는 빨리 연소되고 사라져 갔다.

저진동 압축 풀기를 시작하자 욕설도 마구 하며 나의 분노의 표현은 점점 노골적이고 폭주했다. 정말 어이가 없을 정도로 나는 인내심이 바닥이 난 상태였다. 전생부터 지금까지 인내심이라는 것을 너무 많이 써서 마치 고장 난 손잡이나 마이너스 통장처럼 쓰려고 해야 쓸 수가 없게 된 것처럼 나는 정말 그 어떤 상황에서도 인내심을 꺼낼 수가 없었다. 뭔가를 항상 인내해 왔던 것 같은데 그게 더 이상 전혀 작동이 되지 않았고 그 상태가 너무 어이가 없고 웃겨서 박장대소를 한 적도 있다.

"나 인내심이 없어~. 하하하! 그걸 다 써 버려서 없어~. 하하하! 아이고 배야~. 그 미덕이 다 어디로 가 버렸지? 너무 웃겨~. 나 인내심이 한 개도 없어 마이너스 통장이야~. 하하하."

나는 그 어떤 감정도 이제는 참을 수가 없게 되었다. 그래서 나는 압축 풀기를 할 수밖에 없고 그리고 압축 풀기를 하면 된다.

나는 분노의 감정을 나에게 허용했고 분노의 표현도 허용했다. 이것을 해내는 동안 일종의 미움받을 용기와 같은 것이 생기면서 내가 분노의 표현을 허용하지 않았던 이유가 내가 화를 냈을 때 상대방이 나를 비난하거나 좋아하지 않게 될 것에 대한 두려움도 한몫하고 있었다는 것도 알게 되었다.

과거의 나는 화를 내고 싶지 않았기 때문에 분명히 분노의 감정이 생성되었음에도 모든 정신 분석학적 논리와 합리화를 총 동원해 그 모든 상황이 분노할 만한 상황이 아니라고 결론짓고 정리해서 내 감정을 부정하고 왜곡하고 포장했다. (예를 들면, 나에게 분노를 일으키는 사람의 상태를 이해하기 위해 그 사람의 어린 시절 성장 환경과 부모와의 관계 등 심리 기저까지 분석해서 그 사람도 힘들었기 때문에 저렇게 행동할 수밖에 없다. 그러니 내가 이해하자는 식으로.)

지금의 나는 화를 내지 않는 사람이 아니라 화를 낼 수 있는 사람이 되었다. 화를 내도 아무렇지도 않게 느껴지는 사람, 화를 내고 화내는 나 자신이 싫어지고 사람들이 상처받거나 나를 비난하고 미워할까 봐 두려워지는 것이 아니라 그 모든 것이 괜찮은 사람이 되었다. 내 코가 석 자가 되어서야 가능하게 되었지만 그래도 이 자유는 정말 대단한 해방감이었다.

물론 한때 압축 풀기를 전투적으로 하던 시기, 나는 입이 거칠 정도로 욕을 마구 한 적도 있지만 그 마저도 실컷해 보고 나니 배가 부르기도 하고 역시 욕은 내 취향은 아니라서 웬만해서 그 이후로는 욕이 나오지 않았다. 그리고 분노를 허용하고 실제로 실컷 표현하는 체험을 하니 한 가지 변화가 생겼다.

푸초님과 만난 초기에 내 안에 분노의 압축이 아직 많이 있었고 더 이상 참을 수 있는 그 어떤 인내심도 바닥이 났을 때 나는 푸초님이 가끔 내뱉는 명령조의 말조차 너무나 거슬렸다. 푸초님은 사람 자체가 너무나 따뜻하고 맑고 포용적인 사람이지만 추진력이 강하고 성격이 급한 데가 있어 현실적인 상황에서 다급할 때는 "저거 빨리 가져와!"라고 마치 하인을 부리 듯 한 표현이 자신도 모르게 튀어 나올 때가 있는데 나는 그런 말투조차 참을 수가 없었다. 그래서 푸초님이 그런 식의 표현을 쓸 때마다 나는 아주 강경하게(똑같이 명령조로) "뭐라고 했어? 다시 말해!"라고 하며 명령조로 하지 말고 부탁하듯 말하라고 항의했다. 그럴 때마다 아차! 하는 얼굴로 푸초님은 "내가 그랬어?"라며 급사과, 급시정을 했다. 누군가 나에게 퉁명스럽게 명령조를 쓰는 것, 그리고 화난 어투와 다그치듯 말하는 것 자체가 기분이 너무 나쁘고 용납이 되지 않고 너무 거슬렸다. 마치 일종의 자격지심 같은 것이 있는 초예민한 상태처럼.

그런데 저진동 압축 풀기를 하고 나의 분노를 허용하고 그 분노를 실컷 표현해 보는 체험을 충분히 가지자 똑같은 상황에서 예전만큼 푸초님의 명령조의 말투가 크게 거슬리지가 않았다. 뭔가 너무 바쁘고 신경이 예민한 상태여서 그런가 보다 하며 타인의 분노를 이해하고 허용하고 있는 나를 발견한 것이다.

　이것은 머리로 '저 사람도 이유가 있겠지~.' 하고 이해하려고 애쓰는 그런 상황이 아니라 그게 저절로 되고 있었다. 내가 나의 분노를 허용하니 타인의 분노에 대한 관대함이 생겼고 타인이 분노의 에너지를 보내도 내게 같이 공명할 분노의 에너지가 없어져서 크게 동요되지 않았다. 물론 누군가 화를 내는 상황이 결코 편안하고 기분이 좋을 순 없지만 예전에는 화를 내는 사람과 함께할 때 겉으로는 참지만 속으로는 불편함과 불쾌감을 느끼며 화를 내는 것에 대해 굉장히 예민하게 감지하고 화내는 이유를 분석하는 등 생각에 사로잡혔다면 지금은 그냥 '뭐 그럴 수도 있지.'가 되고 그리고 그 사람이 왜 화를 내는지 등에 깊이 생각이 진행되지 않았다.

　화를 내 보니 화를 내고 사는 사람들이 왜 뒤끝이 없는지 이해가 되기도 했다. 그런데 내 뒤끝 없게 만들자고 다른 사람들에게 계속 화를 내며 살 순 없다. 누군가에게 직접적 분노를 표현하는 것은 경우에 따라서 상대방이 그 에너지를 받음으로서 또 다른 카르마를 진행시킬 수가 있다. 그러니 혼자 있는 공간에서 저진동 압축 풀기로 실컷 분노를 허용하고 분노를 표현하라!

　저진동 압축 풀기의 대상은 대부분 가족들이 많은데 평소에 부모님에게 쌓인 게 많다면 부모님을 대면하거나 교류할 때 속으로 뜨끔할 정도로 혼자 있는 공간에서 욕을 하든 분노를 미리 풀어내라고 말하고 싶다. 아주 오랜 기간 감정의 골이 깊어지고 압축된 상태라면 서로가 얼굴만 봐도 힘들고 서로 상처 주는 말을 할 수밖에 없는 시한폭탄의 상태일 가능성이 높다. 이럴 때 미리 혼자 있는 공간에서 압축 풀기를 하고 간다면(속으로 뜨끔할 정도로 엄청 많이 해야 한다.) 대면했을 때 상대방을 맞춰 주며 연기를 해낼 수 있는 여유가 생긴다. 내 부모고 가족이라서 밉고 화가 나더라도 그 모든 감정을 누르고 억지로 이해하고 사랑하고 용서하는 것이 아니라(이렇게 되면 다음 생에 또 만나서 미움과 분노를 체험하게 된다.) 내 안에 미움과 분노의 감정 에너지를 제거하고 나니 그 공간에 저절로 '저 사람들도 오죽하면 저럴까.'가 되고 진실로 자연스러운 이해와 용서가 진행될 여유가 생긴다는 것이다.

● 마음의 평안에 이르다

부정적 감정의 저진동 압축풀기는 내담자의 상태에 따라 제대로 시작하기도 어려울 수 있고 시작한다고 해도 포기하지 않고 끝까지 해내기도 힘들 수 있다. 중반부까지 풀면 풀수록 뭔가 더 건드려지고 해도 해도 끝이 없고 부정적 감정에 노출되는 시간이 많아지고 지치게 된다. 끝이라는 것이 있을까? 싶은 절망감과 의심이 싹트며 흐지부지 포기하게 될 수도 있다. 인간으로서 이번 생이 마지막이고 싶은 영혼들이나 반복되는 고통의 체험을 정말 끝장내고 싶은 웬만한 의지와 절박함이 아니고는 이 작업을 끝까지 해 나갈 수 없을지도 모른다. 방법은 너무 간단한데 실천의 의지와 힘이 항상 관건이다. 그 와중에 저진동 압축 풀기를 1~2년 이상 포기하지 않고 해내고 계시는 **대단한** 분들이 공통적으로 하는 말이 있다.

"이제는 뭔가 더 이상 크게 건드려지는 부정적 감정이 없어요. 마음이

많이 편안해졌어요."

이것은 마음공부나 명상을 통해 표면 의식으로 올라와 있는 온갖 부정적 감정을 무의식으로 가라앉히고 잠재워서가 아니다. 반대로 부정적 감정을 표면 의식 밖으로 더 적극적으로 끌어올려 빼냈기 때문에 더 이상 건드려져서 올라올 것이 없어졌거나 건드려져서 활성화될 만큼의 양이 되지 못해서이다.

부정적인 감정 압축 풀기를 완벽히 했다고 해서 하루아침에 모든 것이 달라지는 것은 아니다. 내 안에서 벌어진 작업과 변화가 외부에 드러나고 진행되기까지는 시간이 걸리고 모든 것은 점진적으로 이루어진다. 압축 풀기를 하기 전 나의 삶은 매일같이 슬프고 화가 났다면 3일에 한 번 → 일주일에 한 번 → 한 달에 한 번 → 6개월에 한 번 → 1년에 한 번 이런 식으로 당신안의 부정적 감정이 들고 일어나거나 그 감정을 건드리는 외부적 사건이 일어나는 횟수가 줄어들고 간격이 늘어난다. 나의 경우, 저진동 압축 90%를 풀기까지 1년 반 정도 걸린 것 같고 그 이후로 정말 1년만에 한 번 저진동 압축 풀기 할 일이 생기거나 하는 식으로 진행되었다.

무의식의 부정적 감정의 저진동 압축 풀기를 하지 않은 채 호포노(미안합니다./용서해 주세요./고맙습니다./사랑합니다.)를 한다면 당신안의 저항은 더 심해져서 호포노를 계속 하기가 어려울 수 있다. 누군가가 나를 너무 열 받게 하는데 속으로 '고마워, 사랑해.'가 나오겠는가? 제대로 하면 '미안합니다, 용서해 주세요.'까지 해야 하는데 그건 더 열받을 일이 아닌가. '저 사람이 나에게 잘못했는데 왜 내가 사과를 해?'가 되는 것이다. 저진동 압축 풀기를 해서 내 안에 분노, 고통, 슬픔, 우울, 죄책감, 억울함 등의 부정적 감정을 처리하고 난 후라면 이제 모든 상황에서 속으로 '고마워, 사랑해.'를 만트라할 수 있다. 그렇게 당신은 외부의 부정적 상황에 지배당한 채 반응하지 않고 내적 평화를 유지하며 당신이 원하는 '고마워, 사랑해.'라는 고진동 에너지의 말에 집중할 수 있게 되고 당신이 부정적으로 같이 반응하지 않는 것만으로도 상황은 전과 다르게 진행될 수 있다. 그렇게,

당신은 외부에 [무의식적으로] 반응하지 않고 [의식적으로] 창조했다!

무의식의 부정적 감정의 저진동 압축 풀기를 하지 않은 채 시크릿을 한다면 당신 안의 저항은 더 심해져서 시크릿을 계속 하기가 어려울 수 있다. 내가 원하는 100억을 끌어당기는 시크릿에 집중하는데 내 안에서 '네가 무슨 수로 100억을 벌어? 웃기지도 않는군!' 하는 비야냥의 저항이 올라올 수밖에 없다. 그런데 내 안의 두려움, 열등감, 창피함, 절망감, 우울감 등의 부정적 감정을 처리한 후라면 시크릿을 그 어떤 저항 없이 혹은 저항을 줄이고 할 수 있게 된다.

나는 저진동 압축 풀기를 엄청 열심히 하던 중 행복 감정 스위치가 켜지는 체험을 하면서 5개월 동안 행복 감정에 지배 받으며 그야말로 겁도 없이 『내 안의 권능 사용법 1』이라는 책을 쓰게 되었다. 그 책을 쓰는 동안 나는 뭔가에 홀린 듯 행복하게 글을 써냈는데 책을 완성한 후 마치 큰

고진동이 내 안의 깊숙한 곳에 자리한 큰 저진동을 건드려 준 것처럼 부정적 감정이 올라와 그 것을 풀어내는 작업을 진행해야 했다.

그중에 한 가지 감정이 바로 무능함이었다. 정말 재미있지 않는가? 권능에 대한 책을 썼는데 내 안에 숨겨진 무능함에 대한 기억과 감정이 들고 일어난 것이다. 지금까지 살아오면서 체험했던 모든 실패의 순간들(시험에 떨어지거나 실수하고 비난받았던 기억들)이 모조리 소환되며 "나는 못났어! 나는 부족해!"를 압축 풀기 해야 했다. "나는 못났어~. 나는 못났어~."를 무한 반복하며 무능함에 대한 압축 풀기를 진행하니 나중에는 갑자기 '그래 나 못났다 어쩌라고? 못날 수도 있지. 모든 것에서 내가 다 잘날 수 있나? 못난 부분도 있고 못 하는 부분도 있을 수 있는 거지.' 그리고 그냥 '못난 나를 나는 사랑해.'가 되어 버리는 지점이 왔다. 나는 당신이 에베레스트 산 정복보다 이 지점에 도달하기를 강력 추천하고 싶다.

나의 무능함이 사라졌다기보다 무능함이라는 생각과 감정이 나에게 미치는 영향력이 사라졌다. 무능해도 처참하지 않고 괜찮았다. 무능해서 너무 비참해~라는 느낌이 사라졌다. 두려움과 무능함에 대한 압축 풀기를 하니 무서울 게(90% 정도는) 없어졌다. 첫 번째 책이 내 성에 차지 않게 부족하게 쓰여졌으면 두 번째 책을 잘 쓰면 되고 뭐든 10년은 해 보자. 책도 10권은 써 보고 그때 무능한지 유능한지 결정하자~라는 마음이 생길 수 있게 되었고 이 책도 탄생하게 된 것이다.

저진동 압축 풀기는 포기하고 싶을 정도로 끝날 때까지 끝난 게 아닌 것처럼 진행된다. 그러나 나는 꼭 말해 주고 싶다. 끝날 때까지 끝난 게 아닌 느낌으로 결국 끝나 가고 있다는 것을.

당신이 포기하지 않고 10년이 걸려서라도 해낸다면 당신은 어려운 수행이나 명상을 하지 않고도 가장 확실히 당신안의 부정적 감정의 압축인 카르마를 제거할 수 있으며 결국 그토록 원했던 마음의 평안에 이를 것이다. 매사에 화내고 짜증내는 반응이 아닌 호포노(고마워, 사랑해.)로 새롭게 반응할 수 있을 것이며 그렇게 모든 상황의 에너지를 바꿀 수 있을 것이다. 시크릿(고진동 압축 풀기) 또한 두려움과 한계라는 저항과 장애물 없이 제대로 해 나갈 수 있을 것이다.

● 행복 감정 스위치가 켜지다

행복 감정 스위치가 켜지는 체험이 공유된 이후로 저진동 압축 풀기를 해 오시던 내담자분들 중에는 나와 비슷한 체험을 하시는 분들이 생겨났다. 미리 말하지만 우리는 각자 고유한 자신만의 정화와 깨어남의 길을 가고 있다. 이 여정에서 어떤 일들이 벌어지고 어떤 체험을 하게 되든 반대로 어떤 일과 체험이 전혀 벌어지지 않든 남들과 비교하지 말고 자신 안의 에너지에 집중해 나가길 바란다. 혹시라도 행복 스위치가 켜지는 체험이 자신에게 벌어지지 않는다고 해서 실망할 필요가 없다. 언젠가 어떤 식으로든 당신은 당신만의 행복 스위치를 체험하게 될 것이고 나와 다른 사람이 한 것보다 더한 체험도 해낼 것이다.

아래는 첫 번째 책 『내 안의 권능 사용법 1』에 나오는 행복 감정 스위치에 관한 내용이다.

[아마도 2~3개월에 걸쳐 저진동 압축 파일 풀기가 70% 정도 진행된 시점으로 보인다. 나는 그날도 그냥 거실을 왔다 갔다 하면서 기계적으로 호포노 만트라를 30분 타이머를 맞춰 놓고 하고 있었다. 그런데 갑자기 마치 우리가 살다 보면 이유 없이 기분이 다운되고 우울해지고 슬퍼지는 것(과거의 처리되지 못한 부정적 감정들이 무의식에 깔려서 전반적인 우울감으로 에너지장을 불쑥 불쑥 무겁고 처지게 만든다.)과 정확히 반대로 갑자기 아무런 이유도 없이 그 어떤 외부적 사건이나 근거도 없이 내가 특별히 긍정적이고 기분 좋은 생각을 한 것도 아닌데 불현듯 기분이 엄청나게 좋아지면서 기쁨과 환희에 차게 되었다.

무슨 마약을 한 것처럼 밑도 끝도 없는 기쁨으로 어디서 온 건지 언제까지 지속될지 모르는 조증 상태가 된 것이다. 너무 좋아서 이게 뭐지? 하면서 계속 느끼고 설레고 기쁘고 정말 로또라도 당첨된 것처럼 기분 좋게 가슴이 벌렁거리면서 그렇게 3시간을 갔다.

나는 그때 우리의 에너지장 저 아래에 이런 무한한 기쁨과 지복감이 존재하는데 그 위에 부정적 감정의 압축파일이 바윗덩이처럼 그 고진동의 지복감을 누르고 있었고 압축 풀기를 하면서 그 바윗덩이가 가벼워지니 아래에 깔려 있던 기쁨과 지복감이 마치 샘물이 솟아나듯 퐁퐁 올라오기 시작했다는 것을 깨닫게 되었다. 마치 자신의 존재를 알리듯.

3시간 동안 지속되던 지복감의 조증 상태는 그렇게 그냥 사라지고 나는 다시 잊어버린 채 에너지 작업에 열중하며 매일 호포노를 하고 간간히 저진동 압축 풀기를 하며 다시 시간을 보내게 된다. 그리고 또 2개월 정도가 지난 시점에 이제는 압축 파일도 거의 풀린 것 같고 그냥 호포노만 하기에 좀 심심하다는 생각을 하게 되고 불현듯 '기쁨 느끼기'를 오랜만에 해 볼까? 하는 생각이 들어서 가부좌를 하고 앉아 '기쁨 느끼기'를 시도했다.

기쁨 느끼기를 시도하자마자(기쁜 생각을 특별히 하지 않고 그냥 느낌 자체를 느끼려는 시도였음.) 갑자기 온몸에 소름이 돋듯이 전율이 오면서 온몸의 세포가 진동을 하듯 기쁨의 진동이 물리적으로 온몸의 에너지장에 퍼지기 시작했다.

와~ 놀라웠다!

나를 방문하는 분들에 의해 많은 수행 방법들을 전해 듣기도 하는데 어떤 단체는 모여서 몸의 진동을 끌어올리는 수행을 한다는 것이다. 람타가 말하길 우리 몸의 세포에게 빨리 진동하라고 명령하면 진동수가 빨라진다고 했는데 그것을 하고 있는 것이다. 그런데 기왕 하는 진동이 기쁨의 진동이라면 더 좋지 않겠는가? 정말 온몸이 기쁨으로 진동을 했다.

그리고 기쁨의 고진동 에너지가 에너지장을 울리면서 나의 회음부 차크라가 건드려졌는지 갑자기 오르가즘의 황홀경이 오면서 나의 기쁨은 그만 오르가즘의 수준이 되어서 황홀경 상태가 되었고 나는 30분을 그 상태로 있게 된다.

그리고 30분 후에도 황홀경에 가까운 조증 상태가 지속되었다. 상태가 뭔가 심상치 않아 보였다. 나는 이 기분과 이 상태가 너무 좋아서 유지시키고 싶다는 생각이 들어 바로 환경을 조성했다. A4 용지에 아주 두껍고 크게 내가 집중하고 싶은 고진동 감정의 단어(사랑/행복/부유/권능)를 써서 침대에 누우면 바로 보이는 천정에 붙여놓고 누워서 그 단어에 집중했다. 그 단어에 집중할 때 마다 황홀경의 행복감이 더 진동했다. 정말 믿어지지 않겠지만 나는 그 상태로 영원히 있고 싶고 있을 수 있을 것만 같았다.

내가 느끼는 행복감은 어떤 이유와 조건에 의해 생성된 것이 아니라 감정의 에너지 자체가 회복된 그 무엇이었기에 나는 그 감정의 상태에서 시간의 흐름을 느낄 수가 없었다. 계속 느낄 수 있고 계속 행복했다. 계속 행복하니 계속 그 상태로 있고 싶고 배고픔도 느껴지지 않고 아무런 생각도 끼어들지 않고 그저 행복감 그 자체의 상태였다.

나는 그냥 정말 〈⋯행⋯복⋯하⋯다⋯.〉에 있었다.

일주일 정도 황홀경 수준의 조증 상태가 지속되었다. 마치 중독된 것처럼 틈만 나면 침대에 누워서 천정을 바라보면서 행복감에 심취했다.

일주일이 지나자 다행히 일상생활이 좀 편하도록 행복감은 조금 차분해졌다. 나는 그때 또 한 가지를 알게 되었다. 우리는 여러 가지 이유를 갖다 댄 행복감의 종류(나는 충분한 돈이 있어 행복하고 나는 건강해서 행복하고 나는 시험에 합격해서 행복하고 등등)만 알지 행복 감정 그 자체가 얼마나 다양한 종류가 있는지는 잘 모른다는 것이다.

오르가즘과 같은 흥분된 황홀경의 행복감 다음으로 나를 찾아온 것은 마치 청명한 숲속의 호수같이 맑고 차분한 행복감이었다. 전자는 숨을 쉴 수 없이 벅찬 행복감이었다면 후자는 숨을 편하게 쉴 수 있는 잔잔하게 끝없이 좋은 행복감이었다.

그리고 다시 깨달았다. 이 행복감이 그 정도와 종류는 달라지겠지만 결코 꺼지지 않을 것이라는 사실을, 내 안에 일종의 행복 감정 에너지의 스위치가 켜져서 전구에 불이 들어왔는데 그 불이 내가 행복감에 특별히 집중하지 않으면 조금 희미해져 있다가 내가 행복감에 집중하면 환해지는 상태, 결코 꺼지지는 않은 채 밝기와 강도만 달라지는 그런 상태라는 것이다.

참, 여기서 노파심에 미리 말하지만 행복 감정 스위치가 켜질 때 회음부 차크라가 자극되고 오르가즘과 같은 황홀경의 행복감이 시작된 것은 나의 사례일 뿐이다. 누구나 이런 방식으로 진행되어야 하는 것은 아니니 여러분은 나보다 더 멋지고 다양한 종류와 방식의 행복 에너지로 여러분만의 행복 감정 스위치를 켜면 된다.]

3) 고진동 압축 풀기/시크릿

(1) 〈2차 녹음 파일〉 만들기

〈1차 녹음 파일〉을 이용해 최소 6개월 이상 정화를 진행 후 저진동 압축 풀기가 50% 이상 처리되었다는 느낌이 온다면 〈2차 녹음 파일〉을 만들고 고진동 압축 풀기(시크릿)를 시작해도 좋다. 〈2차 녹음 파일〉에 녹음할 내용은 자신이 원하는 것들이 이루어졌다고 선언하는 문장을 나열

한 후 마지막에 '고마워, 사랑해.'를 붙이면 된다. 〈2차 녹음 파일〉을 24시간 틀어 놓는다. 이 단계에서는 고진동 압축 풀기를 방해하는 부정적 감정이 올라올 때만 저진동 압축 풀기를 하면 된다.

부유에 대한 시크릿 문장을 만들 때 '나는 부유하다.'라는 표현은 다소 상대적이고 추상적일 수 있다. 그래서 '나는 천억이 있다.'같이 구체적인 액수로 표현하기를 추천한다. 액수가 비현실적이고 거액이라도 상관없다. 천억이 한 번에 끌어당겨지지 않을 수 있지만 천억의 0.000 몇 %라도 돈 에너지를 직접 자극할 수 있기 때문이다.

이것은 목표 달성을 하는 나의 개인적 스타일이긴 하지만 목표를 크고 높게 잡는 것도 하나의 방법이 될 수 있다. 내가 전교 1등을 하고 싶을 때 전국 1등을 목표로 공부하다 보면 전교 1등은 그냥 되는 것과 같은 원리다. 그 과정에서 전국 1등을 하지 못해도 실망하고 좌절하지 않을 수 있다.

그런 의미에서 나는 당신의 시크릿 리스트에 천억이든 1조든 당신이 생각하는 가장 비현실적 액수(무한대의 경제적 풍요와 자유를 느끼게 하는 수치)를 넣길 바라며 그런 의미에서 당신이 '나는 성공한 인간이다.' 대신(큰 저항이 없다면) 그냥 '나는 신이다.'라는 문장을 넣길 바란다. 신의 상태가 1만 가지 권능을 보유한 상태라고 가정하고 그 상태를 향해 내가 집중할 때 최소한 한 가지 능력이라도 회복된다면 그게 어딘가! 전지전능한 상태를 목표로 집중할 때 신의 상태는 되지 못하더라도 인간 차원에서라도 행복하고 부유하고 건강하고 유능하게 살 수 있다면 그게 어딘가! 그러니 목표를 높게 설정하는 것도 한 가지 방법이다. 물론 그게 부담스럽고 오히려 집중을 방해한다면 자신한테 맞게 더 편안한 방식대로 하면 된다.

> **예) 나는 천억 원이 있다.**
> **나는 신이다.**
> **나는 빛이다.**
> **나는 시험에 합격했다.**
> **나는 건강하다.**
> **나는 48kg이다. (등등등 이루고 싶은 모든 문장)**
> **고마워, 사랑해.**

(2) 〈주문 말하기〉와 〈하루 30분 창조 명상〉

내가 원하는 생각과 감정에 집중하는 고진동 압축 풀기 즉 시크릿을 실행하는 두 가지 방법은 바로 〈주문 말하기〉와 〈하루 30분 창조 명상〉하기 이다. 이 두 가지를 동시에 실천해 주면 된다.

● 〈주문 말하기〉

내가 집중하는 것이 내 현실이 되고 나는 내가 말한 대로 됨으로 내가 원하는 것에 최대한 많이 집중하고 최대한 많이 말하면 된다. 그런 의미에서 **〈2차 녹음 파일〉의 고진동 시크릿 문장을 마치 스님이 염불 외듯 하루 종일 입에 달고 사는 것이 습관이 되도록 훈련한다.** 세수를 하고 머리를 감을 때, 집안일을 할 때, TV를 시청할 때, 운전할 때, 걸을 때, 지하철 탈 때, 하루 종일 입으로 소리 내어 말할 수 없다면 속으로라도 계속 말한다. 내 의식의 일부가 이 문장에 집중되게 하면 된다. 그런데 문장이 너무 길면 무의식적으로 되뇌는 작업을 해내기가 힘들 수 있다. 그래서 쉽고 편하게 중얼거릴 수 있도록 짧은 주문을 만든다. **주문을 만드는 방법은 각 문장에서 키워드 단어만 뽑아서 결합시키는 것이다.**

예) 나는 <u>천억</u> 원이 있다.

나는 <u>신</u>이다.

고마워 <u>사랑해</u>라면.

<u>천억신사랑해</u>라는 주문을 만들 수 있다.

하루 종일 당신은 **천억신사랑해**를 입에 달고 살면 된다. 이것이 아브라카다브라 같은 나의 마법의 주문인 것이다. 저진동 압축 풀기 기간 동안 당신은 호포노(고마워, 사랑해.)를 달고 살았다면 이제 시크릿 주문 **천억신사랑해**를 달고 살면 된다. 내가 앞서 설명만 만트라의 힘을 잊지 말길 바란다. 당신이 한마디 소리 낼 때마다 그 말의 에너지는 보이는 차원의 물질세상으로 비집고 나와 50% 현현된다. 당신이 **천억신사랑해**를 한번 말할 때마다 보이지 않는 차원에서 100원씩 창조된다고 생각하라! 혹은 창조의 씨앗을 뿌린다고 생각하라! 힘이 들지 않고 다른 일을 하면서 무의식적으로 할 수 있기 때문에 시간도 따로 들지 않는다. 그리고 그 말을 하고 있으면 다른 부정적인 생각에 심하게 집중하지 않을 수 있고 고진동 에너지에 최대한 접속하고 있을 수 있다.

처음에는 습관이 되지 않아 생각이 날 때마다 할 수밖에 없을 것이다. 그래도 계속 시도해서 입에 붙고 습관이 될 때까지 하고 너무 힘들어서 입도 벙긋할 힘조차 없을 땐 무리하게 하지 않아도 좋다. 나의 경우 말할 힘조차 없을 때 손목에 끼는 염주(구슬 팔찌)를 이용했다. TV를 보면서 염주를 돌리면 소리 내어 말하거나 속으로 중얼거리기 위해 특별히 의식하지 않아도 그냥 자동적으로 계속 **천억신사랑해**를 머릿속으로 되뇌일 수 있었다. 습관을 들이기까지 시간이 걸리고 조금 힘들 수 있지만 습관이 되어 익숙해지면 주문 말하기를 하지 않고 있는 것이 허전하고 시간이 아깝게 느껴지는 순간이 온다. 그냥 흘러가는 그 모든 시간을 시크릿 주문으로 채우고 싶어질 것이다.

● 〈하루 30분 창조 명상〉

시크릿 주문 말하기 습관화와 함께 실천할 수 있는 두 번째 방법은 하루 30분 창조 명상을 하는 것이다. 일반적으로 진행하는 호흡 명상이나 빛 명상처럼 호흡이나 빛의 이미지에 집중하는 명상이 아니라 앞서 설명한 3가지 체험의 도구이자 창조의 도구인 육체, 사념체, 감정체를 모두 이용한 명상이다. **30분 동안 입으로 소리 내어 시크릿 문장을 말하며 머리로 그것이 실현 되었을 때를 상상하며 가슴으로 이루어졌을 때의 감정을 미리 느끼는 것이다. 이 3가지를 동시에 진행하는 명상이다.**

창조 명상 30분 동안은 시크릿 문장을 온전하게 소리 내어 말한다(그마저도 힘들면 짧은 형태의 주문으로 해도 됨.).

천억 원이 있을 때의 당신의 현실을 최대한 상상해 보고 신의 상태를 회복했을 때를 상상해 보라. 당신이 원하는 무엇이든 될 수 있고 어디든 갈 수 있는 신의 상태를 회복했을 때가 상상이 가지 않는다면 책『초인생활』에 등장하는 초인들을 상상해도 좋다. 초인의 대표적인 예가 예수이다. 혹은 영화 〈루시〉에 등장하는 뇌 기능 100%에 도달하는 인간 루시의 상태를 상상해도 좋다. 자신이 원하는 것이 이루어졌을 때를 상상할 때 그 상상이 잘 되지 않을 수도 있다. 상상이 잘 안 되면 안 되는 대로 최대한 하면 된다. 상상도 하면 할수록 는다. 상상을 할 때 그 상상이 힘든 과제가 되어선 안 된다. 물론 실천해야 하기에 의지와 의도를 가지고 조금은 애를 써야 하는 지점도 있지만 최소한 상상을 하는 그 순간만큼은 행복해야 한다.

나는 당신이 심상화의 상상을 아주 가볍고 즐거운 마음으로 시도했으면 한다. 그 어떤 한계도 제한도 없고 태클을 거는 내 안의 목소리도 없다. 당신은 그 무엇이든 상상할 수 있다. 이것은 마치 직장 생활을 하는 중 점심 메뉴를 고를 때처럼 '오늘 점심 뭐 먹지?' 상상하는 순간 별거 아니지만 가슴이 설레고 휴식이 오는 것처럼 가볍고 설레는 접근이어야 한다.

이루어졌을 때의 감정을 미리 느낄 때 로또에 당첨된 것처럼 엄청난 흥분 모드의 기쁨이 아니어도 좋다. 외부에 특별히 기쁜 일이 벌어지지 않는 상태로 그 어떤 조건 없이 내 안에서 기쁨의 감정을 끌어낼 때 엄청난 환희에 찬 기쁨이 잘 느껴지지 않고 그 감정을 끌어올리기 힘든 것은 당연하다. 그것이 되지 않는 다면 그냥 모든 일이 다 잘 해결되었을 때의 편안함에만 집중해도 좋다. '아~ 모든 일이 다 잘 해결되어서 너무 편안하고 너무 좋다.' 같은 극강의 편안함만 느껴도 좋다.

말하고 상상하고 느끼는 창조 명상은 내가 집중하는 것이 내 현실이 되니 나의 24시간 중 30분이라도 온전히 모든 창조의 도구를 내가 원하는 것에 집중시키는 시간을 가져 보자는 취지이다. 힘든 직장 생활로 하루 30분도 힘들다면 잠들기 전 하루 10분 아니면 단 5분이라도 당신이 원하는 것이 이루어졌음을 말하고 생각하고 느껴 보며(말할 힘조차 없다면 상상하며 느끼기라도 하면 되고 상상조차 힘들다면 느끼기라도 하면 되고 3가지 창조의 도구 중 한 가지라도 쓰면 된다.) 당신이 원하는 미래에 미리 접속해 보길 바란다. 그렇게 당신이 원하는 현실을 끌어당겨 보길 바란다.

〈기쁨 느끼기 훈련〉은 〈시크릿 주문 말하기〉와 〈하루 30분 창조 명상〉을 하면서 추가적으로 시도해 볼 수 있는 훈련이다. 아무런 조건 없이 기쁨의 감정 자체를 끌어올리고 활성화해서 느껴 보는 훈련인데 마치 평소 안 쓰던 근육을 자극하고 펌핑하는 것처럼 일종의 긍정적인 감정의 근육을 키우는 작업이다. 우리는 외부에 좋은 일이 벌어지지 않은 상태에서 그냥 기쁨과 행복감을 느끼는 것이 전혀 발달되어 있지 않고 익숙하지 않다. 그런데 이것도 훈련하고 연습할 수 있다.

마치 영화배우가 짧은 시간 안에 슬픔의 감정과 생각에 몰입해서 슬픔을 최대치로 끌어올려 슛이 들어가는 순간 눈물을 흘리는 연기 연습처럼 정확히 반대로 자신안의 온갖 기쁜 감정과 생각에 집중하고 행복감을 최대치로 끌어올려 미소 짓고 웃고 느껴보는 훈련이다. 처음 일주일은 타이머를 1분 맞추고 시도하고 1분이 쉬워지면 3분, 5분 시간을 점점 늘려가면 된다. 나중에는 30분도 가능해 진다. 처음엔 정말 어색하고 억지스럽겠지만 하다 보면 익숙해진다. 행복도 행복감을 느껴 버릇하면 습관이 될 수 있다. 우리가 우울한 상태가 당연하고 자연스러운 상태가 되고 화내고 짜증내는 것이 습관화 되는 것처럼 반대로 습관을 바꿔 주는 훈련이다. 그렇다고 억지로 매일 웃고 과도하게 기분이 업되어 있으라는 것은 아니다. 속으로 기쁜 생각을 하며 미소 짓는 것만으로 충분하다. 이 훈련을 따로 종종 해 두면 시크릿 주문과 창조 명상을 할 때 느끼면서 하는 것이 잘 될 수 있다.

[시크릿] 동영상에서 가장 기억에 남는 대사는 바로 **'느껴야만 합니다.'** 였다.

[감정이 중요하다. 당신이 뭔가를 그저 지성적으로만 믿고
그와 연관된 감정은 느끼지 않는다면, 당신이 원하는 것을
당신의 인생에 나타나게 해 줄 힘이 부족할지 모른다. 느껴
야 한다.]
　　　　　　　　　　　　－마이클 버나드 백위스 [시크릿] 중에서－

천억신행복해와 같은 시크릿 주문을 반복해서 그 감정이 올라올 때까지 반복하던지, 감정 느끼기를 따로 연습해 주면 된다.

내가 말한 하루 종일 〈주문 말하기〉와 〈30분 창조 명상〉의 방법을 그대로 연습해도 좋고 자신의 상황에 맞게 변형해도 좋다. 하루 종일 입에 달고 사는 것이 힘들거나 오히려 집중력이 떨어진다면 시간을 따로 내어 1~2시간을 해도 좋고 머리 감는 동안 30분, 운전하는 동안 30분, 산책하는 동안 1시간 등 자신만의 특정한 시간과 습관을 만들어도 좋다. 어떤 형태이든 10년이고 20년이고 매일 실천을 지속할 수 있는 평생 습관을 만드는 것이 중요하다.

(3) 고진동 압축 풀기(시크릿)의 시작

고진동 압축 풀기의 방법 역시 우연히 시작되었다. 저진동 압축 풀기가 50% 이상 진행된 시점에서 기쁨 느끼기를 시도하다 행복 감정 스위치가 켜지고 나는 5개월 정도를 기쁨의 감정에 지배받는 상태로 보냈다. 기쁨이 지배하는 동안 내가 노력하고 애쓰지 않아도 기쁨이 넘치고 기쁨에 두려움이 압도되어 겁도 없이 기쁨의 상태로 첫 번째 책도 쓸 수 있었다. 『내 안의 권능 사용법 1』이라는 책을 써내고 권능과 반대되는 인간적 무능과 열등감에 대한 감정이 건드려져서 그 감정을 풀어야 했다. 설상가상 마치 엄청난 기쁨의 고진동이 활성화되니 그와 맞지 않는 내 안의 깊은 저진동 에너지의 뿌리 감정인 거대한 두려움이 건드려지면서 나는 아주 호되게 두려움의 압축 풀기도 진행해야 했다.

저진동 압축 풀기와 고진동 압축 풀기를 진행할 때 당신은 얼마간 롤러코스트를 탄 것처럼 느껴질 것이다. 이것은 일종의 연동 반응인데 저진동 압축을 풀수록 눌려져 있던 고진동이 활성화되고 고진동이 활성화되고 증폭될수록 진동수가 맞지 않는 숨겨진 저진동들이 처리되기 위해 들고 일어나고 이 과정이 엎치락뒤치락 반복되면서 저진동 정화와 고진동 활성화가 계속 진행된다. 외부적 상황이 좋아졌다 나빠졌다 하고 내부적으로는 조울증 상태처럼 진행될 수도 있다. 처리될 저진동이 많을수록 그 기간이 길어질 수 있다. 그러나 어찌 되었든 저진동이든 고진동이든 건드려지고 나와 주면 감사한 일이다.

천국과 지옥을 오가는 듯한 이 과정 덕분에 5개월간의 행복스위치 활성화 모드는 비활성화 모드로 잠잠해져서 나는 평범한 상태가 되었다. 결과적으로 행복 스위치가 켜지면서 내 안에 엄청난 기쁨 에너지의 존재를 확인하며 5개월간 그 에너지를 체험했고 그 덕분에 엄청난 두려움의 에너지가 건드려지고 끌어올려져 압축 풀기를 통해 저진동 압축의 뿌리를 정화해 낼 수 있었다.

5개월간 지배받던 기쁨 모드에서 풀려나고 일반적인 상태가 되었을 때 나는 당황하지 않았다. 신비 체험을 겪어 본 나는 행복 스위치가 켜지는 체험조차 일종의 신비 체험처럼 흘러가고 또 언젠가 때가 되면 다시 온다는 것을 알고 있는 듯했다. 그리고 이 여정에서 일어나는 모든 일들이 기회라는 것도 알고 있는 듯 했다. 행복 스위치 비활성화 모드로 기쁨이 잠잠해지고 다시 애를 쓰고 집중해야만 기쁨과 행복이 느껴지는 일반적인 상태가 되었을 때 나는 내가 어떤 상태가 되고 싶었고 내 목표가 본래 무엇이었는지 생각해 냈다. 내 목표는,

어떤 상황에서도 내가 원하는 기쁨과 행복에 집중하는 상태가 되는 것이었다.

좋아! 그럼 그것을 훈련하면 되겠구나! 이 기회에!

그리고 나는 그때부터 매일 고진동 압축 풀기 문장을 만들어 만트라하기를 시작했다. **나는 천억 원이 있다. 나는 신이다. 고마워, 사랑해~.** 문장을 생각나는 대로 틈틈이 계속 소리 내어 말하고 여유가 있을 때는 기쁨을 느끼면서 했지만 그렇지 못 할 때는 그냥 기계적으로라도 계속 만트라했다. 그렇게 1년 반 정도를 했을 때 그 문장들을 말할 때 느낌도 같이 저절로 올라오기 시작했다. 고진동 만트라 문장을 기계적으로라도 1년 반을 만트라 했을 때(물론 중간 중간 그 말들을 하며 기쁨 느끼기 연습도 했음.) 그 말과 감정이 결합되어 저절로 기쁨이 느껴지는 것이 가능해졌다.

그리고 나는 문장에서 키워드를 뽑아 짧은 주문을 만들어 **천억신사랑해~**로 만트라 했고 짧아진 문장 덕에 더 쉽게 많이 만트라 할 수 있었고 **천억신사랑해~**를 하면 행복감을 느낄 수 있게 되었다. 나는 1년 반 만에 **천억신사랑해~**를 하면 기쁨이 저절로 느껴지는 것이 가능해졌을 때 1년 반 동안 감정 없이 기계적으로라도 그 말을 만트라하길 잘했다라고 느꼈고 그 실천을 해낸 나 자신을 칭찬해 주었다. 무미건조하고 반복적이어

서 때론 지루하게 느껴지기도 했지만 그래도 포기하지 않고 했더니 감정이 다시 살아나는 느낌이 들었고 신기했다.

스탠포드 의과대학의 세포생물학 박사 브루스 립튼(Dr. Bruce Lipton)은 우리가 세타파 상태의 생후 7년 동안 다운 받은 가정 환경의 '가난과 불행' 프로그램으로부터 벗어나는 방법은 **내가 하루 종일 '나는 행복하다.'라고 반복하면 된다**고 말한다. (너무 간단하지 않은가? 실천을 안 해서 그렇지.)

그래서 나는 "고마워, 사랑해~"를 3년 이상 충분히 했으며 저진동 압축 풀기도 90% 진행되었고 실제로 행복도 느껴지기 시작했기에 시크릿 주문을 **천억신행복해~**로 바꾸었다. 물론 실제로 매 순간 행복을 느끼면서 진행되진 않는다. 어떤 일에 집중하면서 시크릿 주문을 하다 보면 느낄 여유까지는 없기 때문이다. 그래도 최대한 많이 말하는 것이 중요하다.

부정적 감정의 저진동 압축 풀기가 90% 이상 진행되었을 때 나는 아주 독특한 상태를 체험했다. 저진동 압축 풀기가 50%정도 진행되는 시점에서 기쁨 느끼기를 시도하다 행복 감정 스위치가 켜지는 체험을 했으니 저진동 압축 풀기 90%가 진행되면 황홀경 정도가 올 줄 알았는데 웬걸, 오히려 엄청난 지루함이 일시적으로 밀려왔다. 그 상태가 너무 당황스러웠는데 동시에 어떤 거대한 전말을 파악하게 된 것 같았다.

인간들은 얼마나 부정적인 감정의 프로그램 속에서 지루하지 않게 부정적으로 재미있게 살고 있는가…. 하루도 바람 잘 날 없는 드라마가 계속 된다. 개인적으로는 원수 같은 남편과 속 썩이는 자식과 돈 떼먹고 도망간 절친, 죽이고 싶은 직장 상사, 이혼, 사업 실패, 질병, 교통사고, 가난, 사회적으로는 온갖 범죄, 강간, 살인, 방화, 학대, 정치적 갈등, 전쟁, 자연적으로는 지진, 태풍, 가뭄, 홍수 등등등 속에서 우리의 생각과 감정은 두려움, 공포, 분노, 짜증, 슬픔, 우울, 고통, 답답함, 좌절, 절망, 원망, 서러움, 억울함, 배신감, 모멸감, 죄책감 등등등을 체험하며 결코 지루하지 않게 살고 있다.

책 『외계인 인터뷰』에서 우주의 존재들이 가장 견디기 힘들다는 지루함을 전혀 느낄 수 없는 이곳은 극강의 자극적인 매운맛 지구별이다.

이 매운맛에 어찌나 길들여지고 프로그램화되었는지 일상이 잠잠하면 드라마나 영화를 만들어서라도 그 매운맛을 보고야 만다. 조폭 영화, 범죄 영화, 전쟁 영화를 보면 어떻게 저렇게 잔인함이 화려하고 찬란하게 리얼하고 다채로울 수 있는지 잔인함에 대한 창의력의 깊이와 스펙트럼에 경의를 표하고 싶을 정도이다.

지랄도 풍년이라는 말처럼 잔혹함도 풍년이고 인간은 파괴를 참 창의적으로 잘한다. 창조력을 신나게 파괴하는 데 다 쓰는 것처럼… 그야말로 이 창조력 다 어쩔?이다.

지루함을 견딜 수 없어 파괴를 해서라도 지루하지 않는 것이 최선인가? 인간들은 어쩌다가 이 지경이 되었는가? 지구별에 사는 존재들은 왜 몸을 망가뜨리는 불량 식품 맛에 길들여져서 자신이 매번 죽는 줄도 모르고 죽음을 향해 돌진하는가?

어쩌나 오랫동안 부정적인 감정이 펼쳐내는 모든 체험에 길들여지고 익숙해져 있었는지 부정적 감정을 제거하고 났더니 마치 게임의 주 프로그램을 제거한 수준으로 허전함과 지루함이 밀려와 공황 상태가 올 지경이었다. 반대쪽인 긍정적 감정과 체험의 프로그램은 그야말로 거의 작동되지 않을 만큼 퇴화되어 완전한 불모지처럼 느껴질 정도였다.

그래서 사람들이 지루하고 심심할 때 킬링 타임용 영화나 드라마를 봐서라도 부정적인 감정들을 섭취하는 것이었다. 이 정도면 중독 아닌가? 아니지 반대로 긍정적인 기쁨의 재미에 대해 전혀 정보와 기능이 없는 장애인 수준이라고 봐야 한다.

그러고 보니 부정적인 감정의 표현은 굉장히 세분화되고 다양한데 비해 긍정적인 감정은 표현의 종류도 빈약했다. 혹은 잘 쓰고 잘 체험하지 못하거나.

행복, 즐거움, 기쁨, 환희… 거의 같은 개념의 단어들 같다.

이거 블루오션 아닌가?

그럼 개발해야지! 언제까지 부정적 감정의 매운맛 게임만 할 것인가? 나 같은 영혼은 그 게임이 신물이 나기 시작했고 프로그램 교체와 업그레이드가 임박한 영혼인 것 같다.

저진동 압축 풀기로 어마어마한 양의 쓰레기를 치워 냈더니 안에서 고진동 에너지인 기쁨의 황금덩어리가 나왔다. 그런데 그 덩어리가 너무 크고 옮길 수도 없고 당장 활용도가 너무 떨어지고 이런 걸 처음 봐서 어떻게 사용해야 하는지도 모른다. 일단 황금덩어리와 친숙해져야 하고 실용성 있게 세련화해서 활용도를 높여야 한다. 언제까지 쓰레기만 가지고 놀 것인가? 황금을 가지고 놀아야지! 뭐 이런 심정이 되었다.

그래서 매일 쓰레기(부정적 감정)만 듣고 말하고 생각하고 느끼고 했던 내 모든 체험과 창조의 도구를 사용해서 이제부터는 황금덩어리(긍정적 감정)만 듣고 말하고 생각하고 느끼고를 해보기로 했다. 그게 나의 시크릿이다.

프로그램을 다시 까는 작업이다. 물론 당신이 무의식적 두려움 속에서 매일 근심, 걱정, 불안의 생각과 분노, 고통, 우울의 감정을 체험하며 살고 싶고 그런 삶의 프로그램이 끌리고 그 매운맛이 여전히 지루하지 않고 재미있다면 그 프로그램대로 살면 된다.

그러나 두려움도 고통도 분노도 슬픔도 지긋지긋하다면 기존의 저진동 프로그램을 제거하고 새로운 고진동의 프로그램을 다시 까는 작업을 하면 된다.

저진동 압축 풀기를 해서 두려움 등을 제거했음에도 저항이 올 수 있다. 외부에 좋은 일이 벌어지지 않았는데도 내 감정을 기쁨과 긍정적인 생각에 집중하는 것이 억지스러운 마인드 컨트롤 같고 두려움에 찌든 내 머리는 계속 의심을 하며 나를 비웃고 합리화를 하며 방해를 할 것이다.

이 전쟁에서 승리하길 바란다.

구 프로그램으로 돌아가 부정적 감정의 소용돌이 속에서 지루하지 않게만 살 것인지 새로운 프로그램을 선택해서 그 프로그램을 깔고 뿌리내리게 하는데 성공하고 부정적 감정의 저진동에 찌들어 살아온 우리가 전혀 맛보고 체험하지 못한 기쁨의 신세계를 창조하고 개발하고 행복한 즐거움과 설레임을 체험할 것인지,

선택하고 실천하고 실현하고 체험하면 된다!

(4) 시크릿을 실천하는 비법

● 우주에 맡길 것

고진동 압축 풀기인 시크릿 목록에 넣은 **소원들이 이루어지는 방법, 결과의 형태, 이루어지는 시기는 우주에 맡긴다.** 여기서 우주란 일종의 더 큰 나, 나의 상위자아, 이 지구의 인간 상태에 갇혀 있지 않은 나의 무한

한 의식과 권능의 개념과 같다. 우주는 나보다 훨씬 장대한 전망과 능력을 가지고 있으며 전시안적인 위치에서 나와 연결된 모든 유기적 제반 시스템을 움직이고 가동시킬 수 있다.

여기서 내어 맡김이란 모든 걸 내어 맡기는 것과 다르다. 종교적이고 영적인 의미로 '모든 걸 신의 뜻대로 하소서! 나는 그 어떤 의도도 가지지 않은 채 내게 일어나는 모든 좋은 일이든 나쁜 일이든 다 수용하고 사랑할 테니~.'의 자세로 산다면(당신 안에 카르마인 저진동 압축이 처리되지 않았을 경우) 그야말로 무방비 상태로 쓰레기통 안에서 온갖 쓰레기를 다 끌어당기며 세상 힘든 일들이 내게로만 다 몰려들 수 있다. 마치 신의 시험에 든 것처럼 말이다. 물론 그것이 재미있고 당신이 원하는 체험이라면 그렇게 하면 된다.

그러나 그런 무작위적인 고통이 범벅된 삶이 아닌 내가 원하는 행복과 건강과 부유의 체험을 원한다면 최소한 우주에 방향은 알려주어야 한다. 그리고 나의 의도와 의지를 내가 원하는 방향과 채널에 초점을 맞추고 노력(고진동 압축 풀기 2가지 방법 실천)하며 그 이후의 모든 것, 그것이 이루어지는 방법, 형태, 시기는 우주에 맡기는 것이다. 우주가 더 유능하므로.

시크릿의 방법에는 사념체를 이용한 상상하기 즉 심상화라는 것이 있다. 실제로 끌어당김의 법칙의 여러 가지 방법 중 심상화를 굉장히 중요시하는 전문가들도 있다. 하루를 시작할 때 오늘 펼쳐졌으면 하는 일의 방향들을 미리 머리로 생생히 그려 본다던가, 사업적인 큰 계약건을 앞두고 미리 그 상황을 그리며 계약을 성사시키는 장면을 상상을 한다거나 하는 식으로 심상화를 이용할 수 있다. 그런데 나는 이 심상화 방법을 당신이 굉장히 유연하게 적용하길 바란다.

심상화가 너무 잘되어 당신이 상상하는 모든 것이 그대로 이루어지고 그 과정이 행복하다면 당신은 그 방법을 계속 사용하면 된다. 그리고 예를 들어 당장 시험을 앞두고 있고 그 시험만이 내가 원하는 목적지에 도달하는 유일한 방법이자 길이라면 강력한 심상화를 추천한다.

그러나 내가 이루고 싶은 목표와 결과에 대한 방법을 너무 구체적이고 섬세하게 잡는 것은 때로는 나의 능력과 이룰 수 있는 결과의 크기를 제한하고 장대한 스케일로 모든 유기적 상황들을 움직여 더 큰 결과물을 가져올 수 있는 우주의 기능 또한 제한시킬 수 있기 때문이다.

내 의식이 '이건 이런 식으로 진행되어야만 성공할 수 있어.' 나 '이래야만 내가 행복해.'에 사로잡혀 오히려 더 큰 가능성의 방법과 결과의 형태를 협소하게 제한할 수 있다는 것이다.

이런 식의 시크릿과 심상화는 내가 예상하고 원하는 방식으로 이루어지지 않으면 어쩌지? 에 대한 불안감과 의심 등이 끼어 들 수 있고 실제로 그대로 진행되지 않았을 경우, 좌절감이 생겨 시크릿 자체를 의심하고 포기하게 될 수도 있다.

큰 거래의 계약을 앞두고 있다고 가정할 때, 내가 그 거래를 성사시키는 것이 당장의 돈과 성공을 가져온다는 것은 나의 3차원적(인간적) 제한된 전망 속 판단일 수 있다. 거래가 성사되는 심상화를 하고 그 생각과 감정에 집중할 수도 있지만 나의 경우라면 일이 성사되든 안 되든 결국 그 모든 과정의 결과로 나는 부유하고 행복해질 거라는 생각과 감정에 집중할 것이다.

그렇게 한다면 거래가 성사되어도 좋고 성사되지 않더라도 실망과 좌절감을 느끼지 않을 수 있고 내가 상상하지 못한 방식으로 더 큰 일이 진행되어 당시의 거래가 성사되었을 때보다 더 큰 수익과 성공을 가져오는 일이 벌어질 수도 있기 때문이다. 제한된 인간 안에 갇힌 나의 머리가 아닌 더 큰 우주와 협업하고 우주를 작동시키는 것이다.

외부의 일이 잘되든 내가 생각했던 방식대로 되지 못하든 그것에 대해 판단하고 방법을 찾기 위해 머리를 쓰는 대신 그냥 **어떻게 되든 잘될 거야!**라는 생각에 집중하며 그 모든 것이 다 잘되어서 결과적으로 나를 포함 그 일과 연관된 모두가 행복한 상상을 하는 것이 훨씬 편하고 더 유용하다. 현실적으로 매 순간 특정한 선택과 판단과 결정들을 해 나가야 하겠지만 기본적인 마인드(생각과 감정)를 **어떻게든(그 '어떻게'는 우주가 나보다 더 잘 알고 더 유능하게 진행한다.) 잘될 거야! 그 결과로 나는 행복해~ 우리는 행복해~에 초점을 계속 맞춰 주는 것이 중요하다.**

당신이 알아야 할 사실은 시크릿의 시작부터가 다소 불완전할 수 있다는 것이다. 당신이 원하고 이루고 싶은 소원들 자체가 당신의 열등감, 결핍감, 두려움, 분노 등 처리되지 못한 부정적 감정과 자신이 진정 무엇을 하면 행복한지도 모르는 상태에서 나온 바램들일 수 있다. 그러니 더 큰 그림에서 당신이 원하는 것이 당신이 원하는 형태와 방식으로 이루어지지 않더라도 오직 결과인 행복이라는 생각과 감정에 초점을 맞추어 준다면 당신은 오히려 그 모든 시크릿의 여정을 통해 전혀 생각지도 못한 영역에서 자신의 행복과 꿈을 발견할 수도 있다는 것이다. 우주, 더 큰 당신을 믿어 보라!

내가 상상하는 대로 모든 것이 이루어진다면 처음엔 너무 신기하고 마치 신이나 마법사가 된 것처럼 자신의 유능함을 체험할 수 있겠지만 상상한 대로만 이루어진다면 그런 창조는 곧 지루할 수 있을지도 모른다. 이미 예측하고 있는 일들을 현실로 확인하는 수준이 되는 거니까.

그러나 나에게 분명히 행복한 일들만이 벌어질 것인데 그게 어떤 방식과 형태일지는 모른다면 그보다 행복한 설레임과 가슴 뛰는 재미가 어디 있겠는가?

예측 불가, 상상 이상의 행복한 일이 내 삶을 채운다!

우리는 지금까지 예측 불가의 불행한 일에 절어 살아왔는데 반대로 내가 내면에서 행복한 감정과 생각에 초점을 맞추고 유지할 수만 있다면 내게는 상상 불가, 상상 그 이상의 행복한 일들이 창조되기 시작할 것이다.

나는 인간들이 이 지옥 같은 지구에서 이렇게 카르마 시스템 안에 퍼질러 앉아 있는 이유 즉, 인생은 당연히 고통스러운 것이고 고통이 없으면 행복도 없을 것이고 긴 고통 뒤에 짧은 행복이 더 달콤한 것이며 힘든 일 없이 매일 편하고 행복하기만 하면 재미가 없을 것이라는 무지몽매한 소리를 하는 이유가, 제대로 된 행복에 대한 개념 자체가 없으며 전혀 체험해 보지 못했고 가학적인 고통에 오랜 시간 중독되었기 때문이라고 생각한다. 나 역시 그런 상태로 살아왔고 이제야 마치 너무 사용하지 않아 퇴화된 행복 근육을 키우고 다리를 재활하는 느낌으로 이 여정을 가고 있는 것 같다.

왜 부정적인 감정들은 그토록 발달시키고 가학적인 폭력성은 그토록 창의적인데 행복은 긴 갈등과 고통이 끝나는 짧은 찰나의 지점 정도로밖에 개발되지 못했는가? 우린 모두 고통의 달인, 고통의 천재이자 행복의 장애인, 행복에 대해서는 너무 바보인 것이다.

영적인 신비 체험 후 3년 동안 현실적으로 아무 일도 벌어지지 않았고 '그래서 어쩌라고?'의 상태가 된 나는 명상만 하고 있기에 너무 심심했던 나머지 뭐라도 해 보기 위해 현실 창조를 위한 시크릿 동영상 200번 보기 작업을 했다. 그 내용들을 잊고 싶지 않았고 그 내용들로 내 안의 프로그램을 다시 깔고 싶은 생각 때문이었다. 거기서 말한 대로 A4 용지에 돈이 '시시때때로 들어온다.'를 써서 벽에 붙인 후 열심히 시크릿을 했는데 가장 먼저 벌어진 일은 고향에 계시는 나의 어머니가 새벽 운동을 하다가 뒤로 넘어져 허리가 부러지는 사고였다.

정말 누가 봐도 불상사였고 나는 당시 어머니와 상당히 불편한 사이였기에 마지못한 상태로 부모님을 돌보기 위해 고향으로 내려가게 되었다. 어머니가 치료를 받는 동안 병원에서 나는 어머니와 오랜 대화를 나누게 되었고 40년간 쌓인 고통의 응어리가 해원되는 일이 벌어졌다. 나에게는 기적 같은 일이었다. 나는 그때 우주가 먼저 진행시킨 일의 의미를 알게 되었다. 나는 기쁨에 집중하는 시크릿을 하고 있었지만 내 무의식 어딘가에는 온전히 기쁠 수 없는 너무 오래된 어머니와의 갈등과 고통의 에너지가 돌덩이처럼 저장되어 있었고(현실적으로도 어머니는 전화로 나를 힘들게 하고 있었다.) 우주는 나의 원활한 시크릿을 위해 그 돌이 치워지는 작업을 먼저 일으켜 준 것이었다.

그리고 그 이후 생각지 못한 일들이 계속 진행되면서 1년 후 정말 돈이 시시때때로 들어오기 시작하고 지금까지 창조는 계속되었다. 이 책을 쓰고 있는 것도 내게는 기적이다.

10년 전, 이혼 당시 아이를 두고 나온 고통으로 매일 죽고 싶었던 내가 10년 후인 지금, 사람들로부터(블로그에 글을 써주셔서 감사하고 에너지 리딩 작업을 해 주셔서 감사하고 존재해 주셔서 감사하다.)는 문자를 받고 있는 것도 기적이다.

과거에 육아를 하며 극심한 수면 부족과 산후 우울증의 상태에서 방 안에 앉아 아이를 안은 채 꼼짝도 못 하고 벽만 바라보면서 이러다 내가 미치겠구나 싶어 4절지만 한 크기의 초록 숲의 풍경 그림을 붙여 놓고 그것만 바라보며 버틴 적이 있었다. 그로부터 10년이 지난 후부터는 내 눈앞엔 실제 매일 초록 숲과 산이 펼쳐져 있었다.

나는 더 큰 나인 우주를 믿는다. 내가 집중하는 것이 언젠가는 내 현실이 되는 것도 믿으며 신비 체험 후 3년 동안 아무 일도 벌어지지 않은 체험을 했던 나는 내가 집중하고 에너지를 쏟고 있는 것이 당장 이루어지지 않더라도 그리고 내가 생각하는 시간, 경로, 방식, 형태가 아니더라도 10년, 20년 후에라도 반드시 어떤 식으로든 이루어진다는 것을 믿는다.

포기만 하지 않는다면 기적은 그 끝에서 당신을 늘 기다리고 있다.

● 1만 시간의 법칙

1만 시간의 법칙: 어떤 분야에서 전문가가 되려면 최소 1만 시간의 훈련이 필요하다. 반대로 어떤 분야에 1만 시간을 훈련하면 그 분야의 전문가가 된다. (하루 3시간씩 10년)

내담자분들이 나에게 "저진동 압축 풀기, 고진동 압축 풀기. 이거 언제까지 해야 되나요?"라고 묻는다면 답은 정해져 있다. **될 때까지! 그리고 되어서도 계속!**

나는 당신이 어떤 방법이든 10년은 해 보고, 1만 시간은 해 보고 포기하라고 하고 싶다. 아무리 허접한 방법이라도 1만 시간을 채운다면 그 어떤 변화라도 일어날 것이다. 그만큼 뭔가를 꾸준히 집중해서 시간과 노력

즉 에너지를 쏟아붓는 것이 중요하고 내가 집중한 에너지는 분명히 어딘가에 쌓여서 나에게로 반드시 돌아오게 되어 있기 때문이다.

새로운 사실과 방법을 아는 것 즉 지식이 내 삶을 바꾸는 것이 아니라 그 방법을 실행하고 훈련하는 실천이 내 삶을 바꾼다. 실질적 변화와 체험을 원한다면 **실천만이 답이다!**

안다. 그 실천의 과정이 때로는 지루해서라도 포기하고 싶을 수 있다. 신비 체험을 하기 전 나는 반복되는 인간의 상태에서 탈출하고 싶어 '나는 신이다.'라는 만트라를 하루 3~6시간 했다. 거실을 왔다 갔다 하면서 같은 말을 반복하는데 내가 신이라는 그 어떤 느낌도 없었고 그저 기계처럼 반복했다. 기억나는 건 거실 바닥의 패턴 무늬밖에 없었다. 2년이 지나 에너지가 열리는 체험이 진행되었을 때, 2년 동안 내가 볼 수 있었던 것은 거실 바닥의 무늬밖에 없었지만 내가 뱉은 말의 에너지는 보이지 않는 차원에서 쌓이고 있었고 때가 되면 불현듯 현실차원으로 비집고 나오게 된다는 것을 알게 되었다.

저진동 압축 풀기는 시작도 제대로 하기 어려울 수 있고 시작해도 끝까지 해내기 어려울 수 있다. 실제로 그 과정에서 시작도 제대로 하지 못하고 포기하신 분들과 처음엔 의지에 불타 열심히 하다가 풀수록 더 올라오고 처리할 것들이 많아지는 것을 체험하며 중도 포기하시는 분들도 있었다. 이거 도대체 언제까지 해야 하느냐는 문자들도 종종 받았다.

나는 이 작업이 정말 엄청난 작업이라는 것을 꼭 설명해 주고 싶다.

우리는 지금 거대한 창조의 메카니즘을 통째로 뒤바꾸는 작업을 하고 있다.

전생부터 지금까지 당신이 얼마나 이 지구에 인간으로 환생을 했는지 모르지만 대략 1만 년 가량 인간 삶을 반복해 왔다라고 가정한다면 1만년 동안의 습관을 이번 생 100년 동안 바꾸고 있는 작업이다.

우리는 지금까지 외부에 일어나는 일들에 반응하는 삶을 살아왔다. 외부에서 좋지 않은 일이 일어나면 화가 나고 슬프고 고통받고 두려움에 떨며, 외부에서 좋은 일이 일어나면 기분이 좋고 행복해지는 그런 체험을 반복해 왔다. 외부의 상황에 의해 내면의 감정 상태가 일희일비하며 영향 받고 지배당하는 삶을 말이다.

이런 체험과 창조의 메카니즘을 완전히 바꿀 것이다.

외부의 상황과 상관없이 내가 원하는 감정과 생각에 집중해서 내가 원하는 외부 상황을 창조해 내는 시스템으로 말이다.

이 과정에서 우리는 한 가지 알아야 하는 사실이 있었다.

나를 힘들게 하고 화나게 하는 외부에 일어나는 모든 부정적인 사건들

이 사실은 나의 내면에 저장되고 압축된 부정적 감정이 끌어당기고 창조했다는 사실을 말이다.

그래서 이 부정적 감정의 압축을 풀어내는 것이 선행 작업이 되어야 했다.

부정적 감정의 저진동 압축 풀기 즉 카르마 해소, 업장 소멸의 작업은 정말 장대하고 위대한 대청소 작업이다. 여러분이 1만년 동안 쌓아 온 감정의 쓰레기를 이번 생 동안 풀어내는 작업이다. 이 작업을 10년 동안 해내도 기적이고 이번 생을 다 바쳐 100년 동안 해내도 기적인 작업이다.

몇 개월, 몇 년 해 보고 그만두기엔 아까운 작업이고 이번 생에 해내지 못한다면 다음 생에 이월 될 작업이다.

1만 년 동안 쌓인 저진동을 최소 3년은 풀어 보는 것은 당연하지 않겠는가? 절대 밑지는 장사가 아니다. 1만 년 동안 잘 못 해온 부정적인 생각과 말과 감정들을 더 이상 인류의 집단 무의식에 지배당하지 않고 내가 원하는 방향으로 끊임없이 듣고 말하고 생각하고 느껴 주기를 최소 3~10년은 반복하고 훈련해 주는 것은 결코 밑지는 장사가 아니다. 해볼 만한 에너지 투자다.

예수가 병든 사람들을 치유한 원리는 환자들의 머릿속에 저장된 자신에 대한 왜곡된 상(이미지)와 정보들을 제거하는 방식이었다고 한다. 앉은뱅이의 머릿속에 다리가 펴지지 않고 접혀져 있는 자신의 몸에 대한 이미지적 정보와 나는 앉은뱅이라는 생각, 사념의 정보를 삭제해 버리고 그 자리에 온전한 모습, 다리가 펴진 이미지와 정보를 다시 넣었다. 앉은뱅이는 자신의 다리가 펴지지 않는다는 그 어떤 이미지와 생각에도 집중해 낼 수가 없었고 오직 자신이 건강한 다리로 일어선 모습밖에 그려지지 않았고 그렇다는 생각밖에 할 수 없었고 그렇게 체험이 일어났다. 그렇게 기적이 일어났다.

자, 예수가 일으킨 즉각 치유, 즉각적 기적의 작업을 우리는 1만 시간을 들여 하는 것이다. 1만 시간이라면 가능하지 않겠는가?

내가 태어났더니 유독 위가 약해서 잘 체했다. 나는 내가 위가 약하다는 생각을 갖게 되었고 실제로 그런 일이 종종 일어났고 나는 계속 '내 위는 약해.'라는 생각을 평생 하며 살았다. 내가 그 생각을 30~40년 했다고 해도 소화가 잘 안 되는 순간들에 한두 번 생각했을 것이고 그 생각이 바뀌지 않은 채 고착 된 것일 가능성이 높다. 이제부터 소화가 되든 안 되든 '내 위는 건강해'라는 상상과 생각과 말만 1만 시간 한다면 가능성이 있지 않겠는가?

나는 뚱뚱해~, 나는 무능해~, 나는 가난해~, 나는 못생겼어~, 나는 운이 없어~, 나는 불행해~. 평소에 수 십 년간 내가 가져온 그 모든 생각과 이미지들을 반대로 상상하고 생각하고 말하기를 1만 시간 해낸다면, 가능하지 않겠는가?

나는 날씬해~, 나는 유능해~, 나는 부유해~, 나는 잘 생겼어~, 나는 운이 넘쳐~, 나는 행복해~를 1만 시간 반복해 준다면, 최소한 나를 그 상태로 만들어 주는데 도움이 되는 온갖 방법과 정보들이라도 끌어당겨질 것이다.

론다 번의 『시크릿』 책과 동영상에 등장하는 유방암을 완치한 여성 역시 의사가 유방암 3기라고 진단했으나 자신은 집에 오자마자 하루 종일 **"병이 낫게 해 주셔 감사합니다."**를 입에 달고 살았다고 한다. 그리고 매일 웃기는 코미디 영화를 보며 엄청 많이 웃었다고 한다. 매일 계속 **"병이 낫게 해 주셔 감사합니다."**라고 말했더니 정말 나았다고 여겨지기 시작했고 3달에 걸쳐 암이 완치되었다고 한다.

'나는 암이야.'라는 생각 대신 '암이 나았다.'라는 생각에 집중하고 그게 진짜로 여겨질 만큼 계속 말한 결과이다. 그리고 감정을 암이 실제로 나았을 때의 스트레스 없는 기쁨과 행복의 상태로 유지시킨 결과이다.

1만 시간의 법칙, 내 생각과 감정의 총량이 바뀌는 순간, 과거에 해 왔던 부정적인 생각과 감정의 양만큼 긍정적인 생각과 감정으로 바꾸는 훈련이다. 1만 시간이라면 총량을 압도하고도 남으니 기적은 가능하다.

이 장기전을 포기만 하지 않으면 된다.

1만 시간 동안 내가 "행복하다."라고 말해서 행복해질 수 있다면 해 볼

만 한 것 아닌가? 행복과 성공을 위해 10년~20년을 다니기 싫은 학교도 다니는데 1만 시간 동안 "행복하다."라고 말만 하면 된다. 따로 시간 내지 않아도 되고 다른 일들을 하면서 하면 된다.

나처럼 집중적으로 만트라 작업을 하고 싶은 사람들도 있을 것이다. 나는 이 작업이 입이 아프거나 지루해질 때 랩퍼나 가수들을 떠올린다. 어떤 성공한 랩퍼는 10대 때부터 지하 연습실에 들어가 하루 14시간씩 랩을 연습했다고 한다. 그리고 20대 때 이미 성공했다. 중학생 아이도 14시간씩 랩을 하는데 내가 좋아하는 말 하루 3시간을 못 할까? 하면서 의지를 낸 적도 있었다.

기존의 『시크릿』 책에서처럼 그냥 원하는 것에 집중하고 생각만 하면 쉽게 이루어질 수도 있지만 그게 안될 경우 포기하는 경우도 많다. 그리고 빨리 이루어진 것은 빨리 사라질 수 있다. 외부적 사건들은 본질이 아니다. 감정 에너지가 처리되지 않았다면 일시적으로 빨리 부자가 되고 소원이 이루어져도 그 체험은 다시 처리되지 못한 부정적인 감정 체험들로 이어지기 마련이다.

그러나 내가 제안하는 실천법은 자신의 권능을 잃어버린 인간이 자신의 권능을 찾아 신의 상태를 회복해 가는 느리지만 확실한 작업이다. **마법처럼 빨리 일어날 순 없지만 마법사가 되는 느리지만 확실한 길!** (1만 년에 비해서 10년 투자는 결코 느리지 않음도 알아주길 바란다. 환생을 믿지 않는다면 이번 생 40년간의 부정적인 사고와 감정의 습관에 비해서도 10년은 결코 밑지는 투자가 아니다.)

깨달음을 얻고 구도의 길을 가기 위해 평생을 고행하거나 10년 동안 금욕 생활을 하며 가부좌를 틀고 앉아 있어야하는 방식이 아니다. 1만 시간 동안 당신은 외부에 좋은 일이 벌어지지 않더라도 좋은 생각을 하고 좋은 감정을 느끼는 훈련을 하면 된다. "나는 행복하다."를 1만 시간 동안 말하고 느끼는 수행이다. 얼마나 멋진 수행법인가? 그저 먹기다! 이게 습관이 되면 당신은 외부가 어찌 되든 상관없이 계속 행복할 수 있다. 외부의 그어면 부정적 환영도 당신 안의 긍정적 행복 에너지의 뿌리를 흔들 수 없게 될 것이다.

● 실천 자체에 집중할 것

나에게는 시크릿을 포기하지 않고 실천하는 비법이 한 가지 있다.

내가 집중하는 것이 내 현실이 된다면 내가 원하는 것에 집중을 잘 해내면 된다.

'내가 원하는 생각과 감정에 집중해서 내가 원하는 결과를 끌어당긴다.'

라는 문장이 있다고 가정했을 때 이 문장을 2단계로 나눈다.

1단계: 내가 원하는 생각과 감정에 집중해서
2단계: 내가 원하는 결과를 끌어당긴다.

보통 시크릿을 할 때 우리는 2단계를 최종 목표로 삼는다. 2단계를 최종 목표로 하게 될 경우, 당신은 계속 변화를 체크하며 실망하게 된다. 1단계를 열심히 했는데 왜 2단계가 안 되는 거지? 하며 계속 현실의 변화를 비교하며 변화가 빨리 나타나지 않고 이루어지지 않으면 실망하고 좌절하고 의심하며 포기하게 된다.

나의 경우 1단계를 최종 목표로 삼는다.

현실의 변화가 있든지 없든지 상관없이 지금의 내 현실이 좋든 나쁘든 내가 원하는 긍정적 생각과 감정에 집중할 수 있는 내가 되는 것을 최종 목표로 하고 그것을 잘해 내고 있는지에만 집중하고 체크하면 된다.

현실에 좋지 않은 일이 일어나도 두려움이나 분노가 내가 원하는 감정이나 생각이 아니라면 내가 원하는 행복과 기쁨의 생각과 감정에 집중해 내는 것을 잘해 내면 된다. 그걸 잘해 낼 때 나를 칭찬하면 된다.

이 방법이 내가 시크릿을 포기하지 않고 계속 할 수 있는 비법이다.

실천을 해내는 것 자체에 집중할 수 있다면 그 에너지는 반드시 쌓이고 충분한 임계치의 양에 도달했을 때 현실에 그림자처럼 드러나게 되어 있다.

외부 현실은 내가 집중한 내면의 그림자이다. 내면에 미리 청사진을 그리듯 이루고 싶은 현실을 미리 생각하고 느끼는 작업을 해낸다면 외부에 언젠가는 드러난다.

하늘에서와 같이 땅에서도
내면에서와 같이 외부에서도

당장의 외부적 변화는 오래가지 못한다. 외부는 내면의 그림자이며 거대한 환영이자 매트릭스이다. 내면의 조건 없는 감정창조가 우선이고 사실상 실체다. 당신이 당신의 내면에서 어떤 조건도 없이 행복감을 느끼고 창조할 수 있다면 그 행복은 사라질 수가 없을 것이고 그 행복이 당신의 외부적 모든 환영의 주 프로그램이 되어 행복한 외부적 체험들이 펼쳐지게 만들 것이다.

기존의 시크릿의 방법을 실천하다가 실패한 주변의 사례를 소개해 보려고 한다.

내가 아는 한 지인은 『시크릿』책을 읽고 자신이 돈이 없다는 생각을 버리고 부자인 것처럼 느끼고 행동해야 한다며 고가의 휴대폰을 구입하고 돈을 막 쓰기 시작했고 얼마 가지 않아 통장이 바닥나서 주변에 다시 돈을 빌려야 했다. 이런 방식은 엄청난(마인드 컨트롤급) 정신력이 아닌 이상은 너무 위험한 방식이다. 5%의 현실 의식으로 내가 부자라는 생각에 집중하며 그 감정을 느끼기 위해 실제 부자 흉내를 내듯 돈을 쓰게 될 때, 내 현실에 당장 변화가 없고 통장이 바닥나더라도 나는 부자라는 감정과 생각에 집중할 수 있다면 실천이 지속 가능하겠지만 그렇지 않다면 당신은 바닥이 나고 있는 통장 앞에서 두려움이 건드려져 바로 무너지게 될 것이다.

5%의 현실 의식으로 부자라는 생각에 집중하려 해도 95%의 무의식에 나는 가난하고 당장 돈이 부족하다는 결핍과 경제적 불안에 대한 생각과 감정이 처리되지 못한 채 있다면 시크릿은 작동하지 않거나 오히려 더 가난하게 되거나 혹은 일시적으로 성공하더라도 다시 돈이 빠져나가는 체험을 하게 될 가능성이 높다.

이런 경우를 위해 저진동(돈에 대한 부정적인 감정) 압축 풀기를 먼저 한다면 방해와 저항감을 줄이고 내가 부자라는 생각과 감정에 더 집중하는 시크릿을 할 수 있게 된다.

돈이 없을 때 소비를 마음껏 할 수 없는 것이 일반적이긴 하지만 모든 부자가 사치와 낭비를 하진 않는다. 오히려 일반인들보다 더 검소하고 아끼며 사는 부자들도 있다. 여기서 중요한 것은 단순히 부자이니 돈을 마음껏 써야 된다는 지점이 아니다. 부자가 되기 위해 돈을 마음껏 쓰는 부자를 흉내 낸다는 것은 1차원적인 사고와 접근이다. 돈을 마구 쓰는 부자를 당장 흉내 내기보다 평소에 자신이 가난을 전제로 너무 돈돈돈 하며 짠돌이처럼 생각하고 행동해 온 지점들이 있다면 여유롭게 생각하는 것부터 바꿔야 한다. 내 생각과 감정을 먼저 부유하게 하는 것이 완벽히 되고 실제로 돈이 흘러넘치기 시작할 때 사치와 낭비를 해도 늦지 않다.

그리고 『시크릿』을 비롯 자기계발 서적을 통달하며 온갖 방법을 실천해 보고 호오포노포노나 시크릿을 너무 열심히 실천한 나머지 이런 종류의 방법들과 실천 자체에 이미 지치고 질려 버린 상태도 있다.

나의 남편 푸초님의 경우, 실제로 시크릿으로 2년 만에 수억을 벌었는데 그 돈을 잘못 투자해서 한순간 날려 버리는 체험을 했다. 이것은 전형적인 시크릿의 한계를 보여 준 사례다. 돈에 대한 두려움과 불안, 상처나 고통, 원망 등의 감정이 처리되지 못한 채 열심히 시크릿을 한 결과 모은 돈은 한순간에 날아가 버린 것이다.

푸초님은 나를 만나기 전부터 시크릿을 지독하게 열심히 해 왔었다고 한다. 사업상 계약건이 있는 전날 밤 명상을 통해 완벽히 거래가 성공하는 심상화를 진행시켰고 그것은 백발백중이었다. 그리고 자신의 몸속 혈관을 타고 돈이 흐른다고 이미지를 그리며 신학대를 나온 그가 아는 모든 찬송가에 주님 대신 돈을 넣어 찬송가로 돈을 찬양할 정도로 매일 돈이 들어오는 상상과 함께 입으로 돈을 외쳤다고 한다. 그런데 돈이 갑작스레 많이 벌리게 되고 점점 여유가 생기자 시크릿 작업들을 게을리하게 되었고 급기야 벌어서 재투자한 돈들은 증발하듯 날아갔다.

푸초님은 자신이 했던 시크릿 방법을 다시 하라고 하면 못 할 것 같고 너무 힘들어서 다시는 그렇게까지 하고 싶지 않다고 했다. 간절함과 절박함이 강력한 의지와 동기가 되지만 과도한 의지로 실천하는 과정을 고통으로 만들면 안 된다. 고통스럽게 하면 싫어도 해야 하는 억지스러운 숙제가 되고 지치고 진절머리가 나게 되고 힘든 시크릿이라는 방법을 실천하는 행위를 더 이상 하지 않아도 되는 때를 꿈꾸게 된다. 시크릿의 실천이 고통이 되면 안 된다.

물론 목표를 향해 뭔가를 이루기 위해서 의도를 갖고 노력을 해야 되는 지점이 있다. 그러나 의도를 갖고 노력은 하되 스트레스 받지 않고 즐기면서 실천할 수 있는 법을 터득해야 한다. 그렇게 포기하지 않고 오래 실천해서 매일 밥 먹고 숨 쉬고 잠자는 행위처럼 자연스러운 습관이 되면 된다.

마라톤과 같은 장기전의 여정이며 속도를 내고 싶다는 본인의 욕심만 없다면 정해진 시간도 없고 끝까지 완주만 해내면 되는 작업이다. 그러니 힘들 땐 쉬어 가고 힘이 날 땐 달려가고 가고 싶지 않을 땐 게으름 피며 잠시 멈추어도 좋다. 실천을 열심히 하지 않는다고(그조차도 이유가 있으니) 자신에 대해 너무 실망하고 자책하고 그렇게 해서 완전히 포기해 버리지 말고 그냥 온전히 게으름을 체험하라. 그 모든 것을 허용하라. 그러면 또 힘이 나는 순간이 온다. 포기만 하지 않으면 된다.

참! 가장 중요한 주의 사항이 있다. 나의 실천에 대해 외부의 상황을 체크하며 '왜 빨리 이루어지지 않지?'에 신경 쓰고 집중하지 말아야 한다. 당신이 '왜 안 되지?'라는 것에 집중하는 순간, 지금까지 해 왔던 시크릿의 실천들이 다시 도루묵이 된다는 것을 알면 그런 생각을 할 수가 없을 것이다. 당신이 '왜 안 되지?'라고 외부에 집중하는 순간 앞으로 저었던 노를 뒤로 젓게 되어 다시 제자리가 되어 버린다. 잘 안 되는 상황에서 '모든 게 잘되었다!'라는 결과에 집중하기 어렵다면 '다 잘될 거야! 잘되려고 이런 일이 벌어지고 있는 거야. 이 일이 기회가 되어 더 좋은 일들이 펼쳐져 갈 거야. 우주가 뭔가 대단한 것을 준비하고 있는 모양이다.'라고 생각하라!

또 한 가지, 절대로 타인의 상태와 비교하면 안 된다. '저 사람은 금방 뭔가를 해내고 이루는데 왜 나는 안 되지?'라는 비교 평가는 금물이다. 절대적으로 나의 상태와 나의 여정에만 집중하면서 가야 한다. 각자의 출발 지점, 치루어 내고 처리해 내야 하는 전반적 모든 상태와 상황들이 다르고 저진동 처리와 고진동 활성화의 속도와 순서들이 달라서 당장 벌어지는 변화들로 그 모든 것을 장담할 순 없다. 모든 것이 끝날 때까지 끝난 게 아닌 형태로 진행되니 타인에게든 나에게든 좋은 일이 일어나든 나쁜 일이 일어나든 나의 내면(생각과 감정)의 상태에만 집중하고 잘 관리하며 이 여정을 완주해 내는 것이 중요하다.

그리고 명심하라!

우리는 지금 시크릿을 해서 부자가 되고 현실을 변화시키는 것이 목적이 아니다. 내 현실이 당장 부자가 되지 않고 변화가 없더라도 혹은 부자가 되고 어마어마한 변화가 생기고 기적들이 펼쳐지더라도 모든 순간, 오직 내 안의 감정과 생각을 내가 원하는 부유, 행복, 건강, 기쁨 등에 집중할 수 있는 존재 상태를 만드는 것이 목표이며, 그런 존재 상태가 당신의 현실을 창조하도록 바꾸는 거대한 프로젝트를 해내고 있는 것이다.

마법처럼 빨리 일어날 순 없지만 마법사가 되는 느리지만 확실한 길!

뭔가를 해서 마법처럼 단 며칠 혹은 몇 달 만에 쉽게 이루어진 것이 몇 년 후에 사라지는 것보다 당장 일어나진 않지만 몇 년에 걸쳐 내 감정과 생각을 자유자재로 창조에 쓸 수 있는 확실한 마법사의 상태가 되어 그때부터 마법을 부리는 삶이 낫지 않을까?

나에게 오시는 내담자분들 중 아직 고진동 압축 풀기의 단계에 제대로 진입하신 분들이 많진 않지만 에너지 작업을 받고 호포노와 저진동 압축 풀기를 하는 과정에서 이미 여러 가지 좋은 일들이 벌어지면서 감사와 기쁨의 흥분이 담긴 문자들이 올 때가 있다. 너무 다행이고 기쁘고 축하하고 감사할 일이지만 혹여나 다시 좋지 않은 외부적 사건이 일어나더라도 오직 자신이 원하는 긍정적인 생각과 감정에 집중해 내는 훈련을 할 수 있길 바란다. 저진동 압축 풀기가 완벽히 진행되고 고진동 압축 풀기가 완벽히 자리를 잡아 창조의 프로그램이 완전히 바뀔 때까지 시간이 충분히 필요하기 때문이다.

외부의 상황이 좋을 때나 나쁠 때나, 내가 부유할 때나 가난 할 때나, 건강할 때나 아플 때나, 행복하고 부유하고 건강한 생각과 감정에 집중할 수 있다면 당신은 당신의 감정과 생각을 스스로 지배하고 창조에 잘 이용하고 있는 기쁨의 창조자이자 이미 '신'이다.

(5) 행복한 부자가 되는 법

부자인데 행복하지 않는 경우는 크게 2가지다. 돈을 벌어도 통장은 채워지나 마음이 채워지지 않을 경우와 그 돈으로 인해 번잡하고 불행한 일들이 생기는 경우.

● 내면의 기쁨과 부유를 구축하라(feat. 외부)

당신이 20평대 아파트에 살다 30평대 아파트로 옮겼을 때 '와~ 넓고 좋다'의 느낌은 길어야 몇 달이다. 당신의 감각 기관들은 이미 그 공간에 익숙해지고 무뎌져서 처음의 상대적 만족감은 퇴색되어 간다. 당신이 월 200만 원을 벌다가 500만 원을 벌게 되면 '와~ 엄청 여유가 생겨 좋다.'의 충만감도 매달 500만 원이 1년 이상 들어오게 되면 그 500만 원은 당연한 게 되고 500만 원에 맞춰 씀씀이와 원트들은 커져서 200만 원 벌 때와 똑같이 부족한 상황이 생기기도 한다. 500만 원 벌다가 월 1000만 원이 들어온다면 그 1000만 원마저도 1년 이상 지속되면 당연하게 되고 익숙해져서 처음의 충만감과 부자가 된 듯한 느낌은 퇴색되어 간다.

자산이 몇백억, 몇천억, 몇조가 있는 부자들은 어떨까? 내가 몇조가 있어 본 적은 없지만 상상할 수 있다. 그들은 이미 자신이 보유한 돈에 익숙해져 있고 당연한 것이 되어 매일 매 순간 '나는 부자라서 행복해.'라는 감정과 생각의 상태에 있지 않다. 돈은 더 이상 그들에게 흥분과 기쁨의 자극이 되지 못한다. 우리와 똑같이 작년도 매출 성적과 올해 매출 성적, 수익률을 비교하며 낙담하거나 안심하거나 그 외에 사업체와 가족과 여러

가지 일들과 인간관계의 문제들로 스트레스의 종류가 다를 뿐 일상의 빡침, 답답함, 성가심, 배신, 원망, 모욕감, 고통, 우울 등을 체험할 것이다.

나는 돈이 없어 비싼 스테이크도 못 사 먹는데 저 사람들은 얼마나 좋을까?라고 부러워하지 않아도 좋다. 그들은 돈이 없어 스테이크를 사 먹어 보지 못한 적이 없기 때문에 스테이크를 사 먹을 수 있는 행복감을 체험하지 못한다. 혹은 스테이크를 사 먹어 보지 못한 상태에서 돈을 벌어 사 먹는 행복을 체험해 보았더라도 지금쯤은 그 행복마저 사라졌을 테니.

당신이 나는 이래저래 해서 불행한데 저 사람은 이래저래 안 해서 얼마나 행복할까?라는 생각은 만고에 오류다. 그들은 당신이 처한 불행과 결핍의 상태를 전혀 모르기 때문에 그 '얼마나 행복할까?'가 성립될 수 없다. 다만 당신이 처한 불행과 결핍을 체험하지 않는 상태일 뿐이지 그 상태가 그 사람에게 곧 행복감의 상태는 아니기 때문이다.

지나가는 백수가 당신에게 월 200만 원을 버니 얼마나 행복한가요? 하는 거랑 같다. 내가 200만 원을 버니 행복하다는 생각을 하고 살았나 싶을 것이다. 속으로 오히려 '지옥 같은 직장 생활하면서 겨우 200만 원밖에 못 버느니 차라리 백수가 부럽다.'라고 생각할 수도 있다. 아이 때문에 힘든 부모가 당신에게 "아이가 없으니 얼마나 행복한가요?" 하는 거랑 같은 것이다. 뜬금없지 않은가?

행복 비슷한 것을 느낄 수 있는 방법은 있다. 돈을 못 버는 백수의 상태에 잠시 이입해 보는 것이다. '내가 저 백수의 상태라고 생각하니 끔직해서 저 상태가 아닌 내가 상대적으로 더 낫게 생각되어 다행이다. 이게 더 행복하다.'는 식으로.

부자들이 행복을 느낄 수 있는 방법은 가난한 사람들을 보며 상대적 안도감과 풍족함과 우월감을 느낄 때일 수 있다. 그런데 이런 방법을 써서 행복감을 느끼는 부자들이 얼마나 되겠는가. 자연스럽게 일상의 특정한 상황에서 그런 느낌이 들 때가 있으면 몰라도. 반대로 부자들이 보이는 것은 자신보다 더 큰 부자일수도 있다. 500억 자산가가 되니 천억 자산가와 자기가 비교되고 천억 자산가가 되니 조 단위의 자산가와 비교되어 자신이 상대적으로 열등하고 가난하게 느껴지는 체험을 하고 있을 수도 있다.

외부의 조건들을 통해 내가 내적 감정을 충족시켜 왔다면 외부적 조건에 금세 익숙해져 버리는 내적 감정의 크기를 늘리기 위해 외부의 조건들의 크기를 계속 늘릴 수밖에 없다. 끝이 없게 될 수 있다. 더 놀라운 것은 외부적 조건들을 아무리 늘려도 내적 감정이 채워지지 않을 수 있다는 것이다. 더욱 무서운 것은 내가 재산이 천억인데도 그 상태가 10년 이상 지속되면 그 사실이 더 이상 나에게 아무런 감흥을 주지 않고 지루해지기까지 할 수 있다는 것이다. 게다가 재산이 그 지경이라도 내면에 처리되지 못한 부정적 감정의 압축이 체험을 불러오기 때문에 골치 아픈 일들과 스트레스가 이만저만이 아닌 천억 자산가가 된다는 것이다. 술을 먹고 마약을 하고 자살을 하고 중독이 일어난다.

내가 10대 때 읽은 오쇼 라즈니쉬의『행복론』에는 이런 말이 나온다.

'행복에 조건이 있다면 그것은 행복이 아니다.'

조건이 사라지면 사라질 행복은 행복이 아니다. 일시적 만족감일 뿐.

이런 만족감의 행복을 위해서 당신은 살아가는 내내 행복의 조건을 외부에 만들기 위한 사력을 다해야 할 것이다. 그러나 앞에서도 설명했다시피 본질적으로 무엇을 하면 내가 행복한지, 상대방이 행복한지 잘 모르는 상태로 그 모든 사력이 진행되니 나중엔 허무함만이 남을 수도 있다. 무엇을 위해 내가 이토록 열심히 살았단 말인가?

우리의 목표는 조건 없는 내적 행복감 그 자체여야 한다. 내가 행복하기 위해 그 일을 하는 것이 아니라 내가 이미 행복한 상태여서 그 일을 하게 되는 것이야 한다. 그렇게 되면 내가 천억이 없어도 행복하고 천억이 있어도 행복하게 된다. 나는 원래 행복한데 그 결과 천억이 생긴 것뿐인 것이다. 나의 행복은 천억이 있고 없고에 영향받지 않는다. 그저 원래의 나의 행복감을 천억이 거들 뿐!

● 나의 성공이 타인에게 상처가 될 수 있음을 알라(feat. 복수)

'천억신사랑해.' 시크릿 주문과 창조 명상 방법에 대한 나의 설명을 듣고 한 내담자가 잠시 생각하더니 불안한 표정으로 이렇게 물었다. "천억이 있다고 가정하면 부모님이나 가족들에게 얼마를 줘야 할까요? 이 부분을 생각하니 벌써부터 머리가 아파 오는데요." (정말 현실적인 상상 아닌가?)

나의 답은 "천억이 있다는 것을 아무에게도 알리지 마세요."였다.

이것은 내가 이기적이 되라는 것과는 다른 차원의 이야기다. 돈이 나와 관련된 사람들과의 평화와 행복을 깨뜨리지 않게 하기 위함이다. 나에게 엄청난 액수의 돈이 생기면 많은 것들이 해결되고 이 돈을 가지고 내가 아는 모두와 행복해지는 상상을 하겠지만 그렇게 될 가능성보다 그렇지 못할 위험성이 더 크다. 실제로 로또에 당첨되었다가 가족들이 자신에게 왜 이것밖에 주지 않느냐?며 분란이 일어나 더 갈등이 생기며 불행해지는 사례들도 종종 있다.

돈을 다루고 쓰는 데는 지혜가 필요하다. 그리고 그에 앞서 사람들의 심리 상태에 대한 이해가 필요하다. 기대가 생기면 서운함, 상처, 고통이 수반될 수 있다.

예를 들어 당신이 월 천만 원을 번다고 할 때(그 사실을 자랑하고 싶은 게 아니라면) 다른 사람들에겐 2~3백 정도를 번다고 알리는 게 삶이 편할 것이다. 당신이 월 천만 원을 벌면서 남들에게 50만 원의 돈을 쓸 때와 2~3백을 벌면서 50만 원을 쓸 때, 전자는 당연하게 여길 수 있고 후자는 미안할 정도로 고맙게 여길 수 있다. 당신의 재산에 따라 나와 관련된 타인들의 돈에 대한 체험이 달라진다. 같은 돈을 타인에게 쓰면서도 내 돈에 대해 타인이 당연하게 생각하거나 오히려 서운하게 생각하는 일이 벌어질 수 있고 반대로 그 누가 주는 돈보다 고맙게 생각할 수도 있게 되는 것이다. 그것은 기대가 다르기 때문이다. 그리고 당신의 재산이 알려지는 순간 당신에 대한 기대가 높아지고 그야말로 돈에 대해 당신이 기대했던 것과 다른 힘든 체험들이 진행될 수 있다. 당신의 재산을 알리지 않는 것이 남용과 서운함이 일어나지 않고 돈을 주는 사람도 돈을 받는 사람도 감사하고 행복한 체험이 일어나기 위한 일종의 지혜다.

당신은 성공한 부자가 되어 타인의 부러움을 받으며 존재감을 얻고 싶을 수도 있다. 그러나 당신이 알아야 할 또 다른 사실은 당신의 성공과 부가 타인에게 상처가 될 수 있다는 것이다.

과시하지 않고 드러내지 않음의 겸손이 단순히 미덕이어서 겸손해야 되는 것이 아니다. 그 안에는 타인이 받을 불편함과 상처에 대한 배려가 들어 있다. 나 역시 이 사실을 깨우친 것이 몇 년 되지 않는다. 내가 인간의 상태에서 벗어나 초탈을 하고 싶고 지구별을 떠나고 싶은 이유 중 하나는 나라는 존재가 누군가에게 상대적으로 상처가 되는 될 수 있다는 사실이 너무 슬프기 때문이다. 지구별의 인간들은 내가 부족하고 못나도 상처가 될 수 있고 내가 유능하고 잘나도 그 자체에 상처를 받는구나…를 알고 내가 이 별에서 퇴장해 주고 싶은 생각이 들었다.

부러움의 감정과 질투는 한 끝 차이다. 사촌이 땅을 사면 배가 아프다는 속담은 너무 정확한 표현이고 사실상 우리 안에서 그 감정이 자연스럽게 진행된다. 누군가 나보다 잘 되고 부자가 되고 성공했을 때 부럽지만 속으로 씁쓸해지는 상대적 패배감과 박탈감이 정도의 차이가 날 뿐 누구나 있을 수 있다. 부러움의 강도가 강해서 내가 받은 상처가 크게 될 때 부러움은 공격성을 띠게 되고 그것이 바로 질투라는 뒤틀린 감정이 된다. 내가 너무 아프기 때문에 상대방을 아프게 하고 싶은 것이다. 『신과 나눈 이야기』라는 책에서 '공격은 도와달라는 외침'이라고 했다.

누군가 나의 부와 성공에 대해 공격적인 질투를 보인다면 그는 나로 인해 심한 내상을 입었다는 뜻이고 도움이 필요할 정도로 힘들다는 신호다.

내가 억지로 겸손해야 해서 나를 과시하고 드러내지 않는 것은 힘들 수 있지만 나로 인해 누군가가 정말 상처받을 수 있다는 것을 알면 자제와 겸손을 선택하기 쉬울 수 있다. 그렇게 되면 당신은 당신의 부와 성공을 노골적으로 자랑하지 않는 것만으로도 타인에게 상처를 덜 줄 수 있고 그에 따른 온갖 시기, 질투와 교묘한 공격들의 체험을 피할 수 있을 것이다. 사실 이 자체가 엄청난 카르마적 체험이다. 유명인들이 겪는 대부분의 피로한 삶이 바로 이런 카르마적 체험인 것이다.

이것은 변외의 이야기지만, 나에게 오시는 내담자분들이 누군가에게 크게 상처받고 그 상태에 오랜 시간 지배받으며 무기력해져 있는 모습을 볼 때 내가 해 주는 설명이 있다.

나의 성공이 누군가에게 상처가 될 수 있기에 반대로 시도해 볼 수 있는 일이 한 가지 있다. 바로 복수다. 누군가에게 복수를 하고 싶을 때 나의 성공만 한 것은 없다. 누군가에게 너무 큰 상처와 배신, 고통을 받아 나의 삶이 무너졌을 때 그 사람을 당장 파괴하고 죽이고 싶겠지만(죽이면 죽는 순간 잠깐 고통스러울 뿐 그 사람이 평생 받을 고통이 끝나 버린다. 오히려 휴식을 준 셈이다. 그리고 나는 감옥에 가야 한다. 그는 육체를 떠나 편히 쉬고 있는데 나는 평생 감옥에 갇혀 있다. 누구에게 좋은 것인가?) 그렇게 상대방을 짓밟아 망하게 해서 낮추는 것보다 내가 그보다 월등히 높아지고 성공해 버리면 된다. 그가 상대적 박탈감과 열등감과 후회로 배가 아프고 속이 쓰려 평생 내적 고통을 받다가 죽게 하는 것이 훨씬 효과적이고 나는 평생 누군가를 미워하는 감정이나 복수심에 집중하지 않고 나의 성공과 행복에 집중하며 살 수 있는 것이다. 이것이 진정한 복수다!

그리고 나를 가해한 사람이 겉으로 보기에 아무런 걱정 없이 멀쩡히 잘 사는 것 같아 보일지라도 안심하시라. 이 세상에 몸을 입고 살아 있는 사람들 중에 걱정거리가 없어도 걱정에 집중하지 않고 행복에 제대로 집중하며 살 수 있는 사람은 거의 없기 때문이다. 인간들은 두려움을 바탕으로 한 부정적 감정 프로그램에 지배당한 채로 걱정을 사서라도 하며 걱정에 특별히 집중하지 않는다고 하더라도 그 상태가 곧 행복에 집중하고 있는 상태도 아니며 특별히 훈련하지 않는 이상 제대로 행복에 집중할 수도 없기 때문이다. 그들은 이러나저러나 온전히 진실한 행복 근처에도 가지 못할 테니 당신은 오직 당신의 행복에 집중하며 자신을 진실로 행복할 수 있는 존재로 만드는 데 집중하면 된다.

일단 성공한 부자가 되어 타인이 상처받을 정도로 과시하지 않으며(상처받아 시기 질투하는 사람들의 뒤틀린 심보 자체가 문제라고 말할 수 있겠지만 이 지구에는 그런 불쌍한 사람들이 많다는 것이 더 문제다.) 그저 자신의 내면의 행복에 집중하며 살다 보면 행복한 부자도 될 수 있고 나의 성공과 행복을 알게 된 그 사람에게 복수는 덤이다.

내가 예수라면, '원수를 사랑하라!' 대신 **'원수에게 복수하라! 나를 사랑하는 것으로'**라고 했을 것이다.

예수는 하느님 아버지께 '저들은(인간들) 알지 못하나이다.'라고 보고했지만 예수 역시 지구의 에너지적 환경과 인간들의 상태에 대해 잘 알지 못했다고 본다. 예수는 아마도 지구와 다른 고진동 행성에서 온 존재일 가능성이 높다. 그곳은 고진동의 고차원 천사들만이 존재했을 것이며 사랑과 기쁨이 온통 가득 채워진 에너지 환경이었을 것이다. 그래서 예수는 원수도 사랑할 만큼 깊은 사랑은 알고 있었지만 실제로 원수를 체험한 적이 없었을 것이기에 원수를 사랑했을 때 벌어질 수 있는 일에 대해서는 잘 알지 못했을 가능성이 높다.

그런 예수는 지구(우주의 극악무도한 사이코패스와 범죄자들이 득실거린다고 하는)에 와서 "오른쪽 뺨을 때리거든 왼쪽 뺨을 내 미시오." 하고 가르치다가 자신이 사랑한 원수로부터 십자가에 못 박히는 체험을 당했다.

『레미제라블』이라는 소설에는 주교가 자신의 은식기와 은촛대를 훔친 장발장이 경찰에 잡혀 왔을 때 장발장이 훔친 것이 아리라 자신이 준 것이라고 말해 주는 장면이 있다. 그런 주교의 포용과 사랑에 대해 장발장처럼 주교의 고진동 에너지에 공명되어 가난한 자들을 돕는 훌륭한 사람으로 거듭날 수 있는 사람들이 이 지구에 얼마나 될까? 귀감이 되어 소설화될 만큼 소수이다.

이 우주에는 다양한 수준의 의식과 체험이 존재하고 사랑의 개념과 종류도 다양하다. 종교적 프레임 속에서 예수의 체험을 인류에 대한 숭고한 사랑과 희생으로 해석하고 체험할 수 있다. 그런 해석과 예수를 닮고 싶은 마음과 그 체험 또한 존중한다. 그리고 주교와 장발장 같은 사람들이 주는 희망을 짓밟고 싶은 마음은 없다. 그런 사람들이 분명히 이 사회에는 존재하므로 이 사회가 살만하다는 생각과 체험 또한 존중한다.

그러나 문제를 해결하려면 사태를 잘 파악하고 분별해야 한다. 지구가 현재 이 지경이 된 이상은 모든 걸 이해하고 용서하고 포용하고 희생하는 사랑이 과연 인류에게 도움이 되었는가?에 대해서 말이다. 그런 사랑을 온 종교와 성인들이 강조하고 가르쳐 왔는데 그런 형태의 사랑법 자체에 오류가 있거나 이 지구의 인간 상태에는 맞지 않았던 것은 아닐까?

나는 무엇이 옳고 그름을 떠나 에너지 균형과 효율성을 기준으로 접근하고 있다. 지나친 배려와 희생은 다른 한편으로 지나친 남용과 가해를 일으킬 수 있다. 거대한 희생 자체가 이미 거대한 에너지 불균형이다. 예수는 십자가에 못 박히는 체험을 창조하며 동시에 십자가형을 감행한 사람들이 누군가를 십자가에 못 박는 체험을 하게 만들어 버렸다. 이것은 또 하나의 카르마가 된다. 지구의 체험 또한 거대한 가해자와 더 거대한 피해자들의 끊임없는 갈등과 혼란의 연속이다. 그 속에서 분노, 억울함, 고통의 감정 체험이 폭발하고 있다.

나는 과거에 세상 사람들을 모두 이해하고 사랑하고 싶었고 그런 사람이 되는 것이 꿈이었던 사랑병 환자였다. 그런 나는 35살 이혼을 하며 모든 사랑에 종지부를 찍었고 내가 사람들에 대해 얼마나 무지하고 스스로 사랑에 대한 제대로 된 개념과 능력도 없으면서 오만을 부렸는지 처절하게 깨닫게 되었다. 그야말로 내 코가 석 자였다.

나는 내가 가진 사랑의 개념부터 다시 돌아보게 되었다. 무엇이 어디서부터 잘못되었는가? 내 인생은 왜 이렇게 사랑을 하다가 지치게 되었는가? 내가 가진 가장 위대한 사랑의 개념은 '나는 어떻게 되든 상관없어. 내가 사랑하는 사람들이 행복하면 난 행복해. 그게 사랑이야.'였다. 다 좋은데 이 부분이 문제였다. '나는 어떻게 되든 상관없어!'

이 전제 때문에 내 인생은 정말 내가 어떻게 되든 상관없는 역할자들과 상황이 끌어당겨지고 창조되었음을 알게 되었다. 당신은 당신이 무의식적으로 가진 모든 사랑, 행복, 성공 등에 대한 개념을 깊이 점검해 볼 필요가 있다. 그 개념들 안에 어떤 잘못된 혹은 불균형적인 전제들이 깔려 있는지. 우주는 너무도 정확하여 당신이 지닌 전제인 받침 생각을 창조하도록 돕는다.

행복과 성공을 위해서는 반드시 고통을 감내하고 극복해야 한다는 생각을 가지고 있다면 행복과 성공 전에 혹은 그 이후로도 감내하고 극복해야 할 고통들이 계속 오게 될 것이다.

원수를 사랑하라는 예수의 가르침을 체험하기 위해 당신은 원수부터 창조해야 될 것이다. 원수가 있어야 원수를 사랑하는 체험이 가능하니 말이다. 그래서 우리 주변엔 원수 같은 남편, 아내, 자식, 친구 천지다.

종교가 인간들의 의식 성장과 깨어남을 방해한 지점은 이것이다. 기본적으로 두려움을 심어 위축시키고 외부의 신에게 집중시킴으로서 자신 안의 신성과 권능에 대한 그 어떤 이해와 접근도 막아 버렸다. 붓다는 인생이 고(苦)라고 하며 고통을 당연하게 여기도록 만들어 고통의 감정을 압축시켰고 예수는 원수를 사랑하라고 하며 분노의 감정을 압축시키는 데 공헌했다. 두려움과 열등감과 고통과 분노의 감정은 지금까지 아니 지금 시대에 최고조로 인간 삶의 주 프로그램이 되어 인간들의 체험을 끌어가고 지배하고 있다.

당신이 원수까지 사랑하는 대단하고 위대한 사랑을 할 수 있는 특별한 사람이 되고 싶다는 에고의 욕구를 가진 게 아니라면 그리고 존재감을 얻기 위해 위대한 사랑의 행위 자체에 빠져 사랑을 위한 사랑을 하듯 자신의 사랑을 관철시키는 체험에 빠진 게 아니라면.

무조건적인 희생이나 사랑이 아닌 부디 자신부터 사랑하며 에너지 균형을 잡길 바란다.

원수를 사랑하기 위해 화병이 나고 암이 생기고 몸에서 사리가 나오도록 자신의 감정을 억압하는 대신 누군가를 미워하고 증오할 수 있음을 허용하고 분노와 원망과 고통을 저진동 압축 풀기로 처리하고 정화하며 자신을 사랑하는 법을 배우고 성공을 통한 복수를 할 수 있었다면 이 지구에는 증오 범죄와 살인과 전쟁이 훨씬 줄었을지도 모른다.

감정의 억압은 잠재적 범죄자들을 만든다. 인간의 삶이 분노와 고통으로 남을 죽이거나 나를 죽여 가는 과정이 되어 버린다.

(6) 저진동 & 고진동 압축 풀기 효과

● 내면의 행복에 이르다
'내 기분은 내가 결정해! 나는 오늘 행복으로 정할래!'가 될 수 있다면?

오늘은 왠지 기분이 우울해서, 오늘은 왠지 기분이 좋아서 그 기분에 내가 맞춰지고 끌려가는 것이 아니라 혹은 기분 좋은 외부의 일들이 일어나서, 기분 나쁜 외부의 사건이 터져서 그 기분에 내가 지배당하는 것이 아니라, 내 기분은 내 것이고 내 기분을 결정하는 것은 내 의식과 내 의지가 될 수 있다면 어떨까?

옛날, 옛날 먼 옛날, 당신은 이런 상태로 살았던 시절이 있었을지도 모른다. 이 지구별이 아닌 다른 별에서… 기억을 더듬어 보라. 당신에게 지구별이 익숙하고 행복한가? 혹시 이 별이 적응하기 힘들고 낯설고 고통스럽고 답답하고 슬픈 눈물의 별로 체험되는 곳은 아닌가? 늘 이방인 같고 내 별나라로 돌아가고 싶게 만드는 별은 아닌가?

돌아가고 싶은 내 별나라에서 당신은 당신의 기분을 당신 스스로 정하고 그 기분을 하루의 프로그램으로 셋팅해서 체험했을 수 있다. 그게 가능한 별이었을 것이다. 당신의 가슴에서 선택한 행복감이 제대로 뿌리내리고 셋팅되어서 오늘 하루를 당신이 설정한 행복 감정의 프로그램으로 그 별에서 당신은 살 수 있었다. 당신이 선택한 행복 감정 프로그램을 당신의 별은 충분히 지원해 주고 오히려 증폭시켜 주는 기능까지 있었을 것이다. 저차원 눈물의 별과 반대되는 고차원 기쁨의 별에서 당신이 왔을 가능성을 생각해 보라.

그런 별에서 살다가 무슨 일이 벌어졌는지 저주를 받은 듯 지구별로 떨어져 버렸다. 『외계인 인터뷰』라는 책에서는 지구를 우주의 모든 극악한 범죄자들을 심어 놓은 감옥별로 묘사하고 있는데 내가 살아 보니 여기는 그야말로 지옥이다. 이미 인류의 집단 무의식에 깔린 감정 프로그램 자체가 지옥만을 재생산되게 만들어 놓은 벗어날 수 없는 지옥이다. 그 지옥 속에서 인간들은 90%의 고통과 눈물 속에서 어쩌다 겨우 체험되는 10%의 행복으로 버티고 있었다.

그리고 지구인들은 행복이 뭔 줄도 모른다. 지옥 속에 너무 오래 살다 보니 이 상태가 당연한 줄 알며 자신이 지옥 속에 있는 줄도 모른다. 인류가 가지고 있고 접근할 수 있는 행복의 개념은 우주적 무한한 행복에 비해 개념 자체의 수준이 현저히 떨어지며 굉장히 질이 낮고 협소한 개념이다.

다음은 나의 첫 번째 책에 소개된 **〈행복의 개념〉**에 관한 부분이다.

[저들은 행복합니다. 인간들은 지금 저 상태로 너무나 행복합니다. 제가 저들의 저런 행복을 위한 체험의 장인 지구를 변형시킬 하등의 이유가 없어 보입니다. 저는 저들이 저렇게 행복할 수 있도록 내버려 두고 싶습니다.

(신비 체험 중)우주의식은… 내게 답했다.

너희는 행복이라는 것이 무엇인지 알지 못한다.
지금 인류가 체험하고 있는 행복이라는 것은
이 우주상에 존재 하는 행복의 개념 축에 끼지도 못할 만큼
저급하고 조잡하고 제한된 감정과 제한된 질의 행복이다.

인간인 너희가 상대계적 지구에서 체험하고 있는 행복이란

그저 불행과 고통의 상대적 개념으로서의 행복,

배가 너무 고픈 상태에서 그 배고픔이 해결되면 느껴지는 수준의 만족감,

결핍된 것들이 채워질 때의 일시적 충만감,

극도의 스트레스가 해결되는 순간의 일시적 해소감,

건강이 망가져 얻게 된 육체적 고통에서 벗어날 때의 불편하지 않음이 주는 상대적 편안함,

소통되지 못하는 관계의 답답함들에서 일시적으로 벗어나는 상대적 소통의 원활함,

천만 가지의 이런 수준의 감정들과 감각들이 행복인 줄 알고 있을 뿐이다.

너희는 행복과 기쁨이란 결코 조건이 존재하지 않는다는 개념 자체에 접근하지조차 못한 상태이다.

어떠한 상대적 전제들은커녕 행복에는 그 어떤 조건이 붙지 않는다. 너희가 그냥 기쁨이고 행복 그 자체임을 너희는 상상할 수도 없거니와 그 개념 자체를 잊어버리고 체험해 내지 못한 지 너무도 오랜 시간이 흘러 버린 제한된 존재적

체험을 하고 있는 것이다.

이 우주에는 너희가 접근하지 못한 상상할 수 없고, 체험을
해내지 못한, 너무나 끝없이 창조되는 다차원적 무한한 행
복과 기쁨의 개념들과 체험들이 존재함을… 알길 바란다.

그리고 실상, 너희의 3차원 지구적 의식이 부정적이고 협
소한 차원에 제한되어 있어서 모를 뿐 너희의 근원적 영혼
은 완전한 행복과 기쁨에 대한 기억을 가지고 있다.]

내가 행복 감정에 집중해도 그 감정을 지원해 줄 그 어떤 에너지도 없
는 이 척박한 지구에서, 오히려 행복감을 방해하는 불행한 인류 집단 무
의식의 환경 에너지 속에서 느껴지던 느껴지지 않던 기계적으로라도 나
는 고진동 압축 풀기를 진행했다. 2년 동안 고진동 압축 풀기 만트라 문
장의 형태는 계속 변화가 있었고 앞으로도 바뀔 수 있지만 현재 나의 시
크릿 주문은 **천억신행복해!**이다.

천억신행복해! 천억신행복해! 천억신행복해!

그리고 틈나는 대로 주문과 함께 기쁨 느끼기 훈련을 진행했다. 행복
스위치가 비활성화 모드가 되고 나서는 그야말로 맨땅에 헤딩하기, 무에
서 유를 창조하는 수준이었지만 쌀 한 톨, 한 톨을 모아 밥 한 그릇을 만
들어 내리라!의 느낌으로 계속 진행했다.

그날도 나는 침대 위 천정에 써 붙여 놓은 나의 시크릿 문구들을 누워서 바라보면서 기쁨 느끼기를 하고 있었다. 그러자 갑자기 **'나는 내가 너무 좋아.'**라는 느낌이 스물스물 올라오더니 그 느낌이 너무 행복하다는 감정이 커지기 시작했고 한 가지를 깨닫게 되었다.

내가 정말 감사해하는 나의 고진동 환경이 있었으니 그것은 바로 나의 남편, 푸초님이라는 존재이다. 그를 떠올리면 '너무 좋아.'라는 감정이 샘물처럼 솟아나오고 애쓰지 않아도 나의 감정을 기쁨과 행복에 집중시킬 수 있음에 너무 감사하다. 그런데 푸초님조차도 나에겐 외부의 조건이 아닌가? 그가 사라지면 그 행복도 사라진다. 그런데 나는 깨달았다.

나는 사라지지 않는다. 나는 나라는 존재(개념)에서 분리되고 없어 질 수 없다. 나라는 존재는 늘 나와 함께다. 내가 지구의 인간이든 다른 별의 외계인이든 3차원이든 7차원이든 꽃이든 나비든 산이든 바다든 그 어떤 모습으로 내가 변할지언정 나라는 이 의식체, 나라는 정체성 즉 나는 나와 이 우주 끝까지 영원히 함께다. 그런데 나는 내가 너무 좋다. 나라는 존재 자체가 좋고 이 감정이 너무 기쁘고 행복하다. 그리고 나는 나와 영원히 함께할 것이니 내가 좋은 이 행복감은 영원하다.

와우~ 유레카! 너무 기쁜 사실을 깨닫게 되었다. 나는 사라지지 않는 영원한 기쁨 한 가지를 발견했고 가지게 되었다. 나는 내가 너무 좋고 나와 함께할 때 가장 행복해! 나 하나로 충분하고 너무 행복해! 그리고 이 행복은 사라질 수가 없어! 이 기쁨은 내 안에 마르지 않는 행복의 샘물이

존재하는 기분이며 그 샘물이 차고도 넘치는 충만함 그 자체였다.

나에겐 나라는 영원한 기쁨이자 행복이 있었구나~.

나를 조건 없이 존재 자체로 사랑할 수만 있다면 그런 사랑하는 나와 영원히 함께 행복할 수가 있다.

내가 있어 행복한 그 기쁨을 회복하고 나는 내면의 기쁨에 좀 더 자유자재로 집중이 가능해졌고 외부에서 일으켜 주는 조건부의 감정이 아닌 허공에서 창조된 듯한 조건 없는 행복감에 점점 익숙해지며 그 감정을 나의 현실적 감정으로 교체하는 작업이 좀 더 수월해져 갔다.

에너지 리딩 작업을 하다보면 고차원 쪽 이미지로 가끔 우주의 무한에너지가 등장할 때가 있다. 무한대의 이미지(누운 8자)나 토로스 에너지장 같은 형태로 등장한다. 내가 기쁨이나 행복의 감정을 아무런 외부적 조건 없이 원하는 어느 순간이든 느끼는 게 가능하게 되자, 마치 뭔가 공짜로 계속 무한 리필이 가능한 기쁨의 풍요나 무한성의 구조 같은 것이 느껴졌다. 아무것도 없는 허공을 응시하며 기쁨을 느낄 때 그 허공 속에 접혀져 있던 차원의 결이 열리면서 무한의 에너지가 공짜로 비집고 나오는 느낌…. 이 우주의 모든 공간이 무한한 기쁨의 압축 일수 있겠다라는 느낌, 이것이 혹시 '기쁨' 감정이라는 창조의 에너지 즉 우주의 무한 에너지를 의미하는 것일까?

허공 속에 무한의 압축으로 존재하는 기쁨의 에너지를 내가 지갑 열 듯이 열고 있는 느낌이다. 공짜 기쁨이다. 그냥 내가 원하면 마구마구 느낄 수 있는 행복의 감정 에너지 자체가 내 안에, 우주의 모든 공간에 편재해 있었다.

우주는 창조주 신의 의식에 따른다. 우리는 우주의 존재 이즈비 이자 지구 언어로는 신이다. 지구의 인간의 삶이 불행해진 것을 보면 모르겠는가? 우리는 신이다. 우리가 온갖 부정적 생각과 감정에 집중한 결과 그것을 정확히 창조한 것이다. 불행에 지치고 질린 신들이 행복을 창조하기 위해 깨어나기 시작했다. 제대로 된 행복에 제대로 집중해 내는 일만이 남았다.

나에게 초탈한 인간, 초인이란 몸이 육체에 묶여 있지 않고 입자 몸과 에너지 몸을 자유자재로 이동하는 상태 그리고 전쟁의 한가운데서도 평화에 집중할 수 있는 상태를 의미한다. 나 또한 그 지점까지 가고 싶다. 그것을 훈련해 보는 것이다. 나는 고차원 존재들이 지구에 떨어져 이 난리와 이 고생을 하며 결국 이런 훈련까지 하는 데는 이유가 있다고 본다. 그 이유와 우주의 큰 설계에 관한 이야기는 [심화편]에서 더 깊이 다루겠다.

● 에너지의 방향과 질을 바꾸다

저진동 압축 풀기와 고진동 압축 풀기를 진행하다 보면 서로 상반되는 부정적 감정과 긍정적 감정에 정신없이 노출되며 굉장한 혼돈의 과도기를 겪을 수도 있다. 부정적 감정에 일시적으로 깊이 집중해서 정화하는 시기와 고진동 감정에 의도적으로 집중해서 활성화 하는 시기가 맞물리고 1~3년에 걸쳐 서서히 정화할 저진동이 줄어들고 고진동 생각과 감정에 좀 더 집중할 수 있는 단계가 오게 된다.

이 단계에서도 일상은 크게 달라지지 않을 수 있다. 여전히 외부 현실에서는 내가 원하는 대로 일이 진행되지 않을 수 있으며 사건사고와 함께 불쾌감과 분노를 느끼게 하는 일들이 일어날 수 있다. 그런데 달라지는 지점은 이런 것이다. 두려움, 불쾌감, 분노가 똑같이 느껴지고 감지는 되나 내가 그 감정을 크게 느끼거나 매몰되어 그 감정이 나를 완전히 삼키고 오래 지배하지 못한다는 것이다. 왜냐하면 외부의 자극에 건드려질 내부의 감정 에너지 연료가 바닥이 났기 때문이다. 분노나 그 어떤 감정도 활활 탈 수가 없다. 그리고 압축 풀기 할 정도의 감정이 더 이상 없다면 우리는 고진동 만트라, 호포노(고마워, 사랑해.)나 자신의 시크릿 주문에 집중할 수가 있다.

똑같이 벌어진 불상사에 대해 우리가 부정적 감정에 집중하지 않고 나의 시크릿 주문인 긍정적인 생각과 감정에 집중할 수 있다면, 불상사가 벌어지는 것은 막을 순 없을 지라도 그 일에 대한 에너지의 질과 방향을 바꿀 수 있다. 그렇게 되면 누가 봐도 불상사의 일이 나에게 미치는 영향이 긍정적으로 진행되어 결국 그 불상사를 계기로 내게 더 좋은 일이 생기거나 장기적으로 좋은 일들에 대한 기회가 창조될 수 있게 된다. 그리고 이런 식으로 진행되면서 시간이 지나면 실제로 외부에서 벌어지는 불상사들도 줄어들게 된다.

결국 특정 사건에 대한 내 감정이 달라지면 그 사건이 내게 미치는 영향력의 질과 방향이 바뀔 수 있다. 그렇게 되면 책 『신과 나눈 이야기』에서처럼 '**좋아하는 일들만 일어나길 바라지 말고 내게 일어나는 모든 일을 좋아해 보라.**'가 이 단계에서 가능해질 수도 있다. 예측하지 못한 불상사에 대해 좋아할 수 있을 정도는 아니지만 '**어떻게 되든 잘될 거야~ 이유가 있겠지~.**' 상태는 될 수가 있다.

저진동 압축 풀기를 하게 되면 매일 같이 힘들고 고통스럽고 화나는 일이 벌어지던 것이 3일에 한 번 → 일주일에 한 번 → 한 달에 한 번 → 3개월에 한 번 → 1년에 한 번 → 2년에 한 번 하는 식으로 횟수는 줄어들고 간격은 벌어진다. 반대로 고진동 압축 풀기(시크릿) 역시 평생 내 인생에 한 번 일어날까 말까하는 기분 좋은 일들과 작은 기적들이 입질이 오는 것처럼 일어나기 시작한다. 횟수는 점차 늘어나고 간격은 줄어든다. 3년에 한 번 → 1년에 한 번 → 6개월에 한 번 → 한 달에 한 번 → 일주일에 한 번 → 매일 매 순간 좋은 일들이 일어난다면 그곳은 천국일 것이다.

이 여정은 결국 천국으로 가는 여정이다.

● 나의 기쁜 물질 창조
천억신사랑해(행복해)를 시작한 시기에 내게 그 어떤 창조보다 기쁜 물질 창조가 일어나는 일이 벌어졌다. 시크릿의 물질 창조 시 기본 원칙은 '꼭 직업이 있어야만 돈이 들어온다는 생각을 버리고 그런 편견에서 벗어나 돈이 들어올 수 있는 모든 가능성을 열어 두고 우주가 일하게 하라.'는 것이다. 현실적으로 현재 내게 돈이 들어올 수 있는 루트는 에너지 작업의 사례비가 유일했는데 나의 에너지 작업은 고강도의 작업인 관계로 하루에 1~2개밖에 할 수 없고 사례비도 일정 액수로 정해져 있어 내가 평생 에너지 작업을 해도 천억은 벌 수 없는 상태이다.

내게 오시는 내담자 중에는 에너지 작업을 받은 지 2년이 넘고 있는 A 님이라는 분이 계셨다. 그녀는 20년이 넘게 직장 일을 하며 심신이 완전히 지친 번 아웃의 상태로 나를 찾아 왔으며 자존감은 바닥을 치고 있어서 '나는 신이다.'라는 말을 하면 '나는 병신이다.'라는 말이 같이 떠오르는 수준의 심각한 상태였다. 자신 안의 부정적 감정을 마주할 여력조차 없었기에 저진동 압축 풀기도 제대로 시작조차 할 수 없는 상태였다. 그녀는 내가 제안하는 과제는 제대로 실천할 수 없었지만 에너지 작업이라도 받고 싶다고 말하며 에너지 작업을 2년 넘게 꾸준히 받아 나갔다.

A님은 전화 리딩(전화를 통한 에너지 리딩 작업)을 받으시는 분이였는데 나는 〈몸의 저진동 압축 풀기〉를 몸을 통해 설명하기 위해 가능하시다면 한 번쯤은 방문을 해 주십사 부탁드렸고 2년 넘게 백수 상태로 계시니 방문 리딩비보다는 약간 저렴한 전화 리딩비만 받겠다고 말했다. 그리고 두 달 후 다음 리딩을 받기 위해 그녀가 방문을 했고 리딩이 끝난 후 그녀가 내민 사례비 봉투엔 원래 방문 사례비 액수보다 훨씬 많은 100만 원이 들어 있었다. 내가 너무 놀라서 이게 어떻게 된 일이냐고 물었더니 두 달전 나에게 전화로 에너지 작업을 받은 그 주에 산 로또가 3등(500만 원)에 당첨되어 390만 원이라는 돈이 생기게 되었는데 아무리 생각해도 나

의 에너지 작업 때문인 것 같아 100만 원을 나에게 꼭 드리고 싶다는 것이었다.

"와우~대박! 이분, 복(행운)이 있으신 분이네~. 숫자 한 개 빼고 다 맞았다는 건데, A님이 복이 있으셨어! 그런데 이걸 제가 받아도 되나요?"라고 말하며 굉장히 미안하고 고마운 마음으로 그 행운이 깃든 돈을 받게 되었다. 정말 그 무엇보다 기쁜 창조였다. 일단 바닥을 기고 있었던 A 님께 그런 이벤트가 일어나 준 것이 너무 고맙고 기뻤으며 그 사건이 그녀에게 조금이라도 희망과 힘이 되길 바랐다.

그리고 이런 식의 창조라면 기쁨이 몇 배가 됨을 체험했다. 내담자분이 잘되고 내가 잘되는 구조라면 너무 멋지다. 이게 훨씬 기쁘다. 그리고 다시 한번 내가 상상할 수 없는 방식으로 이루어 주는 우주의 힘에 대해 확신하고 감탄했다. 정말 이런 식은 상상해 본 적이 없고 머리로는 한 번쯤 생각해 볼 수 있을지라도 그게 진짜 현실로 일어나리라고는 전혀 기대도 예상도 할 수 없었던 경로의 돈이었다. 기가 막힌 창조였다.

● 사장님보다 많이 벌었어요!
B 님 역시 몸이 많이 아픈 상태로 2년 넘게 일을 쉬며 나의 에너지 리딩 작업을 2년 넘게 받고 계신 분이셨다. 그녀는 에너지에 대해 직접적 체험과 함께 깊은 이해를 가지고 있었고 본인의 감정을 직면하고 느끼고 처리하는 부분에 대한 도움을 받게 된 케이스였다. 분명히 자신 안에는 처리되지 못한 무거운 감정이 있는데 감정을 처리하고 싶어도 감정이 올라오

지 않고 느껴지지가 않아 힘들어하고 있었다. 이번 생과 전생까지 파도 파도 끝없는 작업이 1~2달 간격으로 아주 촘촘히 진행되었고 그때마다 본인 스스로 에너지가 처리되어 감을 체감하셨다.

그녀는 그렇게 2년 정도를 에너지 처리 작업에 올인하고 이제는 사회 생활도 하고 싶고 돈도 벌어야 해서 일자리를 구했다. 나이 많은 여성이 당장 구하기 쉽고 노동의 강도도 너무 세지 않아 쉬엄쉬엄 할 수 있는 바 닷가 쪽에 펜션 관리직을 선택했다. 매일 손님이 있을 건 아니니 청소하 고 쉬는 시간엔 바닷가 자연 속에서 명상을 할 수 있으리라 기대했다고 한다. 계약할 당시 펜션 사장님이 코로나 시국이니 월급을 아주 낮게 책 정 후 혹시나 주중에 방이 나가면 그 수익을 B 님이 가지라는 조건이었다 고 한다. 코로나 시국에 주말에도 방이 나가기 쉽지 않은데 주중에 방이 나갈 리 만무했다.

취업을 한 B 님은 1~2차례 리딩 예약일을 연기하더니 다음 에너지 작 업을 받는 날, 나에게 너무 신기해하며 이야기했다. "소울디님, 월요일에 는 방이 나가기 어렵지 않나요? 그래서 리딩 날짜를 월요일로 잡은 건데 그날 방이 나가지 뭐예요." B 님은 청소를 하며 내가 가르쳐 준 **'천억신사 랑해'**를 했더니 주중에 자꾸 방이 나가서 결국 사장님보다 자신의 수익이 더 많아졌다고 한다.

잊지 말길 바란다. 시크릿 주문이 효과를 내는 듯한 창조가 일어나기도 하고 바로 일어나지 않을 수도 있고 되었다 안 되었다 할 수도 있겠지만

현실에 변화가 있든 없든 그 주문을 입에 달고 사는 것을 목표로 실천에
만 집중하는 것이 포인트이다.

● 에너지 회복(이혼과 사업에 성공)

C 님 역시 나의 에너지 작업을 2년 넘게 받고 있으신 분이다. 참고로 이
책에 소개된 현실 창조 사례자분들의 공통점이 에너지 작업을 받은 지 2
년이 넘어가신 분들이라는 것이다. 2~3년! 이 숫자에 집중해 주길 바란
다. 2~3년의 시간은 뭔가 에너지 임계치의 기간일지도 모른다. 내가 '나
는 신이다.' 만트라 명상에 집중한 2년의 시간 후 영적인 신비 체험이라는
것이 일어났고 그 후 아무 일도 벌어지지 않는 3년의 기간을 거쳐 현실의
변화와 함께 물질 창조가 시작되었다.

내담자들 중에는 내가 내드리는 과제들을 제대로 수행하지 못할 만큼
힘든 상태의 분들도 많은데 그런 분들 중에 에너지 작업이라도 포기하지
않고 받으신 분들이 나중엔 결국 변화를 체험하기 시작했다. 에너지 작
업을 시작한 지 4년차인 나는 그 분들의 그런 변화가 일어나기 전까지 실
천 과제를 제대로 해내지 못하는 분들에 대해 내심, 에너지 작업을 포기
해야 하나? 라는 생각까지 들기도 했었다. 나의 작업은 50대 50의 작업으
로 내가 아무리 에너지 차원에서 50%를 처리해드려도 내담자 본인이 스
스로 실천해 내야 하는 나머지 50%를 실천하지 못하면 현실 차원에서 처
리가 진행되지 못할 수도 있기 때문이었다. 나의 에너지 작업은 내담자
본인이 자신의 삶의 창조자로서 나머지 50%를 스스로 해내도록 내가 보
조하는 구조이고 절대 나에 의해 진행되는 것이 아니라 내담자분의 의지

와 실천력에 의해 진행되어야 하기 때문이다.

　그런데 실천 과제는 제대로 열심히 못 해냈지만 2년 넘게 에너지 작업을 받은 분들(A 님, B 님, C 님 모두 1~2달 간격으로 촘촘히 받으심.)에게 왜 변화가 일어나는지는 나도 의아했다. 내심 안 될 거라고 생각했고 그저 그분들이 에너지 작업을 원하니 그분들의 의지와 상태를 존중해드리면서 작업을 해드리는 수밖에 없는 느낌으로 진행했다. 그런데 무슨 원리로 변화가 오는 것인가?

　아마도 실천은 제대로 못 하지만 에너지 작업이라도 포기하지 않고 받겠다고 한 의지가 우주에 전달된 것이 아니었을까? 그리고 그분들은 자신을 오히려 너무 잘 알았다. 자신이 스스로 너무 힘든 상태고 스스로 해내기에는 역부족이라는 것을. 마치 건강 관리를 위해 헬스나 요가를 하고 싶은데 집에서 혼자 한다고 하면 안 할 것이 분명하기에 헬스나 요가 학원을 끊어서 집에서 매일 하지는 못하지만 1주일에 학원에 가서 2~3회라도 PT를 받으면서 하고 오는 방식, 그렇게 해서라도 꾸준히 하는 방식을 선택하는 것처럼 오히려 그게 하나의 전략이 된 것으로 보였다. 이 여정의 핵심 포인트는 어차피 장기전이니 포기하지 않는 것이다.

　실제로 2~3년째 포기하지 않고 에너지 작업을 받으시는 분들에게 현실적으로 벌어진 일은 이렇다고 한다. 에너지 작업을 받고 내가 이 책의 내용들을 개인의 상태에 맞게 열정을 다해 설명해 주면 정말 고취되어 집으로 돌아와 며칠 정도 저진동 압축풀기든 고진동 압축 풀기든 시도라도 하게 된다고 한다. 그러다 다시 현실 상황에 매몰되어 흐지부지되면서 지내다가 다음 리딩 예약일이 다가오면 1~2주 전 부랴부랴 과제를 하듯 다시 압축 풀기를 실천해 보는 식이 반복되었다는 것이다. (실제로 압축 풀기를 잘 하고 오면 리딩이 더욱 원활히 진행된다.) 1~2개월에 한 번 나를 만나서 이렇게라도 안 하면 아예 하지 않을 것 같아서 선택한 방식이었다고 하는데 어찌되었던 2~3년 동안 그분들이 조금씩이라도 투자한 에너지는 쌓이고 있었고 에너지 작업을 계속 진행시킨 결과 그야말로 50% 이상은 최소한 진행이 되어 버린 것이었다.

그래서 나는 지금은 이렇게 확실하게 권해 볼 수 있다. 에너지 작업을 받거나 에너지 작업을 꼭 받지 않더라도 이 책에 나온 실천 방법들이든 혹은 더 좋은 방법들이든 최소 2~3년은 꼭 해 보라고! 2~3년의 꾸준한 시간과 에너지 투자, 현실 창조를 위한 그 임계치의 기간을 한 번 믿어 보라고 말이다.

2년 전, C 님이 내게 오셨을 때, 현실적 상황도 많이 안 좋으셨고 감정도 불안정해 보이고 성격도 급하신 것 같아 현실의 변화가 올 때까지 시간이 걸리는 장기전인 나의 에너지 작업을 못 버티고 얼마 가지 못해 포기하시겠구나라고 느꼈다. 그런데 그녀는 2달마다 열심히 에너지 작업을 받으러 왔다. 2년 후 모든 것이 풀리면서 그녀가 나에게 알려 준 사실은, 자신은 사업적인 일을 하는 사람이라 전국에 에너지가 좋다고 하는 많은 장소와 사람들을 찾아다니며 좋은 기운을 받곤 했다고 한다. 그래서 다른 건 몰라도 사람이나 장소의 에너지가 좋은지 나쁜지는 알 수가 있고 나를 처음 봤을 때 바로 알았다고 한다. '이분이라면 나를 도와줄 수 있겠구나! 이분이 그냥 시키는 대로만 하자!'라고 다짐했다고 한다.

이것은 마치 예수가 '너의 믿음이 너를 치유케 하리니.'에 나오는 방식의 창조와 같을 수 있다.

그런데 이 믿음은 외부에서 강요될 수가 없다. 그냥 직관적 앎과 확신에서 나오는 믿음으로 그냥 믿어지는 것이다. 그런데 그런 직관적 믿음만큼 강력한 창조를 불러오는 것도 없다. 결국 본인이 나를 통해 본인의 능력을 끌어다 쓴 것과 같다.

나에게 처음 왔을 당시, 그녀의 상황은 총체적 난국이었다. 새로운 사업을 벌였지만 코로나로 모든 것이 정지되어 수익이 나지 않는 상태로 버티는데 언제든 대기 상태로 있어야 했기에 단기적 알바조차 뛸 수 없는 상태였다. 그리고 남편과는 너무 힘든 상태였지만 홀로 되는 외로움과 사업적 금전 관계가 얽혀 있어 당장 관계 정리도 쉽지 않은 상황이었다.

이혼을 하고 싶어도 현실적으로 당장 할 수 없는 상태의 사람들이 많다. 아이들에 대한 책임감과 죄책감, 경제적 불안, 외로움, 가족들이 받게 될 상처, 사회적 시선에 대한 두려움 등등으로. 그래서 부부가 관계적으로 힘든 상황에 있다고 해서 이혼을 권하지는 않는다. (물론 극심한 가정폭력이나 선을 넘는 범죄적 상태에 있다면 예외지만.)

부부 관계에 있어 이혼을 하든 안 하든 그것은 우주에 내어맡기고 오직 자신 안의 저진동 에너지 정화와 고진동 에너지 활성화에 집중하다 보면 원래 너무나 서로 맞지 않는 관계라면 배우자와의 에너지 격차가 더 커져서 저절로 분리가 되는 일이 벌어지거나, 분리가 되지 않더라도 관계의 체험이 달라지게 될 것이다.

에너지 작업을 받으며 감정의 압축 풀기를 진행하다 보면 이혼을 할 수밖에 없는 극한의 상황으로 진행되어 결국 이혼을 하게 되는 일이 벌어지거나 두려움이 처리되고 에너지 작업을 통한 고진동 에너지 활성화가 진행되면서 자신의 에너지를 회복하여 결국 용기를 내어 스스로 이혼을 해내게 될 수도 있다. (참고로 나는 결혼을 하든 이혼을 하든 당신이 행복하길 바란다.)

C 님에게도 이혼을 하든 안 하든 그것은 우주에 내어 맡기고 오직 자신 안의 저진동 에너지 정화와 고진동 에너지 활성화에 집중하자고만 말했다. 에너지 작업을 한 후 집으로 돌아가 남편에 대해 건드려지는 모든 감정들(배신감, 분노, 답답함 등)을 압축 풀기 하고 만트라 녹음 작업과 호포노(고마워, 사랑해.)를 가르쳐드리고 최대한 자주 말하라고 했다. 나중에 들어보니 2년 동안 그녀는 에너지 작업을 받고 나면 3일 정도 굉장히 고양된 상태로 고진동의 에너지에 취해 있다가 금방 남편의 저진동 에너지에 눌려서 바닥을 헤매다가 다시 리딩 예약일 며칠 전에 과제를 하는 식으로 했고 저진동 압축 풀기가 힘들면 호포노라도 열심히 하려고 했다고 한다.

에너지 작업에서 저진동 처리와 고진동 활성화 작업이 계속 진행되었고 그녀의 여정은 정말 선형적이지 않았다. 그야말로 나아지질 않았다. 나는 그녀가 그 상태의 2년을 어떻게 버티면서 포기하지 않을 수 있었는지 돌아보면 너무 대단하고 신기했다. 그녀의 말을 들어 보면 2년간 그녀는 현실을 버티는 용도로 나를 사용한 것처럼 보였다. 현실적인 모든 것이 계속 나빠지거나 안 좋아져서 너무 처지고 기분이 우울해져 있을 때 나의 에너지 작업과 나의 설명을 듣고 나면 새로운 인식 확장과 함께 힘이 나면서 현실을 버틸 수 있게 되는 식으로 나를 이용한 것이다. 그러면서도 에너지 작업을 통해 그녀의 고진동 에너지(빛의 이미지)가 보이지 않는 차원에서 계속 활성화되고 있었던 것으로 보인다.

에너지 작업을 한지 2년이 넘어가고 있는 시점에도 그녀의 외부 상황은 정말 그야말로 최악이었다. 현실적인 생존을 위해 남편의 비위를 맞추며 너무 수치스러운 상태로 버티고 있었는데 그녀의 3차원 의식은 이 모든 수모를 견디며 홀로서기를 완벽히 준비해서 이혼을 해내리라고 다짐하고 있었다. 그리고 최대한 저진동 압축 풀기와 고진동 호포노 만트라를 하며 현실을 버텼다. 실제로 그녀는 압축 풀기가 아니었으면 비참함과 우울함에 더 압도되고 지배당했을 거라고 한다. 감정 풀기를 하면서 남편이 주는 스트레스와 자신을 어느 정도 분리시키고 영향을 조금이라도 덜 받는 상태가 될 수 있었다고 한다.

그런 현실 상태로 에너지 작업을 받고 돌아간 후, 다음 리딩 날짜가 되기 전 어느 날, 그녀로부터 빨리 뵙고 싶다는 문자가 왔다. 보통 나를 빨리 보고 싶다는 의미는 현실적으로 너무 상황이 힘들어졌을 때 나오는 말이기 때문에 나는 그녀의 상황이 더 안 좋아졌을 거라고 예상했다. 그리고 며칠 후 그녀가 왔는데 얼굴의 안색이 너무나 밝고 얼굴이 더 예뻐져 있었다. 그리고 그녀는 지난번 작업을 받은 후 두 달간 자신에게 무슨 일이 벌어졌는지 그 모든 스토리를 말하기 시작했다.

요약하면 이렇다. 그녀의 남편은 급기야 집을 나가서 수일 동안 집에 들어오지 않는 상태에서 문자로 그녀에게 이별을 통보했다. 이런 일은 그녀가 단 한 번도 상상하지 못한 버전이었다고 한다. 남편은 결코 자신에게 먼저 헤어지자고 말할 수 있는 사람이 아니라고 굳게 믿고 있었고 자신이 그런 남편 밑에서 버티면서 이혼을 할 수 있는 경제적 상황이 회복되면 헤어지자고 말할 계획이었는데 예상치 못한 일이 벌어졌다고 한다.

그런데 놀라운 일은 그다음부터이다. 남편의 이별 통보는 그녀에게 너무나 큰 충격을 주었고 그녀가 바닥을 치고 정신이 들게 한 계기가 되었다는 것이다. 남편의 문자를 보고 엄청난 충격 속에서 갑자기 정신이 번쩍 들면서 과거 자신이 사업적으로 승승장구하던 시절의 사업적 안목이 되살아났고 지금부터 자신이 무엇을 해야 하는지, 누구에게 연락을 해야 하고 어떤 액션을 취해야 하는지 좌르륵 떠오르기 시작했다는 것이다. 그리고 모든 것이 일사천리로 진행되기 시작했다. 2달 만에 그녀는 돈이 들어오는 모든 라인들이 뚫리기 시작했고 연결된 일들과 새로운 아이템들은 수익을 창출하기 시작했다. 집도 차도 없이 쫓겨날 위기였던 그녀는 몇 달 만에 한강뷰가 보이는 집을 구해 카페처럼 인테리어에 들어갔고 고가의 1인용 수입 소파를 고르며 돈에 대한 설움을 마음껏 풀고 있었다. 남편은 그녀에게 헤어지자고 하면 더 자신에게 굴복하며 매달릴 줄 알았던 모양인데 그녀가 정말로 깨끗하게 헤어지자 당황스러워했다고 한다. 그녀의 이야기가 끝나고 우리는 서로 부둥켜 안고 울었다.

2년간의 그녀의 힘든 여정을 알기에 나는 너무나 그녀가 대견하고 존경스러웠고 그녀의 성공이 그 누구보다 기뻤다. 나는 '이거 되네~. 이거 진짜 되네~. 포기하지 않으니까 언젠가는 되네~.' 하며 감탄을 연발했다.

어떤 사람을 보면 너무 유능하고 똑똑하고 괜찮은 사람인데 무능하고 너무 힘들 것 같은 배우자를 선택하고 그 관계 안에 묶여 자신의 그 어떤 능력도 꽃피우지 못한 채 억눌리고 찌그러져서 벗어나지 못하는 경우를 볼 때가 있다. 카르마 관계는 이토록 무서운 것이다. 내가 상대방이 나와 너무 맞지 않고 힘들다는 것을 알면서도 뭔가 처리되지 못하고 다 체험되지 못한 감정이 남아 연민, 정, 두려움 속에서 배우자를 사랑해서 같이 사는 것이 아닌 헤어질 수 없어서 지긋지긋하면서도 살고 있는 경우가 전형적인 카르마 관계이다. 서로가 서로를 갉아먹고 둘이 같이 산다는 것이 죽을 만큼 힘들어지는 파국에 이르러서야 끝이 날 수 있는 관계, 혹은 죽어서도 끝날 수 없을 것 같은 관계가 바로 카르마 관계이다.

너무 고통인데 내가 왜 저 사람한테 끌리고 나는 왜 저 사람이 불쌍할까요?라는 말이 나오는 관계가 카르마 관계이다. 그 사람과의 강렬한 부정적 감정 체험에 귀신이 씌듯 극심하게 프로그램화된 상태이다.

C 님은 영특하고 재능이 많고 수완이 좋은 보기 드문 사업가였는데 자신과 맞지 않는 남편의 에너지에 눌려 마치 거대한 빛이 작은 어둠에 압도당하고 찌그러져 있는 형국이 되었다가 에너지 작업과 그녀 스스로 진행한 저진동 처리와 고진동 활성화 작업들이 쌓여서 그녀 안에서는 그녀의 고진동 에너지가 활성화 되고 있었고 급기야 남편이 제 발로 이별 통보를 하며 스스로 물러가자마자 그녀를 가장 압박하고 장애물처럼 작동하고 있던 저진동 에너지 환경이 사라지며 그녀의 고진동 에너지가 폭발하게 된 구조로 보인다. 그리고 이혼을 할 수 없었던 지난 2년의 시간 동안 남편에 대한 체험이 끝을 보며 모든 정(카르마)을 다 뗄 수 있었고 일말의 미련도 남지 않을 수 있게 되었다고 한다.

에너지 작업을 하며 2~3년이 지나 결국 자신 안의 두려움을 처리하고 자신의 에너지를 회복해서 이혼을 해내시는 분들을 보았다. 상황에 따라서는 이혼을 해내는 것, 즉 서로 맞지 않는 에너지를 분리해 내는 것 자체가 우주에 자신의 온전한 에너지로 살겠다고 선언한 것이며 자신의 주권과 자유를 스스로 회복한 것 즉 자신을 사랑한 행위가 될 수 있다. 그 자체로 자신의 에너지가 살아나고 시간이 걸릴지라도 자신의 에너지가 바로 설수 있고 제대로 활성화될 수 있는 환경이 조성될 수 있다. 자신과 맞지 않고 온갖 스트레스와 모멸감이나 분노를 일으키는 상대와 같은 공간에 함께한다는 것 자체가 얼마나 큰 지옥인지 겪어 보지 않으면 모른다.

그리고 당신이 알아야 할 것은 상대방이 불쌍하고 내가 아니면 그 사람을 아무도 감당할 수 없다거나 하는 태도가 오만과 착각이라는 것이다.

모든 관계가 상대적 체험이기에 오히려 내가 아닌 다른 사람을 만나게 되면 나의 배우자가 더 잘 되고 행복해질 수도 있는 것이다. 당신이 그 사람과 행복하지 못했다면 그 사람도 당신으로 인해 결코 완벽히 행복하지 못했을 것이며 당신이 그 사람으로 인해 제대로 재능이 살아나지 못 했다면 상대방도 당신으로 인해 완전히 재능을 꽃피우지 못하고 있을 수 있다. 서로의 에너지를 꽃피우는 윈윈의 관계가 아닌 서로의 행복과 성공을 막는 고통과 답보의 관계라면 자신이 물러나 주는 것이 상대를 위해 더 좋을 수도 있다.

C 님처럼 이혼 후 에너지가 살고 더 편안해지고 행복해지고 성공하는 분들도 있는 반면 결혼을 유지하며 힘들었던 관계가 더 편안해지고 행복해지고 자신의 일도 잘 풀리는 분들도 있었다. 이혼을 하든 결혼 생활을 유지하든 오로지 자신 안의 에너지 처리에만 집중하다 보면 모든 것이 나의 에너지에 맞게 바뀌어 갈 것이다.

나는 에너지 작업을 하며 내게 오시는 내담자분들을 통해 영적 신비 체험보다 더한 현실적 신비 체험을 하고 있다. 나는 나의 모든 생각들을 이해받을 수 있는 환경에서 살지 못했기에 나의 생각들을 이해하고 공명하여 나를 찾아오는 분들이 너무 신기하다. 내가 그분들에게 일반 사람들이 들으면 미쳤다고 할 이야기들인데 이게 이해가 되나요?라고 되묻곤 한다. 그리고 나에게 감사와 사랑을 표현해 주시는 분들에게도 나를 감사와 사랑으로 체험해 주심에 더 감사할 따름이다.

나로 인해 삶이 달라지고 평화와 기쁨을 창조하는 데 도움을 받게 되었다고 말하는 분들에게도 나에게 다녀간 모든 사람들이 당신과 같은 체험을 한 것은 아니니 그것은 나의 능력이 아니라 나의 기능을 당신에게 이롭게 가져다 쓴 당신의 능력이라고 꼭 말씀드리고 싶다.

그리고 현실에 그 어떤 변화가 없더라도 저진동 압축 풀기나 고진동 압축 풀기든 혹은 더 멋진 방법들을 포기하지 않고 열심히 실천하고 계신 모든 분들이 절대 남들의 성과와 자신을 비교하지 말고 자신의 여정과 속도에 집중하며 이 길을 끝까지 갈 수 있길 기원한다.

내가 어딘가 집중하여 우주로 내보낸 에너지(말, 행위, 감정 등)는 1년이 걸리든 10년이 걸리든 100년이 걸리든(다음 생애라도) 반드시 나에게로 돌아오게 되어있다. 말 한마디로 천 냥 빚을 갚듯이 당신의 고진동 시크릿 주문 10년이 천억 원을 불러올 수도 있지 않겠는가?

● 13년 만에 합격

[소울디님 저 필기 합격했습니다!!!!!
아아~ 정말 이런 날이 오긴 오네요. 불안하고 무기력한 마음으로 소울디님께 상담받던 나날들. 그때만 해도 합격이란 제게서 너무 멀리 있는 무엇인 것만 같았는데… 필기 합격자 명단에 제 수험 번호가 있는 것도 되게 신기하고, 지금 이렇게 체력 시험을 준비하고 있다는 게 너무나 신기하고 꿈만 같아요. 오랫동안 바라 왔던 그 관문을

뛰어넘었다는 게….

이건 정말 소울디님 덕분이에요. 소울디님이 알려 준 만트라와 압축 풀기 덕분이에요. 그게 없었다면 전 아직도 두려움과 무기력의 감정 속에서 불합격을 무한 반복하면서, 결국에는 깊은 절망감 속에서 시험 자체를 포기하고 말았을 거예요. 다시 생각해도 너무나 아찔합니다.

제 인생에서 중요한 순간에, 저 자신을 구원할 수 있는 유일한 방법을 알려 주셔서 진심으로 감사합니다. 정말 소울디님이 하고 계신 일이 영혼을 살리는 일이고, 지구의 방향을 되돌려 많은 영혼들이 지금껏 경험해 보지 못한 행복과 환희를 경험하도록 도와주고 계시다는 걸 꼭 전하고 싶어요. 제가 그 증거예요. 소울디님.

다음번 리딩 때는 이전과는 다르게 행복과 기대감이 가득한 시간이 될 거 같아서 기대되어요. 아직 체력 시험이 남아 있고, 여기서 절반이 떨어지기에 끝난 게 아니긴 하지만 그래도 만트라와 선언문의 힘으로(『소울디 선언문』 진짜 짱이에요!!!!) 체력 시험도 최선을 다해 잘 준비하겠습니다.

감사해요. 소울디님 정말…. 리딩 작업을 시작해 주셔서, 그리고 제 영혼을 살리는 방법을 알려 주셔서 진심으로 감사드립니다. 곧 뵙겠습니다.]

나는 D 님을 의지의 한국인이라고 부르고 싶다. (내가 안내하는 길은 D 님 같은 의지의 한국인이 가장 잘 도달할 수 있을 것이다.) D 님은 사법고시 7년에 이어 7급 공무원 시험에 3년을 낙방한 상태로 나에게 오셨다. 10년째 시험에 떨어지는 기분은 어떤 것일까? 아마도 슬럼프가 몇 번은 왔을 법한데 그녀는 그 슬럼프 속에서도 미련이 남았던 것 같다고 한다.

10년째 시험에 떨어지면서 쌓여 온 모든 부정적 감정들을 에너지 작업을 통해 하나하나 마주하면서 풀어 가기 시작했다. 무기력, 두려움, 절망감, 답답함, 수치감, 창피함, 열등감, 억울함, 고통, 슬픔, 죄책감 등등 얼마나 많았겠는가? 3~4개월에 한 번씩 진행된 에너지 작업과 함께 과제로 나간 압축 풀기와 고진동 만트라를 2년 넘게 진행했다. 시험에 떨어진 직후 몇 개월은 저진동 압축 풀기를 했고 시험을 앞둔 몇 개월은 고진동 압축 풀기를 했다. 나는 그녀가 이 과정에서 시험에 떨어질 때마다 이 시험이 정말 그녀 자신이 원하는 꿈이 맞는지 확인했고 그녀는 그때마다 한 번만 더 해 보겠다고 말했다.

그녀가 내게 온 지 2년차가 되었을 때, 나는 불현듯 아주 단순하게 그녀의 공부 방법에 문제가 있을 수 있지 않을까?라는 생각이 스치면서 내가 과거 수험생과 교사를 하면서 터득하게 된 공부 방법을 공유해 주었다. 12년째 낙방하고 있다면 안 봐도 비디오였다. 책을 잡고 있지만 집중력이 현저히 떨어질 것이었다.

[보통 우리가 공부를 하면 이론서인 책만 잡고 있거나 문제집도 공

부하는 속도로 풀 수 있는데, 학교 교사가 되어 문제를 내어 보니 교사들이 문제 은행에서 유형을 참고해서 문제를 만들고 있었고 문제마다 그 문제를 만든 목적과 이유가 필요했다. 즉 기출 문제집의 문제로 나온 내용들이 책의 내용에서 가장 중요한 내용들이라는 의미였다. 그러면 이론적인 내용의 책은 한 번만 보면 되고 문제집의 문제를 가지고 공부를 하는 편이 훨씬 효율적이라는 것이다.

여기서 포인트는 시중의 관련 기출 모의고사 문제집을 모두 구해서 실전처럼 타이머를 맞춰 놓고 푸는 것이다. 매일 실제 시험 보는 훈련을 하면서 공부도 하고 시험의 긴장도에 익숙해지며 시간 배분도 익히게 된다.

예) 한 과목의 실전모의기출문제 50회를 가지고 공부할 경우,

1회부터 1회 기출 문제에 관련된 공부할 내용을 1~2번 읽어 본 후, 1회 문제를 **'실제 시험 시간-10분'**으로 맞춰서 실전처럼 푼다.

맞은 건 ○ 표시
틀린 건 / 표시
완전히 모르고 맞힌 건 △ 표시 등을 하고

틀린 / 표시와 완전히 모르고 맞힌 △ 표시의 문제의 답지를 보고(보충할 내용은 책에서 더 찾아서 적을 것) 오답노트를 작성하고 답과

관련된 내용을 외우거나 완전히 숙지한다. (처음부터 100점 맞는 게 중요한 것이 아니라 많이 틀릴수록 좋다. 공부하고 익힐 내용들이 많이 생기기 때문.)

그리고 다시 1회 문제를 풀어서 또 틀리는 게 나오면 오답노트 보며 다시 내용 숙지를 한다. (답의 번호를 외워서 풀면 안 되고 반드시 답 내용을 알고 풀어야 통과)

이렇게 반복해서 1회 문제를 100점 맞을 때까지 반복해서 푼다. 이렇게 1~50회까지 풀고 공부한다.

전 과목 실전모의기출문제를 이런 식으로 다 공부하고 전체 공부량과 자신의 속도를 잘 배분하여 시험 1~2달 전엔 전 과목을, 한 과목당 한 번씩 끝낸 1~50회의 문제집을 다시 100점 맞을 때까지 풀기를 한 번 더 반복해 주고 시험 며칠 전엔 틀린 문제 위주로 한 번 더 문제 풀기를 하고 오답노트를 완벽히 숙지한다.

이렇게 기출 문제를 가지고 공부하면 주요 내용을 숙지하고 문제 유형까지 익히는 게 동시에 되고 본 시험을 치룰 때 실제로 똑같은 문제나 비슷한 문제를 발견하게 된다. (출제자들이 문제 은행에서 참고해서 문제를 출제하기 때문에 문제들이 거기서 거기임.)

실제로 나는 이 방법으로 캐나다 어학 연수를 다녀온 후 다시 본 수

능 외국어 영역의 지문 시험을 다 맞았다. 어학 연수를 믿고 자만하며 공부하지 않은 듣기 평가를 오히려 2개 틀리고 외국어 영역 지문 시험을 다 맞은 경험이 있다.]

12번째 시험에 떨어질 때쯤 이 공부법이 공유되었고 D 님은 마지막으로 내가 가르쳐 준 공부법으로 다시 한번 도전해 보겠다고 하고 1년 후, 13번째 드디어 합격했다. 내가 가르쳐 준 방법이 도움이 되었는지는 모르겠지만 그녀가 내게 와서 2번의 시험을 낙방하는 동안 저진동 압축 풀기가 많이 진행될 수 있고 원어민도 뭔 소리인지 어려워서 풀지 못한다는 한국의 수능이었고 시험을 앞두고 고진동에 집중하는 훈련도 충분히 할 수 있었을 거라고 본다. 에너지 작업에 들어가서 바로 시험에 붙은 것보다 낙방하는 2년의 기간이 그녀의 에너지를 더 정화하고 짱짱하게 만들어 준 기회가 되어 주었을 것이다.

그녀가 자신 안의 부정적 감정들(무기력, 두려움, 절망감, 답답함, 수치감, 창피함, 열등감, 억울함, 고통, 슬픔, 죄책감 등)을 압축 풀기로 풀지 않았다면 공부에 집중하기도 힘들었을 것이며 설령, 바로 합격하여 공무원이 되었다고 해도 공무원 일을 하면서 무기력, 두려움, 절망감, 답답함, 수치감, 창피함, 열등감, 억울함, 고통, 슬픔, 죄책감 등의 감정 체험이 반복되었을 것이다. 그리고 이제는 그런 부정적 감정들이 자극되는 상황이 오더라도 그녀는 2년간 훈련한 저진동 압축 풀기와 고진동 압축풀기 방법을 잘 쓸 수 있는 상태가 되었다는 것이다. 3년간의 이 모든 과정을 그녀가 포기하지 않고 끝까지 해낸 것이 포인트이다.

필기 시험에 붙은 그녀가 에너지 작업을 받으러 왔을 때 체력 시험에서 달리기 속도가 나지 않아 걱정이라고 말했다. 나는 국가대표 스포츠 선수들이 한다는 이미지 트레이닝과 모래주머니 벨트를 차고 달리는 훈련을 제안을 했고 얼마 후 좋은 소식이 들려왔다.

[소울디님과 푸초님이 해 주신 조언 덕분에 체력 점수도 안정적으로 잘 받았습니다. 50점 만점에 48점 받았어요!! 달리기를 특히 어려워했었는데, 그때 해 주신 조언대로 되도록 매일 달렸거든요. 그랬더니 정말 시험날 가장 좋은 기록이 나와서 맨 처음에 체력 준비 시작하면서 쟀던 기록보다 너무 잘 나왔어요. 정말 감사합니다. 정말 앞으로는 소울디님 덕분에 제 인생이 더더욱 잘 풀릴 거 같은 예감이에요.

면접 준비도 잘하면서, 좋은 기운 받으러 또 들를게요!!! 만트라하는게 즐거운 요즘입니다. 항상 감사합니다. ♥♥♥]

D 님의 창조도 에너지 작업과 압축 풀기 작업 2년 반 만에 이룬 성과이다. 2~3년 포기하지 않는 다면 에너지가 쌓여서 고개를 드는 마법의 임계치, 마의 구간 3년을 꼭 넘어 보길 바란다.

나의 신비 체험 글 『7차원 설계안』에서는 내 안에 7차원 우주 모체의 에너지가 깃들어 있다는 정보가 나오지만, 신비 체험 당시 접속하게 된 많은 정보들이 현실적으로 와닿지 않았고 지금도 7차원의 개념조차 와닿지 않는다. 그런데 신비 체험 이후 5년이 지난 어느 시점에 불현듯 신비 체험 당시의 내용이 퍼즐이 맞춰질 때가 있었다. 내 안에 7차원 존재의 에너지가 있는지는 모르겠지만, 고차원 존재들이 지구에서 실제로 인간의 의식 상태가 되어 인간과 지구를 직접 체험해 보지 않고서 상위 차원에서 천상의 메세지나 단순한 채널링으로 인간을 돕는 데는 한계가 있었고(우상화하고 신으로 섬기는 등) 의존을 일으킬 수 있었기에 똑같이 인간으로 처절히 무너져 보고 깨어나는 체험을 하며 바로 옆에서 돕기 위해 지구의 에너지장으로 뛰어들었다라는 내용이 바로 이런 걸 의미하는 것일 수 있겠구나! 하는 순간이 말이다.

나는 학창 시절부터 집에서 영어, 수학 과외를 직접 하시는 어머니 밑에서 공부에 대한 극심한 스트레스를 받으며 자랐고 덕분에 중간에 고등학교를 한 번 자퇴할 만큼 힘든 사춘기를 보내며 대학교 전공만 무려 4개(사진, 사회복지, 교육심리, 영어영문)였다. 그런 과거를 생각하면 지금 하고 있는 영적인 에너지 작업이라는 일이 그런 전공들과 전혀 관계가 없어 내가 그토록 공부하고 힘들게 방황했던 시간들이 억울하고 허무하기까지 했다. 그런데 신기한 일이 벌어졌다. 내게 오는 내담자분들의 상태와 직업들이 너무도 다양했고 나는 그분들의 다양한 직업과 현실적 상황에 대한 이해와 공감이 가능했다. 그래서 보이지 않는 에너지 차원의 작업뿐만 아니라 그들의 현실 차원에서 도움이 되는 조언들을 해 줄 수가 있었다.

한번은 학교에서 상담교사를 하고 계신 내담자분으로부터 급히 전화가 왔다. "소울디님, 예전 리딩 작업 때 저에게 들려주셨던 에피소드 중에서 소울디님이 근무하던 학교에서 문제를 일으키고 징계를 맞고 나가게 된 제자에게 들려주었다는 그 말이 뭐였죠? 다시 한번 말씀해 주시겠어요? 1시간 뒤면 학폭위(학교폭력위원회)가 열리는데 그때 학생과 학부모님께 그 말을 꼭 들려드리고 싶어서요."

내가 처음 일하게 된 중학교에서 내가 맡은 반의 학생은 아니었지만 아주 여러 번 문제를 일으키고 결국 징계위원회가 열려서 학교를 떠나게 된 학생이 한명 있었다. 교무실에 그 학생의 부모가 찾아와서 부모끼리 서로 싸우는 것을 보면서 그 아이가 집에서 어떤 상태로 사는지 알 수 있었고 그 스트레스를 학교에서 풀고 있었다는 것도 짐작할 수 있었다. 공격은 도와달라는 외침이었으므로.

그 아이가 학교를 떠나고 우연히 인터넷상(미니홈피)으로 내게 인사를 건네 왔을 때, 그 아이와 대화를 해 주며 이런 말을 해 주었다.

"가장 많이 흔들린 자가 결국, 가장 바로 선다."

이 말은 나의 체험이기도 했다. 나는 고등학교를 자퇴할 정도로 균형을 잃고 흔들렸지만 결국 내가 원하는 고등학교에 다시 들어가 모범상을 받으며 졸업했고 원하는 대학에 들어갔다. 내가 균형을 잃고 나를 놓아 버리고 마구 흔들릴 때 내 안 저편에서는 미친 듯이 길을 찾고 답을 찾아 균형을 잡고 안정을 취하고 싶은 열망이 가득했다. 흔들린다는 것은 가장 바로 서고 싶어 격렬하게 길을 찾는 여정이기도 했기에 나는 그 제자에게 그런 말을 해 줄 수가 있었다.

그리고 내가 그런 말을 했다는 것도 잊고 있었는데 2년 후 그 제자가 다시 글을 남겼다. 2년 전 내가 해 준 '가장 많이 흔들린 자가 결국, 가장 바로 선다.'라는 말 때문에 자신은 정신을 차리고 검정고시를 보고 고등학교에 진학해서 잘 다니고 있다며 나에게 고맙다고 했다

나는 인간 삶의 많은 부분을 아주 밀도 높게 체험한 것 같았다(물론 모든 영역에서 현실적 체험과 답을 가지고 있는 것은 아니지만). 나는 나의 내담자들에게 연애, 결혼, 이혼에 대한 현실적인 공감과 조언을 제공할 수 있었고 내 모든 과거 삶의 체험에서 버릴 게 하나도 없다는 것을 알게 되었다. 덕분에 나는 나의 내담자들을 보이지 않는 차원과 보이는 차원 즉 전차원적 도움을 줄 수 있는 상태로 보였고 고차원 존재들이 지구로 직접 뛰어들어 인간 상태를 체험한 연유에 대해 납득이 가기도 했다. 실제로 가슴이 찢겨지는 모유 수유나 밤중에 30분마다 깨는 아기를 밤새 안고 흔들거나 기저귀 한 번 갈아 보지 않았을 예수와 부처보다는 최소한 나는 내담자들에게 해 줄 말이 많았고 나의 현실 밀착형 조언에는 디테일이 살아 있을 수 있었다.

다른 한편, 인간이 되어 보니 인간의 상태에서 깨어나기가 얼마나 힘든 지도 이해할 수 있었다. 이건 정말 보통 일이 아니다. 이 보통일이 아닌 것을 해내고 있는 당신이 체험한 모든 것이 버릴 게 하나 없는 지점이

올 것이다. 당신의 모든 여정이 지극히 옳고 완벽하고 완전했음을, 그 모든 설계 안의 전말이 드러나는 순간이 말이다. 그러니 당신의 무능함과 유능함을 마음껏 펼치며 끌리는 모든 것을 체험해 보라고 말하고 싶다. 당신이 지구의 인간으로 치루어 낸 깨알 같은 고통과 눈물과 방황들이 당신의 영적인 여정에 깨알 같은 보석들로 당신을 돕고 승화되는 순간이 올 것이다.

나의 에너지 작업은 정해진 그 어떤 정보나 지식도 없이 그저 내어 맡긴 채 진행된다. 내가 미리 공부하거나 준비할 수 있는 그 어떤 것도 없기 때문에 나는 그저 내담자분들 앞에서 나오는 말을 하게 되고 내담자의 영혼이 오늘 나를 통해 허용하고 진행하는 작업만 해낼 수가 있다. 그래서 내담자분이 나를 얼마나 신뢰하고 듣고 받아들일 준비가 되어 있느냐에 따라 내게서 나오는 말이 달라짐을 내가 느낀다. 내가 그들을 위해 말하는 게 아니었다. 그들이 나를 통해 그들에게 도움이 되는 모든 정보와 에너지를 뽑아 간다는 느낌에 가깝다.

D 님은 그 태도가 유별나게 예쁘고 고마운 분이었다. 내가 말할 때 마치 순수한 아이가 눈을 초롱초롱 반짝이며 내게서 나오는 모든 말에 대해 놀라운 감탄사를 연발하며 들어주는데 정말 우주의 별도 따다 주고 싶게 무슨 말이든 해 주고 싶은 태도였다. (내가 달리기 속도를 높이기 위해 모래주머니를 차보자는 말을 어떻게 생각해 낼 수 있었겠는가? 물론 그 놈의 다이어트 때문에 칼로리 소비를 높이려고 모래주머니 벨트를 차고 걷기를 하다가 빼니까 다리가 세상 가벼워지는 체험을 내가 하긴 했지만 그

게 그 순간 생각나게 한 건 D님의 신뢰 가득한 눈빛이었다.) 내가 D 님에게 조언을 해드리고 있지만 나는 오히려 마치 무엇이든 받아 주는 자애로운 엄마 앞에서 신나게 자신의 이야기를 하는 아이처럼 재잘거리게 되는 느낌이었다. 그녀가 나를 믿고 신뢰하는 만큼 나는 그녀의 영혼을 나에게 실어 사실상 그녀의 영혼이 나를 통해 그녀 자신에게 해 주고 싶은 가장 적합한 말들을 내가 토해 내는 느낌과 같았다.

진리가 너희를 자유케 할 것인데, 그 진리는 치열한 현실과 동떨어져 명상만 하고 책만 읽은 고매하신 성인의 입에서 나오는 뜬구름 잡는 관념적인 소리가 더 이상 아닐 것이다. 사랑하는 사람과의 이별, 사랑하지 않는 사람과의 이별하지 못함, 배신, 증오, 기만, 위선, 뼈가 아리는 고통, 피가 솟구치는 분노, 심장이 터질 것 같은 공포, 온 몸이 굳어 버리는 두려움과 긴장, 온 세포에 젖어 드는 슬픔, 죽음만이 떠오르는 허무와 우울, 가슴이 뻑뻑해지는 답답함, 수십 년이 지나도 손이 떨리는 모멸과 모욕감 등등등. 온몸, 온 정신, 온 감정을 다 바쳐 처절한 인간체험을 깨알같이 치루어 낸 존재들이 그들의 인간적 고통으로부터 자유케 된 그 모든 지혜와 집단 지성이 이미 세상에 만연하며 당신이 답을 구하고 포기만 하지 않는 다면 당신에게 그 순간 가장 적합하고 당신을 구원할 수 있는 지혜와 답에 당신은 연결될 수 있게 된다. 이것이 현존하는 당신 앞에 등장한 그 순간 가장 위대한 당신만의 살아 있는 진리가 된다. 모든 진리의 루트가 당신을 향해 열려 있다.

당신이 진심으로 답을 구한다면, 우주는 당신 주변의 모든 것들을 동원하여 당신에게 답을 안내하게 될 것이다. 친구로부터의 전화, 인터넷 검색, 누군가의 책 추천, 산책 속 사색, 우연히 본 드라마의 한 장면, 즐겨 듣는 노래의 한 구절 등등등.

그리하여 당신이 진심으로 답을 구한다면, 흐르는 강물만 보고 있어도, 밤하늘의 별만 보고 있어도 진리를 깨닫게 될 것이다. 당신의 답을 향한 간절함과 진심이 우주에 닿고 우주는 당신을 답으로 연결 짓고 당신 주변의 모든 것이 답을 품게 된다. 우주는 당신을 중심으로 움직인다. 당신이 창조자 '신'임으로.

너의 믿음이 너를 치유케 하리니~. 이 믿음은 외부에서 결코 강요될 수 없는 내부의 직관적 확신과 공명 같은 것인데, 나는 당신이 나의 글이나 '나'라는 존재에게서 그런 신뢰가 느껴지지 않고 믿음이 생기지 않는 다면 꼭 이런 신뢰와 믿음이 생기는 다른 정보나 다른 사람을 찾기를 너무나 희망한다. 그런 신뢰와 믿음이 생기는 대상을 통해 당신은 결국 자신을 스스로 치유하고 돕는 구원을 받게 될 것이기 때문이다.

나를 의심하거나 간을 보고자 하는 평가자의 마인드로 있는 분들 앞에서는 딱 그런 존재 상태 수준의 말과 에너지 작업밖에 나오지 않음을 나는 체험한다. 나는 정확히 내담자의 마음과 의식 상태를 그대로 반영할 뿐이고 내 능력이 그것밖에 되지 않음을 안다.

압축 풀기 효과의 사례에 등장하는 A 님, B 님, C 님, D 님의 공통점은

3년 가까이 압축 풀기와 에너지 작업을 진행했다는 것과 그 기간 동안 단 한 번도 내게 "왜 저는 변화가 없을까요? 압축 풀기는 언제까지 해야 하나요?"라는 질문을 던지지 않았다는 것이다. 그들은 나에게 처절하게 진실했고 모든 것을 오픈했으며 초조해하지 않았고 자신의 느린 속도를 수용했으며 아직 도달하지 못한 미래의 길을 보며 좌절하기보다 자신이 한 발자국이라도 전진한 과거의 길을 보며 긍정적으로 해석했다. "그래도 이만큼은 나아졌어요."라고 말이다.

내 안에 7차원 존재의 에너지가 깃들어 있는지 그 사실을 증명할 길이 없다. (신비 체험 당시 접속된 정보들의 진위를 가리기 위해서라도 나는 꼭 초탈을 해서 팩트 체크를 해야겠다는 마음이다.) 그런 것이었을 수도 있지만 그것은 내게 중요하지 않다. 과거 전생에 내가 고차원적으로 뭐였고 지구 인간으로서 뭐였건 지금 내가 무엇인지가 중요하다. 나는 내가 무엇으로 규정되는 것이 답답하며 내가 누구인지는 모르지만 내가 되고 싶은 그 무엇이든 될 수 있는 존재가 되고 싶을 뿐이다. 내가 누구냐고 묻는다면 여러분이 나에 대해 체험한(좋고 나쁜, 높고 낮은, 옳고 그른, 유능하고 무능한 소울디) 그 모든 것이라고 밖에 말할 수 없다.

● 사랑이(고양이) 이야기
나는 어릴 때 고양이나 강아지 같은 동물들을 좋아했다. 동물들은 나에게 엄마처럼 공부하라고 잔소리 하지 않았고 내가 뚱뚱해도 못 생겨도 공부를 못해도 나를 비난하고 미워하지 않았기 때문이었다. 고양이나 강아지는 사람보다 고통을 덜 주는 대상이라고 느꼈다.

학창 시절 나에겐 새끼 때부터 키운 고양이 두 마리가 있었는데 어머니가 고양이 키우는 것을 싫어하셔서 엄청 눈치를 보며 힘들게 키웠다. 내가 기숙사 학교에 들어가 주말만 집에 오게 되어 고양이 관리를 해 주지 못하게 되자 어느 날 집에 가보니 고양이들은 집을 나가 버리고 없었다. 그런데 사실은 어머니가 지인에게 부탁해 고양이를 갖다 버리게 했다는 것을 뒤늦게 알게 되었다. 너무 슬펐지만 지금은 어머니를 이해한다. 내가 어렸을 때는 고양이 배변 모래나 사료가 없어서 고양이가 배변을 잘 가리지 못해 집안을 많이 어지럽혔고 먹이 주는 것도 쉽지 않았다. 사람이 먹는 음식을 내가 입으로 잘게 씹어서 먹이기도 했는데 그런 일들을 감당하기에 어머니는 당시 너무 힘든 시집살이와 결혼생활 상태여서 고양이 자체가 스트레스였을 것이다.

그 사건 이후로 나는 절대로 애완동물을 키우지 않겠다고 다짐했고 사람들을 사랑하다가 상처를 주고받고 번 아웃이 오는 삶을 살며 초탈이 삶의 목표가 된 어정쩡한 인간으로서 정말 지구의 모든 생명체에게 정이 다한 것처럼 더 이상 그 어떤 새로운 인연도 만들지 않으리라 생각했다. 정과 사랑을 준 대상과의 이별은 다시는 할 자신도 여력도 없게 느껴졌다.

전원으로 온지 5년차가 되도록 개나 고양이를 키우지 않고 있었고 푸초님이 키우고 싶다는 의향을 내비칠 때마다 단호하게 잘랐다. 이유는 에너지 작업에 집중해야 해서 다른데 신경 쓸 여력이 없고 애완동물들이 소리를 내거나 하면 에너지 작업에 방해될 수 있다 였다.

푸초님은 자신의 직장에서 만난 고양이에 대한 이야기를 종종 했다. 300여 개의 상가가 있는 빌딩의 관리소장을 맡고 있는 푸초님은 상가의 한 사무실에 들어가 그 사무실의 사장님과 차를 마시게 되었는데 푸초님 옆으로 고양이 한 마리가 와서 앉더라는 것이다. 그래서 푸초님이 고양이 머리를 쓰다듬어 주었는데 고양이 주인인 사장이 너무 놀라워하더라는 것이다. 그 고양이는 얼마 전 같은 빌딩 내에 있는 고양이 분양샵에서 분양받은 고가의 품종묘인데 데려온 지 두 달이 넘었지만 숨어서 밖으로 나온 적이 없었고 주인인 자신에게 좀처럼 곁을 내주지 않아 스트레스를 받고 있었는데(고양이를 잡으려다가 팔에 할퀸 상처도 보여 줌.) 그런 고양이가 처음 보는 푸초님 곁에 앉아 있는 모습이 너무 신기하다며 사장은 입을 다물지 못했다고 한다.

고양이의 모습은 예사롭지 않았고 마치 아기 사자 같았다고 했다. 그런 이야기를 들어도 나는 절대로 키우는 건 안 돼!라고 철벽을 쳤고 약 한 달의 시간이 흘렀다. 그날은 사랑이가 우리 집에 오게 된 역사적인 날이었다. 우리 집에 오기까지 생후 6개월 사랑이의 기구한 삶은 이랬다. 사랑이의 주인은 자신에게 오지 않고 공격하는 사랑이에게 너무 화가 난 나머지 무섭게 생긴 나무가 있는 장소에 버리고 왔다고 한다. 다음날 같은 빌딩에서 식당을 하는 젊은 사장이 자신이 고양이를 키우겠다고 사랑이를 찾으러 가자고 해서 버려진 지 하루 만에 사랑이는 구조되어 식당 사장님께 넘겨졌다.

식당 사장은 배달을 하다가 그만 오토바이 사고가 나서 자신의 어머님께 사랑이를 부탁했는데 그곳에서도 사랑이는 숨어서 나오지를 않았고 배변도 못 가리며 사람들을 힘들게 했다고 한다. 그렇게 이리저리 돌려지던 사랑이는 급기야 푸초님이 관리하는 빌딩 구석에 버려졌고 밤새 가방 안에서 고양이가 울자 입주민들의 민원이 들어와 사랑이는 푸초님 손에 들어오게 되었다. 작은 가방 안에서 얼마나 울었는지 눈은 충혈되었고 털은 배변으로 범벅되어 있었는데 원래 주인도 거부하고 사무실의 다른 직원들도 입양을 거부해서 도심에 버려지면 차들 때문에 위험하니 버리더라도 차라리 우리가 사는 전원으로 가서 자연 방사하겠다며 일단 데리고 왔다고 한다.

사랑이가 집에 오던 날 나의 전화는 무음모드였기 때문에 푸초님의 전화(고양이를 데리고 집에 가도 되냐는 허락의)를 받지 못했고 그것이 신의 한수가 되었다. 내가 그 전화를 받았다면 매몰차게 절대 데리고 오지 말고 동물 보호센터라도 데리고 가던지 거기서 해결하라고 했을 것이다. 푸초님은 집에 오자마자 2층 욕실로 사랑이를 씻기기 위해 데리고 갔고 나는 고양이 소리에 놀라 2층으로 달려갔는데 사랑이를 보자마자 엄청난 악취 때문에 나도 모르게 아기 목욕 준비를 하듯 일사천리로 고양이 씻기기에 돌입하고 있었다. 2~3번 씻겨 내고 드라이기로 말리고 고양이가 처음 보는 장소를 무서워하는 것을 잘 알기에 사랑이가 숨도록 내버려 두었다. 사랑이를 씻기면서 푸초님이 "사랑아~ 사랑아~ 괜찮아~."를 연발하기에, 내가 "이 고양이 이름이 사랑이야?" 했더니 푸초님이 "응, 방금 지었어."라고 하는 것이다. 그래서 그날 고양이 사랑이가 우리 집에 오게 되었다.

사랑이는 1층 안방 침대 밑으로 들어가 숨었고 우리는 사랑이가 경계를 풀고 스스로 나올 때까지 기다리며 저녁 식사를 하는 등 우리 볼일을 보았다. 2~3시간 쯤 지나서 사랑이가 내 오른쪽 다리 옆으로 와서 나를 올려다보며 엄청 길게 울었는데 마치 말을 하는 것 같았다. 사랑이가 그렇게 오래 말하듯 소리를 내는 것은 그 이후로 본적이 없다. 사랑이가 아옹아옹 하는 소리는 마치 "제가요, 엄청 힘들게 여기 왔거든요. 제가 여기서 지내도 되나요?"라고 말하는 것 같아서 내가 "오구오구 많이 힘들었어? 그래그래 여기서 살아."라고 답해 줬더니 나를 한 바퀴 돌아 왼쪽 다리 편으로 와서 그대로 내 다리에 머리를 대고 웅크린 채 식빵 굽는 자세로 잠을 자기 시작했다.

그렇게 작고 소듕한 녀석과의 인연이 시작되었다. 새로운 생명체와의 인연을 필사적으로 거부하던 나는 사랑이를 보는 순간 모든 것이 무장 해제되었고 그냥 예전의 집사로 돌아가 있었다. 30년 전의 고양이 키우기와 지금의 고양이 키우기 문화는 너무 달라져 있었다. 완전히 신세계였다. 고양이 배변용 두부 모래는 변기에 버리면 되어 처리가 너무 쉬웠고 고양이 사료는 각종 비타민과 유산균까지 첨가된 고품질의 사료로 발달되어 있었고 사랑이는 배변을 너무 잘 가리고 소리도 없고 너무 잘 자고 일정 거리를 유지하며 집사인 나를 계속 졸졸 따라다니는 양육 난이도 최하였다.

세상에 저런 무해하고도 독립적이며 이쁘고 귀여운 존재가 살다니….

고양이나 강아지를 자식처럼 사랑하는 애견인, 애묘인들을 보면서 '저건 오바다.'라고 생각했는데 이해 할 수 있게 되었다. 정말 체험해 보지 않으면 모르는 그 세계로 입성한 느낌이었다.

사랑이는 우리 집을 우리보다 더 오래 살았던 것처럼 쓰기 시작했다. 거실에 널부러진 자세가 어쩌나 편안한지…. 고양이는 편안한 자태, 그 자체로 인간에게 메시지를 선사하는 듯했다.

인간들이여! 휴식하라! 모든 근육과 세포를 이완하라! 널 부러져라! 편안하게 호흡하라! 자신의 세계와 영역을 단호하고 우아하게 지켜라! 호불호를 명확히 가지고 표현하라! 자신을 우선시 하라! 마음껏 귀엽고 예뻐라! 자신이 사랑받을 수 있는 존재임을 알라!

그 모든 느낌을 온몸으로 표현하고 있으니 고양이를 보면 힐링이 되는 거였다.

보드랍고 따뜻하고 말랑말랑하고 귀엽고 심장이 녹을 것만 같은 심쿵사 직전의 극한의 귀여움이 주는 이 감정! 저엉말~ 너어무~ 이뻐! 너어무~ 좋아!가 하루에도 수십 번 찾아오고 집중 되고 접속된다. 기쁨 느끼기 훈련이 저절로 되는 고진동 시크릿 증폭기 같다.

정말 가성비 갑이다! 사료 주고 배변통 갈아 주고 하루 20분 놀아 주고 간식 츄르만 주면 온종일 심장이 간질간질 말랑말랑 '너무~좋아~.'라는 감정에 집중하게 해 준다. 물론 새벽 5시부터 일어나 나를 깨우기는 하지만 내가 일어나지 못하면 보채고 울다가 그냥 포기하고 혼자 지낸다. 신경 써야 하는 일들에 비해 월등히 더 많이 내 신경을 안정시켜 주고 행복 감정을 더 자극한다. 사랑이가 온 이후로 우리 집엔 웃음과 미소가 더 많아졌다. 푸초님이 사랑이의 행동 하나하나에 꺼억꺼억 웃을 때 저러다가 숨이 넘어가지 않을까 걱정이 될 정도이다.

나의 저진동 압축 풀기 1년 반+고진동 압축 풀기 1년 반이 되는 시점에 사랑이가 나타났다.

사랑이로 인해 나는 지구에 와서 인간들을 사랑하다 주고받은 모든 고통들을 치유받고 보상받는 느낌이었다. 사랑은 늘 나에게 희생이고 나의 에너지를 다 소진해야 하는 힘겨운 일들이었고 늘 끝은 이별이었다. 푸초님을 만나 나는 사랑이 무엇인지 제대로 알게 되었고 내가 원하는 진정한 사랑을 받아보는 체험을 해 보았다. 그리고 고양이 사랑이로 인해 사랑이 수월하고 행복하고 기쁠 수 있음을 알고 체험하게 되었다. 같은 고양이를 키우는 체험인데 과거의 체험과 현재의 체험이 완전히 달라져 있었다. 과거의 내가 체험한 사랑은 내가 10을 주면 1이 돌아올까 말까 하는 사랑이었는데 지금은 마치 1을 주는데 10이 돌아오는 느낌의 사랑을 체험하는 것 같다.

내 안의 부정적 감정인 저진동이 처리되고 행복감정이 그 자리를 채우기 시작했을 때(엄밀히 말하면 내가 열심히 집중해서 차곡차곡 채웠음.)

새로운 좋은 체험들이 창조될 수도 있지만 안 좋았던 과거의 체험이 좋은 체험으로 다시 재창조될 수도 있었다.

현재 푸초님과 사랑이는 정말 바로 옆에서 나에게 행복과 기쁨의 감정을 자극하는 고진동 환경이 되어 주고 있다.

푸초님을 처음 만나 사랑하는 관계가 되었을 때 내가 푸초님에게 "같이 살게 되면 사랑이 무뎌지고 서로 지루해지지 않을까요?"라고 했더니 그는 내게 이렇게 말했다. "나라는 사람 자체가 지루한 사람이 아닌데 우리의 사랑이 어떻게 지루해지겠어요?"

그리고 그에게 "우리가 사랑하다 사랑이 끝나고 서로 헤어지게 되면 어떻게 하나?"고 물었을 때 내가 듣고 싶은 답은 "우리의 사랑은 영원할 거예요. 우리가 헤어지는 일은 없을 거예요."였지만 그는 이렇게 답했다.

"앞으로의 일은 아무도 모르는 거예요. 당신이 변할 수도 있고 내가 변할 수도 있고 앞날의 일을 미리 정하고 그 안에 우리를 가두지 맙시다. 매 순간 우리의 사랑에만 집중합시다."

우리가 우리의 사랑에 집중한 세월이 벌써 10여 년이 되어가고 있다. 우리의 사랑은 결코 지루하지 않았다. 정말 계속 변화무쌍하게 확장되고 깊어지고 넓어지고 급기야 내가 영적인 신비 체험까지 하게 되고 신비 체험 이후 우리의 삶은 하루하루가 더욱 모험 같았다. 늘 내게 자신은 나를 지키기 위해 태어난 사람 같다고 말하던 푸초님은 어느 날, 이렇게 말했다. "당신이 어느 차원을 가든 따라가겠소."

내 인생에서 가장 피폐되고 망가진 상태일 때 나는 푸초님을 만났다. 푸초님 집에는 화분이 많았는데 모두 사무실에서 버려진 유기 식물들이었다. 누군가 개업을 하면 화분을 선물로 주는 우리나라의 문화 덕분에 이사하고 폐업할 때 버려지는 화분들이 많은데 푸초님은 그런 화분들을 집으로 들고와 마르고 병든 식물들을 살려 냈다. 식물들이 푸초님 손에서 소생하는 것을 보며 이 사람이 나도 살려 내겠구나 싶었다.

나는 내 안에 처리되지 못한 분노, 고통, 슬픔, 답답함, 억울함, 열등감, 두려움 등으로 지옥 같은 결혼 생활을 창조했고 푸초님은 그 지옥에서 겨우 생존한 나의 모든 것을 치유하기 시작했다. 그는 찌그러진 나의 마음의 주름을 펴 주었고 두려움으로 인한 편견들을 확장시켜 편안하고 자유케 했으며 나는 그의 품에서 빠른 속도로 소생하기 시작했다. 그의 옆에 누워있는 것만으로도 아빠 같은 신의 품 안에 있는 것처럼 따스하고 아늑한 기운이 느껴졌고 서로 에너지가 맞고 진동과 주파수가 맞다는 것이 이런 거구나~를 태어나 처음으로 체험해 보게 되었다. 그는 나와 같았고 우리는 같은 종족이었다. 인생에서 가장 힘들었을 때, 죽음을 떠올리며 자살하고 싶었을 때 신에 절규했다. 나와 소통되는 한 사람만 보내 준다면 내가 살겠노라고. 그리고 그 이후 푸초님을 만나게 되었다. 나에겐 푸초님이 나의 첫 번째 신비 체험이다.

그가 아니었으면 나는 아마 온전히 살아남지 못했을 것이다. 이번 생에도 초탈을 해내지 못하고 스스로 생을 마감했을 것이다. 내가 인간으로서 가장 바닥을 치고 처절했을 때부터 내가 영적인 깨어남과 성장을 이루는 그 모든 여정 동안 그가 내 곁을 지켜 주었고 지키는 그 이상을 해 주었다. 그로 인해 나는 살아남는 이상을 하게 되었다. 정말로 신비로운 역할자이며 인연이다. 그런 푸초님이 유기 식물을 데리고 오다 못해 급기야 유기 동물까지 데리고 왔고 그렇게 온 고양이 사랑이는 나에게 너무 행복을 준다. 사랑이가 예쁠수록 사랑이를 데려온 푸초님이 너무 감사하고 좋아지는 감사와 사랑의 트라이앵글 구도에 갇혀 버렸다. 무한 행복 루프이다.

〈사랑이가 우리 집에 온 바로 다음 날 찍은 사진〉

2

사념체 정화 & 창조

1단계 감정의 저진동 압축 풀기에서 당신은 엄밀히 말하면 감정과 생각(사념)을 둘 다 풀게 될 것이다. 감정과 생각이 함께 얽혀 있고 결합된 상태가 많기 때문이다. 열등감을 풀 때 '나는 부족해, 나는 무능해, 나는 못났어.'라는 표현들은 감정보다는 판단이나 생각에 가깝다. 감정이든 생각이든 당신 안에 너무 깊고 진하게 깔려 있는 것들은 더 이상 회피하고 합리화해서 포장하고 억누르지 말고 직면해서 오랜 시간 문장으로 반복하는 만트라 방식으로 에너지 자체를 빼내고 연소시켜 주는 정화 작업을 해 주면 된다.

내가 '나는 부유하다, 나는 유능하다, 나는 건강하다, 나는 날씬하다.'라는 생각과 감정에 집중해 내려면 그와 반대되는 생각과 감정을 제거해 주거나 조금이라도 덜어내 주는 것이 낫다. 그렇지 않으면 마인드 컨트롤 수준의 저항감과 억지스러움이 느껴져 오래 할 수가 없고 오히려 그 반대의 생각들이 더 들고 일어날 것이다. 결국은 더욱 강력한 내 안의 생각과 감정인 '나는 가난하다, 나는 무능하다, 나는 아프다, 나는 뚱뚱하다.'에 굴복하고 말 것이다. '나는 무능해.'를 반복해서 '그래 나 무능하다 그래서 어쩌라고? 무능할 수도 있지!'까지 가야 한다. 그 생각에 더 이상 크게 영향 받지 않는 상태까지 만든 후에 '나는 유능하다.'의 생각에 집중하는 고진 동 압축 풀기인 시크릿 훈련을 시도하면 저항감이 많이 줄어들 수 있다.

1) 메타 의식을 이용한 강박 훈련

메타 의식을 이용한 강박 훈련은 최근에 새롭게 공유되고 있는 방법이다. 얼마 전부터 에너지 작업 중 몇몇 내담자분들의 에너지장에서 특이한 이미지가 등장하기 시작했다. 보통은 리딩에 들어가면 내담자분들 안에 있는 주된 생각이나 감정이 내 입을 통해 대사로 그대로 흘러나오기도 하는데 어떤 분은 대사가 바로 나오지 못하고 계속 머리에서 맴돌고 사라지기를 반복하면서 내담자분의 몸 위에 거대한 금속의 스프링이 돌아가고 있었다. 나는 이것을 '사념의 스프링'이라고 부른다. 금속은 사념, 생각, 지식, 정보, 신념, 철학 등을 상징하고 그런 것들이 무거운 금속의 이미지로 등장하는 것은 결국 생각을 이용해 감정을 눌러서 에너지장이 무거워졌기 때문이다. 그런데 이런 사념을 상징하는 금속이 스프링의 모습으로 계속 돌아가고 있었다.

이 스프링이 처음 등장하신 분에게 나는 이렇게 질문했다. 혹시 평소에 생각이 자신의 의지와 상관없이 계속 이어지는 경향이 있으시냐고. 내담자분은 그것 때문에 너무 힘들다고 했다. 생각이 멈춰지질 않고 마치 꼬리에 꼬리를 무는 것처럼 자기도 모르게 끊임없이 분석하며 생각이 저 혼자 계속 굴러가는 것이다. **사념의 강박 현상**이었다. 평소에 생각 자체가 많고 잡념에 시달리거나 특정한 생각에 사로잡혀 계속 그 생각이 자신의 의식을 지배하고 끌고 가는 상태 등이 모두 여기에 속한다.

이런 현상은 왜 일어나는 것일까?

체험과 창조의 도구 세 가지(육체, 사념체, 감정체) 중 주 동력원이자 가장 중요한 프로그램이 감정체이다. 가슴 안에 두려움이라는 감정의 에너지가 있다면 머리는 끊임없이 두려움을 일으키는 생각과 상상을 펼쳐낸다. 두려움을 일으켰던 과거의 사건을 곱씹거나 아직 일어나지도 않은 불안한 미래의 상황을 계속 예상하며 끊임없이 미리 생각하고 상상하며 걱정한다. 두려움의 감정을 동력으로 두려움의 사념이 진행되고 두려운 일을 떠올리는 순간, 감정은 더욱 증폭되어 더 두려워지고 그 결과 몸은 긴장되고 굳어진다. 이 세 박자가 끊임없이 돌아간다. 마치 체험의 공장처럼.

그래서 주 동력원이자 프로그램인 감정 에너지부터 처리해서 없애 버리자!가 부정적 감정의 저진동 압축 풀기였다. 그런데 이런 일이 벌어졌다. 두려움을 90%까지 제거했는데 감정은 크게 없으나 두려움에 관한 생각(사념)이 저 혼자 계속 돌아가는 것이다. 마치 공장에 전력을 끊었는데 빈 공장이 저 혼자 유령처럼 돌아가듯이 말이다.

왜 이런 일이 벌어지는 것일까?

습관이다. 이 습관이 어느 정도 수준의 습관인지 설명을 해 보려고 한다. 보이지 않는 인간의 마음, 내면을 다루는 심리학의 역사가 200년이 채 되지 않으며 그중에서도 아이의 마음을 공감하고 읽어 준다든가 하는 방식으로 감정 자체에 집중하고 감정을 다루고 처리하는 접근법은 인류 역사상 50년도 체 되지 않을 것이다. 그렇다면 오랜 시간 동안 인간은 어떻게 살아왔을까?

아침에 눈을 뜨면 가장 먼저, 오늘 어떻게 사냥해서 먹고 살지? 어떻게! 내 가족을 어떻게 먹여 살리지? 어떻게!

이 야생버섯은 먹어도 되는 것인가? 아닌가? 옳고 그름의 분별!

이것은 나에게 도움이 되는 것인가 아닌가? 끊임없는 사리 판단!

어떻게 적을 무찌르고 우리 영역을 지킬 것인가? 상황 분석과 전략 짜기!

모든 일상이 생각! 생각! 또 생각!이었다.

전쟁 중에 포탄이 날아오는데 내가 두려움을 느끼고 있다는 그 자체에 집중할 겨를이 어디 있는가? 그저 두려움 자체에 압도되어 몸이 굳어 버리든지, 아니면 그런 감정 따위는 느낄 겨를도 없이 그저 살길을 찾아 도망가든지다.

가족과 나라를 지켜야 하는데 두려움을 느끼고 두려움에 집중할 겨를이 어디 있는가? 그것은 올라올수록 싹을 밟아야 하고 누르면서 극복해야 할 방해물이었다. 고통을 느끼는 것은 살아가는 데 큰 약점이 되는 장애물에 불과하며 슬픔은 사치였고 감정적이 되는 순간 이성적 판단이 흐려져서 일을 그르칠 수 있는, 감정이란 아주아주 걸리적거리는 비효율적인 대상이었다.

그것은 전혀 중요하지 않았으며 이성에 의해 잘 컨트롤되어야 할 대상이었다. 살아가는 데 가장 필요한 것은 강심장(감정에 영향받지 않음.)의 똑똑한 머리, 사고력이었고 인간의 교육도 좌뇌 중심 교육이 되어야 했다. 생각과 판단은 생존에 가장 필요한 기본적인 수단이었고 그렇게 인류가 생각과 판단으로 모든 삶을 유지하며 문명을 발달시켜 오는 동안 사념이 굴러가는 것은 인간의 생존 DNA에 박힌 전자동 시스템이자 프로그램이 되어 버렸다.

사념은 감정이 없어도 혼자 굴러갈 정도로 특화되고 인간이 영혼 없이도 살 수 있는 강력한 창조의 습관이자 도구가 되어 버렸다. ('영혼 없는 말'이라는 표현의 숨은 뜻은 '감정 없는 말'에 가깝다. 영혼과 감정은 동급으로 쓰일 수 있을 정도로 서로를 담고 실을 수 있다.)

여기서 중요한 사실은 사념이 자동적으로 굴러가는 것이 문제가 아니라는 것이다. 사념체는 엄연한 창조의 도구로 시크릿에서는 사념을 이용한 심상화라는 창조의 기법이 있다. 우리가 생각하고 상상한 대로 이루어지고 창조된다. 문제는 그 생각과 상상이 부정적이라는 것이 문제다. 인류의 집단 무의식 안에 두려움이라는 가장 강력하고 기본적인 뿌리 감정이 셋팅된 상태로 인간들은 두려움의 감정이 일으키는 부정적인 생각들을 자동적이고 습관적으로 끊임없이 한다는 것이 문제라는 것이다.

긍정적인 생각과 상상이 끝도 없이 이어진다면 얼마나 좋겠는가? 당신의 삶은 매일이 행복하게 될 것이다. 그러나 우리가 넋 놓고 가만 있게 될 때 우리의 사념체는 보통 딱 두 가지 일을 한다. 과거의 안 좋았던 일을 곱씹거나, 아직 벌어지지도 않은 미래의 안 좋은 일에 대해 미리 걱정하며 해결책을 생각한다. 우리는 내면으로 가지 않으면 외부로 간다. 우리가 아무것도 하지 않으면 가만히 있을 수 있는 것이 아니라 너무 깊은 부정적 생각의 습관으로 인해 걱정, 근심, 불안의 생각들을 계속 하게 된다. 그것이 우리가 생존해 온 동력이자 삶의 체험을 끌고 가는 습관이었기 때문이다.

유전자에 박혀 버린 **강력한 부정적 사념의 강박 증상을 바꾸는 방법은 강력한 긍정적인 생각을 강박적으로 해 주는 수 밖에 없다. 이것은 그야말로 행동 교정 요법으로 접근해야 한다. 이것은 너무도 오래된 강력한 습관을 고치는 작업이다.** 아무리 강박의 원인을 찾아 심리 분석을 하고 나름의 기억과 트라우마를 찾아 원인을 알아도 머리는 그것을 납득하지만 행동은 쉽게 바뀌지 않는다. 그냥 행동 자체, 오래된 사고의 습관을 바꾸는데 주력하는 게 답이다.

긍정적인 강박 훈련을 하기 위해서는 하나의 전제 조건이 필요하다. 그 사람의 메타 의식이 살아 있어야 한다. 메타 의식이란 의식 위의 의식 즉 관찰자 의식을 말한다. 무의식적으로 어떤 생각을 하다가도 내가 방금 무슨 생각을 하고 있었지? 그 생각 자체를 관찰하고 알아차릴 수 있어야 한다.

내게 오는 내담자 중에 외부 유입체든 빙의령체든 사념체든 저진동 물질체(술, 담배, 마약, 약물 중독)든 그 에너지체들에게 자신의 주된 의식과 몸이 50% 이상이 넘어가신 분들은 내가 손을 쓸 수 없게 된다. (더 기능이 뛰어나신 분들에게 가야한다. 나는 능력 부족이다.) 실제로 자신 안에 빙의령체가 들어왔다는 것을 알고 체험하고 계신 분들의 이야기를 들어 보면 자신의 의지대로 생각하고 말하고 행동하는 것이 힘들 때가 많다고 한다. 50% 이상 빙의된 경우, 내담자분들과 이야기를 할 때 내가 내담자분과 이야기를 하는 것인지 빙의령체와 이야기를 하는 것인지 헛갈리고 내담자의 말이 계속 바뀌며 굉장히 정체성과 소통에 혼란을 주고 상대방을 굉장히 기분 나쁘게 하여 자신과 멀어지게 만든다. 두려움의 사념체에 50% 이상 넘어가 버리면 내가 무슨 말을 해도 '안 되면 어떡하지?'라는 부정적인 생각과 온갖 두려움과 의심이 올라와 결국 에너지 작업들도 소용이 없고 멈추게 된다.

자신의 사념체의 방향을 부정성에서 긍정성으로 바꾸는 작업이다. 최소한 메타 의식이 살아서 내가 지금 또 부정적인 생각을 했구나 하고 알아차리고 자각할 수 있어야 한다.

메타 의식을 이용한 강박 훈련의 방법은,

일상에서 내가 무심코 하고 있는 생각이 또 불행을 전제로 펼친 생각이었다면(안 될 경우를 가정하고 계속 생각을 이어가고 있었다면) 그 사실을 자각하고 알아차린 순간, 두 손의 손가락 10개를 편 상태로 하나씩 접어 가며 '모든 것이 다 해결 되었어, 행복해!'를 10번 반복한다. 소리내어

말해도 좋고 속으로 말해도 좋다. 단, 한 번으로 안 된다. 부정적인 생각에 대해 긍정적인 생각을 10배로 해 주어야 한다.

당신이 알아야 될 사실하나는 우리의 사념은 자동화되어 있고 계속 이어지는 습성을 가지고 있다는 것이다. 사념과 잡념을 떨쳐 내고 생각을 맑게 비우기 위해 온갖 명상으로 생각을 끊어 내고 내려놓기 방법 등을 동원해 보겠지만 아마 어려울 것이다. 생각을 멈추는 것도 어렵고 비우는 것도 어려우며 설령 그것이 성공한다고 해도 명상 상태에서 벗어나 일상으로 돌아오는 순간, 당신의 사념체는 다시(두려움을 바탕으로 한) 온갖 부정적인 생각들로 되돌아가게 되어 있다.

사념 즉 생각은 멈출 수 없다. 의도하고 애써서 잠깐은 멈출 수 있지만 다시 신경을 쓰지 않고 가만히 있게 되면 생각은 굴러간다. 사념이 멈추지 않는다면 이런 사념의 생리를 역 이용하는 수밖에 없다. 계속 자동적으로 굴러가는 사념체에 부정성의 먹이감 대신 긍정성의 먹이감을 던져주는 것이다. 멈추지 않고 계속 굴러가는 부정적인 생각을 긍정적인 생각으로 바꿔주면 된다. 이 훈련은 거대한 부정적 강박과의 싸움으로 상당한 각성 상태에서(깨어 있는 현존의 상태) 아주 집요하게 생각을 바꾸는 훈련이다.

이것을 싸움이라고 표현한 이유는 여러분의 에고가 자신의 표현 수단으로 머리(사념체)를 주로 쓰기 때문이다. 에고는 없애야 할 대상은 아니다. 존재가 다른 사람들 속에서 체험을 해 나갈 때 자신의 정체성(나는 이런 사람이다라는 자신에 대한 개념과 규정 등)을 가질 필요가 있고 생각과 판단으로 대처해야 할 때가 많기 때문에 에고는 필요하다. 그러나 사리 판단과 머리로 굴러가는 에고는 안전성을 추구하며 고집이 세다. 에고는 습성상 기존의 나를 그대로 고수하며 강화시키고 싶어 한다. 그러나 우리의 영혼은 본질적으로 무한히 자유롭고 성장하고 싶어 한다. 에고가 영혼의 자유로운 성장을 방해할 때 우리는 에고와 싸우게 되고 영성에서 말하는 '에고를 버려라.'가 등장하게 된다.

에고는 굉장히 머리가 좋다. 그야말로 나의 에고는 나의 머리를 정말 잘 쓴다. 당신이 왜 생각을 놓지 못하며 하염없이 생각에 빠지는 줄 아는가? 생각들이 그럴 듯하기 때문이다. 나름의 논리성과 개연성을 지닌 합리적 추론, 내가 생각해도 그럴듯한 생각을 하고 있을 때 혹은 논리적인 생각이 이어질 때 당신은 예측 가능한 상태가 주는 안정감을 얻을 수 있기 때문이다. 사실상 앞이 예측되지 않은 불안한 상태일 때 당신은 머리를, 즉 에고를 더 쓰게 된다.

당신의 영혼과 감정은 눈에 보이지 않고 말의 논리성 안에서 설명될 수 없는 직관적 이해과 믿음을 가지고 있는데 머리는 그렇지 못함으로 더 없는 불안감 속에서 에고는 당신을 계속 현혹할 것이다. 에고는 당신이 선택한 모든 것에 대해 자가 검열에 들어가 온갖 의심을 늘어놓고 태클을 걸어 올 것이다. 아주아주 그럴 듯하게 당신은 매번 그 논리성에 넘어가고야 만다.

우주에 맡기라고? 웬 사이비야? 무조건 잘될 거야라고 믿고 행복에 집중하라고? 이게 광신도와 다를 게 뭐 있어? 말이 안되잖아? 근거가 없잖아. 이런 논리도 부족한 방법을 따라하다가 상황이 더 악화되면 어떡해. (그리고 자신의 합리적 의심을 뒷받침할 수 있는 수천가지 정보과 지식들을 들이대기 시작할 것이다.)

당신은 머리로 분석하고 판단할 때 당신 스스로가 굉장히 똑똑하고 분별력 속에 있다고 착각하게 된다. 물론 분별력은 절대적으로 필요하다. (분별력 없이 착하기만 한 것은 순진한 것이고 분별력을 가진 채 선한 것이 순수한 것이다. 나는 당신이 순진하지 않고 순수하길 바란다.) 그러나 앞이 막막한 두려움과 불안감 속에서 지나친 의심과 분별력을 가동시킬 때 당신은 생각 속에 빠져 내적 안도감을 섭취할 수 있으나 생각 속에서 길을 잃기도 한다.

명심할 것은 당신이 아무리 똑똑한 생각을 해도 당신의 체험을 끌고 가고 창조하는 것은 그 생각을 일으키고 있는 베이스 감정이라는 것이다. 감정과 영혼을 에고와 머리 위에서 작동시켜야 한다. 에고가 감정과 영혼을 끌고 가는 것이 아니라 메타의식의 감독하에 내가 원하는 정화된 나의 감정과 영혼이 에고와 머리를 끌고 가고 이용할 수 있어야 한다.

두려움에 가득찬 에고가 확실성과 예측 가능함이 주는 안도감을 위해 그럴듯한 논리성을 들이대며 당신의 사념체를 끝도 없이 끌고 갈 때, 나의 에고이자 머리에게 다독이듯 말하라.

괜찮아…. 너무 애쓰지 마…. 너는 안 보여서 힘들겠지만 나는 보이지 않더라도 느껴져. 다 잘될 거야. 다 잘 해결될 테니 걱정하지 마. 이제 그만! 행복하자!

당신은 머리도 쓰며 똑똑해야 한다. 그러나 헛똑똑이가 되지 않기 위해서는 먼저 깨어 있어야 한다. 두려움 속에서 답을 찾아 생각에 빠지고 정보를 수집하는 눈이 가려진 경주마가 아니라 모든 것이 해결되었을 때의 생각과 행복한 감정에 집중해서 즉 나의 생각과 감정을 메타 의식 상태로 철저히 지배하고 이용해서 진정한 해결책을 얻고 내가 원하는 현실을 창조해야 한다.

사실 사념의 스프링이 모든 내담자분들에게 나오는 것은 아니다. 그 정도가 심한 상태일 때 나오는데 이런 분들은 자신의 상태에 불만을 가질 수도 있다. "다른 사람들은 부정적 감정의 저진동 압축 풀기만 하면 되는데 왜 저는 사념의 강박 현상까지 있어서 이런 훈련까지 추가해서 해야 될까요? 왜 저는 이 모양일까요?"

나는 문제에 답이 있다고 보는 사람이다. 큰 문제에는 큰 답이 있다. 메타 의식을 이용한 강박 훈련은 그야말로 아주 촘촘하고 공격적인 시크릿 실천법이 될 수 있다. 당신이 자신의 생각을 매 순간 알아채고 긍정적인 방향으로 바꿔 주는 훈련을 하지 않을 경우, 시크릿 주문을 하루 종일 만트라할 때 입으로는 시크릿 주문을 외지만 머리로는 다른 부정적인 생각을 할 수도 있다. 그러면 시크릿 주문의 효과는 반감될 수도 있다. 그러나

만일 시크릿 주문과 함께 강박 훈련을 해 준다면 여러분은 보다 많은 순간을 시크릿 주문과 함께 그에 맞는 생각에 집중하는 것까지 더해 줄 수가 있는 것이다.

앞서 소개된 사례자 A 님(로또 3등 당첨자) 같은 경우, 강박 훈련을 안 내받고 2달 후 내게 이런 말을 하셨다. 이제는 말할 수 있다는 것이다. "소울디님이 저에게 일도 안 하고 집에서 쉬면서 저진동 압축 풀기나 호포노도 못 하고 하루 종일 무엇을 하냐고 하셨잖아요? 제가 사실은 과거의 기억과 생각들에 사로잡혀 아무것도 할 수가 없었어요. TV를 봐도 생각이 저 혼자 계속 진행이 되니 드라마도 볼 수가 없었고 생각 때문에 다른 어떤 일에도 집중할 수가 없었어요. 그런데 강박 훈련의 설명을 듣고 그것을 해 보려고 의식하니 긍정적인 생각에 집중하는 것까진 아직 잘 되지는 않지만 일단 부정적인 생각이 계속 되는 것이 현저히 줄었어요. 많이 편해졌어요. 생각과 내가 어느 정도 분리가 일어난 것 같아요."

나는 사념의 강박에 모든 일상이 이렇게 영향을 지대하게 받고 있는 상태를 감히 상상할 수가 없었던 것 같다. A 님도 단순히 압축 풀기를 할 여력이 없고 감정에 직면할 준비가 되지 못한 상태라 저진동 압축 풀기를 제대로 해내지 못하는 거라고 생각했는데 사념체에 영향을 받아서 즉 생각 때문에 감정이고 몸이고 다 묶여 있었던 것이었다.

삶을 사는 정말 쉽고 단순한 방법이 있다.

매순간, 판단하지 말고 느껴라!이다.

정말 쉽다. 어떤 상황에서 문제가 생겼을 때 물론 저절로 분별이 일어나고 순간의 판단과 대처의 행동을 바로 취해야 되는 순간들도 있지만 기본적인 마음 상태를 일단 해결책은 우주에 맡기고 어떻게 해결될진 모르겠지만 그 모든 것이 잘되었을 때의 행복감을 내가 미리 느끼는 것이다. 어차피 답을 알기에는 3차원 인간적 내 머리로는 한계가 있다. 외부의 사건이 터지거나 골치 아픈 일, 신경 쓰이는 성가신 일들이 생겼을 때 우리 안에서 일어나는 일은 '어떡하지?'이다. 감정은 두려움, 불안감, 막막함, 답답함 짜증에 갇힌 채 머리가 그 해결책을 찾으려는 상태라는 것이다. 이런 감정 상태로 찾아낸 답은 온전할 수가 없다. 그 답은 결국 시간이 흐르면 다시 두려움, 불안감, 막막함, 답답함 짜증의 체험을 끌어당길 것이다.

문제의 상황에서 '어떻게든 되겠지!'라고 하며 모든 것이 해결 되었을 때의 안도감과 행복감에 집중하는 것은 단순히 '에라~ 모르겠다.'와 같은 책임 회피의 태도와 다르다. 그것은 두려움과 막막함에 사로잡히고 3차원 인간 의식에 갇힌(당신의 머릿속 지식과 정보는 너무나 한계가 많은 인간 차원의 수준이다.) 당신이 일하게 하는 것이 아니라 더 큰 당신, 3차원의 제한성을 넘어설 수 있는 전시안적인 더 큰 차원의 내가 일하게 만드는 방법이다. 3차원의 당신은 그저 더 큰 나인 우주가 일할 수 있도록 우주를 믿으며 일이 모두 해결되었을 때의 행복감에 집중해 주는 것이 우주를 완벽히 돕는 길이다. 현재, 창조의 무대는 3차원 인간 차원이고 이 필드의 주인공은 당신이다. 이 지구에서의 삶의 키와 핸들은 당신이 쥐고 있고 당신이 당신 삶의 창조자이자 신이다. 우주는 당신의 의식과 의지에 반응할 뿐이고 당신을 무한 지원하도록 되어 있다. 더 자세하게는 당신이 하는 말, 집중하는 생각과 감정의 주파수에 반응하도록 되어 있는 것이다.

골치 아픈 일이 발생했을 때, 불안감에 사로잡혀 '어떡하지? 왜 이런 일이 벌어졌지?' 등의 해결책을 찾으려는 상황 분석과 판단에 저절로 굴러가는 머리를 멈추고 그 모든 것이 어떻게든 해결되었을 때의 감정 상태, 안도감과 행복감에 집중하는 것이다.

어떻게든 잘 될 거야~ 행복하다!

판단, 생각 금지! 행복 느끼기!를 해 보라.

오로지 어떻게든 잘될 것이라는 생각과 모든 것이 잘되었을 때의 행복 감정에 집중하는 상태가 될 때 당신은 실제로 그런 일이 벌어질 수 있는 답이 깃든 영감과 아이디어에 접속될 가능성이 높아진다. 진짜 답을 받을 수 있는 사념적, 감정적 상태가 준비되는 것이다.

안 좋은 일이 일어난 상황에서도 긍정적인 생각과 감정에 집중하려 할 때 저항과 괴리감이 고개를 들 수도 있다. 미치지 않고서야 내가 이럴 수 있나 싶게.

이럴 땐 그냥 미친 척 미쳐 보라고 말하고 싶다. 누가 봐도 안 좋은 상황에서, 다 잘될 거야 난 행복해~ 이게 가능하다고? 미치지 않고서야! 그런데 어차피 현실은 더 미친 상황 아닌가? 인류는 지금까지 두려움 속에서 부정적인 쪽으로 미쳐 살아왔으니, 이래도 미치고 저래도 미칠 거, 부정성으로 미치느니 긍정성으로 미치는 게 낫지 않나?가 내 생각이다.

미쳐라! 긍정적으로!

군이 긍정적으로 미쳐야 되는 이유는 당신이 긍정적인 체험을 원한다는 전제하에 당신이 아무것도 하지 않고 가만히 있게 되면 중립적으로 가만히 있을 수 있는 게 아니라 부정성에 미친 인류 집단 의식의 거대한 에너지 바다에서 당신 또한 부정성으로 휩쓸리고 미치게 될 것이기 때문이다.

그러니 어느 쪽으로 미칠 것인지 선택하면 된다.

명심하라! 우리가 내면으로 가지 않으면 외부로 가게 되며 우리가 긍정성으로 가지 않으면 부정성으로 가게 된다. 중간은 없거나 오래 지속될 수 없다.

※ 〈3. 육체: 정화 & 에너지 몸 활성화〉는 [심화편]에서 다룰 예정입니다.

3부

1

Q & A

* 아무리 풀어도 특정인에 대한 감정이 풀리지 않아요

A: 아무리 풀어도 풀리지 않는 감정은 없다. 그렇게 느껴질 뿐이지. 하나의 감정에 대해 혹은 한 사람에 대한 감정에 대해 작정하고 1년을 연속해서 하루 1~2시간씩 혹은 건드려질 때마다 푸는 식으로 3년 정도면 웬만한 원수나 악마가 아니고서는 풀릴 수 있을 것이다.

그런데 우리 주변에는 웬만한 원수나 악마가 실제로 존재할 수 있다. 그것도 가까운 가족으로. 아주 극단적인 예를 들면 사이코패스나 살인자 옆에서 내가 두려움의 압축 풀기를 계속 할 순 없다. 그땐 압축 풀기를 하며 버티는 것이 아니라 피할 수 있다면 그 역할자를 최대한 피해야 한다. 도저히 어떤 말로도 소통이 되지 않으며 같이 있거나 교류하는 것만으로도 극심한 스트레스에 노출되고 숨이 막힐 정도로 힘들고 매번 갈등을 유발하며 뭔가 답이 없게 느껴진다면 그리고 이런 관계에 너무 오래도록 노출된 상태라면 그 관계는 지옥이니 일단 지옥에서 당신을 분리시키고 탈출시키라고 하고 싶다. 이런 상태에서 당신은 압축 풀기가 아닌 심신적 안전 보장과 휴식이 필요하다.

모든 것이 내 죄고 내 업보이며 내 마음먹기에 달린 것이니 내 탓을 하며 내게 스트레스를 주는 상대를 이해하고 사랑하고 용서하기 위해 참고 감당하는데 압축 풀기가 이용되어선 안 된다. 그것은 나에 대한 사랑과 상황에 대한 분별력의 부족이 불러오는 대참사(내가 죽든, 상대가 죽든)가 될 가능성이 높다.

상대가 선을 넘고 있다면 말도 안 되는 상대방의 상태를 이해하기 위해 온갖 합리화로 자신의 생각과 감정을 변형시키는 대신 '이건 아니다.' 싶은 자신의 신호를 따르라! 몸과 마음이 말해 줄 것이다. 몸이 위축되고 아프고 무기력해지고 가슴이 답답해지고 마음은 편치 못할 것이다. 이 신호를 무시할 때 당신은 몸이 고장나고 감정도 고장나기 시작한다.

모든 관계의 기준은 내가 그 관계가 행복한가? 이다. 내가 행복하지 않더라도 모두의 평화와 행복을 위해 내가 나의 행복을 희생한다면 당장의 평화와 타인의 행복은 보장되더라도 장기적 관점에서는 결과적으로 그 누구도 행복하지 못하게 되는 상황이 펼쳐지게 될 것이다. 왜냐하면 그 모든 체험과 상황의 중심에 온전히 행복하지 못한 내 감정이 있기 때문이다.

우리가 건강을 생각할 때 몸에 좋다는 건강식품과 온갖 영양제를 먹는 것도 중요하지만 그 전에 먼저 자신의 몸에 해로운 음식들을 먹지 않는 것이 우선이다. 당신이 행복하고 싶다면 행복을 위한 온갖 일을 다해 보기 전에 당신에게 정신적 스트레스를 가하는 불행의 환경과 요소들을 당신 삶에서 제거부터 해 주는 것이 우선이다. 당신의 삶의 목적이 스트레스와 불행 속에서 심신을 단련시키거나 고행이나 수행하는 것이 아니라면 말이다.

　가족이든 친구든 선을 넘는 스트레스의 대상이라면 최대한 피하고 관계를 정리하는 게 우선이고 당장 정리가 될 수 없는 상태라면 최후로는 감정 압축 풀기와 호포노(고마워, 사랑해.)를 진행하는 수밖에 없다. 포기하지 않고 하다 보면 상황이 정리되고 처리되는 순간이 올 것이다.

* 갑자기 아무것도 하기 싫을 만큼 허무하고 무기력이 와요

A: '지친 영혼들'에 대한 설명이 좀 필요하다. 내가 나에게 오시는 내담자분들의 에너지장을 리딩하면서 파악하게 된 정보에 의하면 지구에 인간들은 3가지로 분류될 수 있다.

영혼이 있는 존재들, 영혼이 없는 존재들, 그리고 영혼이 있으나 없는 것처럼 사는 존재들.

우선 영혼이 없거나 있어도 없는 것처럼 사는 존재들은 이런 내용의 책에 접근 자체가 어렵다. 그들은 완전히 다른 수준의 의식과 체험들을 지구에서 진행 중이기 때문이다. 그래서 나는 그들에 대한 정보를 잘 알지 못하며 사회에서 그런 사람들을 만나면 그들 의식 수준에 맞춰 대화를 해주고 연기를 해 주는 식으로 할 수밖에 없다. 그들은 현재 인간의 80~90%를 구성하고 있으며 아바타 수준으로 인류의 집단 무의식에 깊이 프로그램화되어 인간 사회에 적응을 잘하거나 그것이 당연한 것처럼 인식되고 사회에 자신을 맞추고 인정받기 위해 열심히 사는 것이 삶의 주된 체험이자 목표가 된다.

내가 설명 가능한 부류이자 문제가 되는 부류는 바로 영혼이 있는 존재들이다. 영혼이 있는 존재들은 영혼이 없거나 있어도 없는 것처럼 사는 90%의 인간들이 공존하는 사회에서 적응하기 위해 온갖 노력을 다하다가 심신이 고장나서 그야말로 지친 영혼의 상태가 된다. 그들은 처절한 에너지 고갈 상태, 마이너스 통장으로 버텨 왔다. 그들의 번 아웃은 실제로 영혼이 답답하고 피가 마르는 수준이나 외형적으로 눈에 띄지 않는 이상 공감받기 어렵기 때문에 오히려 예민하다고 오해받으며 결국 몸이 아프고 사회 부적응자로 도태되기 싶다. 이런 영혼이 있는 존재들은 다시 두 부류로 나뉜다.

지구에 온 지 오래된 영혼들과 얼마 되지 않은 지구 체험 초짜, 새내기 영혼들이다.

지구에 온 지 오래된 영혼들은 그야말로 부정적 감정의 저진동 압축이 너무 심하게 진행되고 에너지장의 오염도와 장애물도 많아서 처리해야 할 쓰레기가 어마무시하다. 지쳐 있는 것이 너무 당연하다.

나에게 오는 20대 초중반 젊은이들 중에는 대화를 하다 보면 이 사람의 나이가 이번 생은 20대나 영혼의 나이가 마치 한 600살처럼 느껴지는 분들이 많다. 모든 것을 이미 다 체험하고 무의식적 앎과 정보를 가지고 있는 것처럼 이번 생의 나이에 비해 존재적 무게와 깊이가 느껴지는 젊은이들이 있다. 그리고 나이가 있으신 분들 중에는 이번 생에는 체험(결혼, 육아 등등)을 군이 해 보지 않아도 무의식적으로 이미 다 알고 질려 버린 것처럼 일반인이라면 누구나 따르는 사회 관습적 체험들에 끌리지 않고 잘 피하고 있는 분들도 있었다.

반대로 지구에 온 지 얼마 되지 않는 지구 체험 새내기 영혼들은 인간 체험에 대한 호기심을 가지고 있으나 지구 인간들의 의식 수준과 사고 방식, 사회적 관습들에 상당한 불편감과 이질감을 느끼며 예민하고 엉뚱하다는 4차원 소리를 듣거나 사회성이 떨어지는 양상을 보일 수도 있다. 그들 역시 에너지적으로 상당히 지쳐 있었는데 그것은 마치 순백의 백지 한 장을 잉크물에 담근 수준으로 단 한 번이지만 치명적 오염과 장애를 입었기 때문이었다. 그 오염이 아직 아물지도 않았고 지구에 오래 있으면서 적응하고 익숙해질 시간도 없었기에 정말 총상을 당한 지 얼마 되지 않는 병사처럼 치명상을 입은 채 무너져 가고 있었다.

그런 영혼에게 지구는 갑작스런 지옥불과 같다. 그들은 자신이 직접 체험한 부정적 감정의 양보다 주변에서 흡수한(마치 불구덩이 속에서 화상을 입고 흡입한 유독 가스처럼) 부정적 감정의 양이 더 많고 오염된 지구 에너지장에 의해 화상을 입고 있는 수준이라고 보면 된다.

이 두 부류의 영혼들은 자신의 감정이든 인류 집단적 타인의 감정이든 그 모든 것이 압축되고 영향을 받으며 이러나저러나 지쳐 있다.

지친 영혼들에게 **갑자기 아무것도 하기 싫을 만큼 허무하고 무기력이 왔을 때** 안내할 수 있는 방법 3가지가 있다. 자신의 감정 상태와 상황에 맞게 적용해 보길 바란다.

1) 게으름을 허용하고 실컷 게으름을 체험한다.
2) 감정을 있는 그대로 겪으며 감정이 나를 관통해 빠져나감을 체험

한다.

3) '오기'로 내가 원하는 감정 에너지를 살려 낸다.

(1) 게으름을 허용하고 실컷 게으름을 체험한다

전생부터 지금까지 인간으로서 살아오는 것 자체에 번 아웃이 오든, 이번 생에 자신의 삶을 바꾸기 위해 이런 자기계발 서적의 방법들을 너무 많이 공부하고 적용하며 애써 보다가 이런 실천 자체에 번 아웃이 오든, 아무것도 하기 싫을 만큼 허무하고 무기력이 왔을 때, 그래서 압축 풀기고 호포노고 아무것도 하기 싫고 할 수 없어졌을 때, 그런 자신의 감정과 상태를 그냥 있는 그대로 존중하고 허용하고 체험하라.

의지를 낼 수 없고 다시 나태해지는 자신에 대해 나는 의지 부족에 게으른 사람이라고 비난하고 자책하지 말고 그냥 게으름을 체험하라. 게으를 시간을 주고 충분히 게으름을 피우고 만끽하라! 한 번도 제대로 온전히 게을러 본 적 없이 달려오기만 했다면 충분히 해 보라! 당신이 이 게으름을 제대로 체험시켜 주지 않으면 당신은 몸을 쓰러뜨려서라도 이 시간을 가지게 될 것이다. 그러니 몸이 망가지고 쓰러지기 전에 미리 해 주라! 마음은 죄책감을 느끼며 어정쩡하게 몸만 쉬어선 안 된다. 정신적으로도 완벽히 게을러지고 나태해져야 한다. 이래야 하고 저래야 한다는 규칙과 신념들, 해야 할 일들에 대해서는 다 잊고 그저 내가 생각하는 가장 나태한 행위들을 하며 실컷 게을러 보라!

2~3주, 길면 한 달 정도를 그렇게 하고 나면 일말의 양심의 가책과 함께 '이제 뭐 좀 해야 되지 않을까?' 혹은 '할 수 있겠는데.' 혹은 '하고 싶다.'가 생길 수도 있다. 그때 뭐든 다시 시작하면 된다. (양심의 가책을 쉬는 첫날부터 느끼면 쉬는 게 아니다. 양심의 가책 없이 최소 2~3주는 양심껏 게을러야 한다.)

나는 가끔 우주의 존재로서 체험 자체를 쉬고 싶다는 생각이 들곤 한다. 나는 우주에서 너무 많고 다양한 존재 상태를 체험해 왔고 지구의 인간 체험은 그야말로 해병대 캠프가 1만 년 이상 지속되는 피로함 같이 느껴진다. 지구의 인간 체험을 마지막으로 나는 체험과 존재함 자체를 좀 쉬고 싶다. 그야말로 무로 돌아가고 싶은 수준의 지친 영혼의 상태가 내 안에 있다.

그러니 지친 영혼들이여! 2~3주 동안 사회적 인간으로서 아등바등해야 했던 그 모든 짐으로부터 당신을 쉬게 해 주고 무로 잠깐 돌아가라! 당신의 육체와 정신의 생체 로봇바디의 스위치를 꺼 주라!

(2) 감정을 있는 그대로 겪으며 감정이 나를 관통해 빠져나감을 체험한다

이 책을 쓰기 전 나에게 엄청난 지겨움이 올라왔는데 아무것도 할 수 없었다. 모든 게 의미가 없었고 허무했고 비관적이었고 그리고 무엇보다 지겨워 미칠 것 같았다. 내가 책을 써서 뭐하나? 사람들이 읽지도 않을 건데, 읽으면 뭐하나? 이해를 못 할 건데, 이해하면 뭐하나? 실천을 못 할 건데, 실천을 하면 뭐하나? 끝까지 실천해서 실현을 못 해낼 건데.

나는 마치 전생에 인간들에게 뭔가를 시도하다가 된통당한 적이 있는 느낌이었다. 그것도 아주 수차례. 인간들에 대한 실망, 좌절감 그리고 그들에 대해 내가 뭘 또 시도하는 느낌 자체가 너무나 부질없게 느껴졌다. 상태가 심각했다. 나는 인간들에 대해 아무런 기대가 없었다. 내려놓을 기대조차 없는 느낌이었다.

나는 내게 오시는 내담자분들의 감정과 육체적 증상을 3일정도 전부터 감지해서 전이 상태로 미리 체험하는 현상을 종종 겪곤 한다. 그래서 내게 올라오는 감정이 온전히 내 것만이 아닌 내담자분들의 감정과 결합되어 증폭되고 있음을 안다. 그래도 나의 지분이 10% 정도라도 있으니 건드려지는 것이기 때문에 나는 이런 증상들을 통해 내 안에 조금이라도 남아 있는 처리되지 못한 나의 부정적 감정을 직면하여 처리할 수 있음도 안다.

극도로 비관적인 허무한 이 지겨움에 나는 압도되었고 파묻혔고 그 감정이 나를 고스란히 관통하는 것을 무방비로 지켜볼 수밖에 없었다. 지겹다~라고 소리내어 반복해 내는 압축 풀기 30분을 해냈지만 그 이후로는 말조차 하기 싫었다.

슬프다~라는 말로 표현하기에 내 슬픔이 너무 압도적으로 클 때 그 슬품의 에너지는 그냥 눈물이나 오열로 나온다. 나는 눈에서 눈물이 흐르는데 온몸으로 울고 있는 느낌을 체험해 본 적이 있다. 20대 때 눈물이 줄줄 흘렀는데 그 눈물이 내 팔다리를 타고 뚝뚝 떨어져 흘러내리니 온몸이 눈물로 젖고 내 몸이 눈물을 뿜어내며 그야말로 온몸으로 우는 느낌이 난 적이 있었다.

분노가 말로 표현해 낼 수 있는 수준이 아닐 때 그 분노는 고함과 폭력적 행동들, 때리기, 물건 던지기, 부수기, 난동의 형태로 나오는데 그 모든 것이 분출되고 난후 마치 쓰나미가 지나간 현장처럼 보일 것이다. 쓰나미와 같은 분노의 에너지가 사람을 관통해서 빠져나가며 남긴 흔적들인 것이다.

때로는 내 안의 감정 에너지가 말로 표현할 수 있는 수준이 아닐 때 그냥 그 감정 자체를 고스란히 체험하며 나에게서 내어 보내야 할 때도 있다. 그래서 때로 고스란히 감정을 느끼며 체험하는 것도 정화의 방법에 속한다. 감정의 쓰나미가 나를 휘청하게 만들며 나를 관통해 간다. 빠져나가기 위함이다.

지겨움이 나를 관통해 가고 있었다. 2주 정도 아무것도 할 수 없었다. 지겹다 라는 생각과 느낌 속에 사로잡혔고 인간 상태에 대한 지겨움이 화가 날 정도로 증폭되었다. 내가 인간이라는 것이 지겹도록 싫고 인간 상태로는 답이 없어 보였다. 그 지겨움에 의해 나는 태워지고 절여지면서 지겨움이 나를 초토화시키는 것을 그대로 체험해 내고 있었다. 내가 할 수 있는 일이 그것밖에 없었다.

2주가 지나니 지겨움이 서서히 물러갔다. 오랫동안 열병을 앓고 나자 오히려 몸이 가뿐하고 상쾌해지는 것처럼 시야가 트이는 기분이었다. 생각이 정리되기 시작했다. 내가 전생에 인간에 대해 무엇을 체험했건 기대가 없다는 것은 굉장히 자유로운 축복의 상태였다. 기대는 고통의 바다 아닌가? 기대로 인해 실망, 상처, 배신을 겪게 되는데 기대가 없다는 것은 정말 멋진 상태로 재인식되고 느껴졌다. 새로운 시야였다. 그리고 누군가에게 함부로 기대한다는 것 자체가 오만이었다. 내가 뭐라고 기대를 하는가? 내가 뭐라고 인간을 바꾸려고 하는가? 그들은 그들이 존재하고 싶은 대로 존재할 자유가 있고 내가 옳고 좋다고 생각하는 그 모든 방향은 만고에 내 기준일 뿐이다. 인간들은 정말 다양한 상태로 완벽히 그들의 여정을 잘 가고 있다.

이 책을 걸레로 쓰든 날개로 쓰든 그들의 몫이고 자유다. 나는 이 책을 펼쳐내고 있는 이 행위와 과정 자체에 또한 자유와 행복을 체험하면 된다. 이 책의 저자와 독자 모두에게 자유와 행복이 체험되길 기원하게 되었고 그 결과와 방법의 형태는 우주에 내어 맡긴 채 나는 이 책의 집필을 잘 시작할 수 있게 되었다.

내 안의 감정을 고스란히 체험하며 내보냄으로써!

(3) '오기'로 내가 원하는 감정 에너지를 살려 낸다

부정적 감정의 압축풀기를 계속 하다 보면 무겁고 진했던 감정이 조금 씩 엷어지고 풀려나고 사라지는 것을 체험하게 된다. 감정이 50% 정도만 제거되어도 마치 내 잇몸과 하나가 되어있던 이가 빠지기 위해 덜거덕거 리는 것처럼 감정이 내 안에서 덜거덕거리며 분리감을 일으킨다.

'이 감정은 내가 아니었어. 혹은 이 감정 에너지는 실체가 아니라 환상 이었구나!'

그리고 나의 경우, 리딩 작업을 하는 동안 감정이든 육체적 증상이든 일시적으로 나에게 와서 내 것처럼 체험되다가 그 감정과 육체 증상의 주 인공인 내담자분의 에너지장 처리를 하면 내 안의 그 모든 감정과 증상들 이 사라지게 될 때, 마치 어딘가에 깊이 홀렸다가 풀려나는 느낌을 아주 리얼하게 체험하게 된다. 이럴 때 감정 에너지가 얼마나 환영인지 완연 히 알게 된다.

어느 날, 자고 일어났더니 나는 갑자기 죽고 싶어졌다. 아무 이유도 없 이 그냥 죽고만 싶다는 감정이 나를 지하 저 밑으로 내리꽂아 버렸다. 인 생이 아무런 의미가 없었고 당장 삶 자체의 스위치를 꺼 버리고 싶었다. 그 감정이 나를 압도했고 나는 호포노고 압축 풀기고 아무것도 할 수 없 었다. 그리고 동시에 이 감정이 내 것이 아니라 나에게 올 내담자분의 것 이라는 것도 알아챘다. 이렇게 되니 갑자기 화가 났다. 나는 왜 내 감정도 아닌 것에 영향받아 내 기분을 망치고 내가 원치도 않는 감정에 지배당해야 하는가? 그리고 오기가 생겼다. 이대로 무너질 순 없다. 우주에 말했다. 죽을 때 죽더라도 나는 포기하지 않는다.

내가 아는 방법들, 압축 풀기와 호포노를 할 수조차 없었는데 오기가 생기면서 '포기하지 않아.'라는 느낌으로 버티고 있으니 갑자기 아이디어 하나가 떠올랐다. 우리가 두려움이나 분노와 같은 부정적 감정에 지배당할 때 우리의 의식은 굉장히 낮아지고 사고의 범위도 좁아지고 에너지적으로는 굉장히 위축되어 우주가 보내는 해답의 영감들과 정보에 접속될 수 없게 된다. 그런데 포기하지 않겠다는 의지만 가지고 있었을 뿐인데 방법이 하나 떠올랐다.

바로 '웃음치료'였다. 웃음치료란 외부에 기쁜 일이 생겨서 뇌에서 아드레날린이나 도파민이 분비되어 입꼬리가 올라가고 내가 웃게 되는 것이 아니라 정확히 반대로 내가 먼저 입꼬리를 올리고 웃어서 뇌에서 아드레날린과 도파민을 분비시켜 감정과 육체를 기쁨의 상태와 유사하게 만드는 치료 방법이다. 육체와 감정이 연동되어 있기에 가능한 일이다.

웃음치료와 함께 어디선가 본 실험 하나가 떠올랐다. A 집단과 B 집단으로 나뉘어 만화책을 읽게 했는데 A 집단은 그냥 읽게 하고 B 집단은 볼펜을 입에 물고 읽게 했더니 볼펜을 입에 물고 읽게 한 B 집단이 만화책을 더 재미있게 읽었다는 것이다. 나는 당장 볼펜을 입에 물고 거실을 왔다 갔다 하면서 억지로라도 호포노를 시도했다. 억지로라도 도저히 안

되던 호포노(고마워~ 사랑해~.)가 되기 시작했고 그렇게 30분을 하고 나니 내 감정은 지하에 꽂혀 있다가 지상으로 올라왔다. 마이너스의 감정이 기쁨 같은 플러스 감정이 바로 될 순 없었지만 최소한 밑바닥을 치는 암울한 감정이 아닌 평범한 제로 상태로 돌아왔다.

그렇게 입꼬리를 올리는 웃음치료 방법으로 지하로 떨어진 내 감정을 건져 낸 체험을 한 보름 후, 한 내담자분이 오셨는데 자신의 체험을 하나 들려 주셨다. 그분도 마음공부와 명상을 20년 넘게 해 오시며 에너지가 상당히 열려 있는 상태였는데 은퇴 후 전원으로 가서 명상을 하고 계시는 분이셨다. 그가 어느 날, 이웃 아주머니의 부탁으로 그 집에 고장난 곳을 수리해 주러 갔다가 아주머니가 쏟아내는 마음의 하소연들을 듣게 되었다. 그 하소연을 듣고 집으로 돌아오는 차 안에서 가슴이 갑자기 무겁고 슬퍼지기 시작했는데 그 감정이 자신의 것이 아니라 이웃집 아주머니의 감정이 전이된 것이라는 것을 알아차렸다고 한다. 집으로 돌아온 후 그는 미소명상에 돌입했다고 한다. 미소 명상은 온화한 부처의 염화미소처럼 입꼬리를 올리는 명상인데 미소 명상을 30분 정도 하자 가슴의 슬픔이 사라져 갔다고 한다.

와우~ 일맥상통하는 방법들이 다양한 형태로 이미 존재하고 있었다. 그 방법들과 우리가 연결되지 못하고 있었을 뿐이지!

부정적 감정에 짓눌리고 그 감정을 고스란히 체험하기엔 그 감정이 온전히 다 내 것이 아닌 것 같고 뭔가 억울하고 내키지 않을 땐 포기만 하지 않는 다면 어떻게든 방법이 오게 될 것이다. 미소명상을 추천한다.

* 압축 풀기를 언제까지 해야 하나요?

A: 끝날 때까지 끝나지 않는 느낌으로 결국은 끝이 날 것이다.

저더러 언제까지 해야 되나요?라고 물으면 답은 항상 정해져 있다. **될 때까지요~**이다.

그런데 기쁜 소식은 나의 경우, 정말 집중적으로(거의 분노의 화신으로) 2~3개월 하니 약 70~80%가 연소되는 느낌이 들었다. 그 이후로 간헐적으로 올라오긴 했지만 그때마다 압축 파일을 풀면서 넘어갔다. 그 이후로 부정적 감정이 건드려지고 올라오는 간격이 길어지면서 90% 이상 까지 풀어지는 데는 총 1년 반이 걸린 것 같다. 2~3개월 동안 풀어서 70~80% 정도 풀렸으니 거의 다 풀렸다고 생각했는데 그 후로도 1년에 걸쳐 띄엄띄엄 뚜껑이 열리는 일이 터졌으니 나 역시 '이거 도대체 언제 끝나는 거야?'라는 생각도 들었고 끝날 때까지 끝난 게 아니라는 느낌을 받았다. 마치 내 영혼이 꺼진 불도 다시 보자의 느낌으로 압축 풀기를 아주 집요하고 세심하게 진행하는 느낌이었다.

한 내담자분이 이런 말을 하셨다. "제가 제 마음을 열어 보니 총체적 난국이예요. 분노, 답답함, 슬픔, 고통, 짜증 등등등 어디서부터 손을 대야 할지 엄두가 나지 않아 문을 다시 닫게 돼요."

집 안 문을 열었더니 집안이 엉망진창으로 어질러져 있어서 어디서부터 치워야 할지 엄두가 나지 않아 문을 닫아 버리면 당신은 어디에 가서 쉴 것인가? 자신의 집을 버릴 것인가? 일단 보이는 대로 닥치는 대로 조금씩 치우다 보면 조금씩 빈공간이 생긴다. 시간과 노력을 들여야 해서 그렇지. 언젠가는 집은 치워진다.

치워도, 치워도 끝이 없고 압축 파일을 풀어도, 풀어도 끝이 없는 것처럼 느껴질 때 조금 쉬면서 호포노(○○아~ 고마워, 사랑해.)만 해도 좋으니 포기만 하지 말길 바란다. 최소한 2~3개월 후에는 조금씩이라도 가벼워짐을 느낄 것이다.

구조적인 설명을 다시 하자면, 표면 의식에 당장 분노나 슬픔이 올라와서 나를 사로잡고 내가 우울과 고통에 사로잡혀 있을 때 우리가 지금까지 가장 잘 써 온 방식은 일반 명상이나 마음공부의 관념과 해석들로 평화에 집중하고 분노나 고통이 일어날 만한 일이 아닌 걸로 재해석해서 감정을 무의식 즉 아래 방향으로 가라앉히는 방식이었다. 이 방식을 쓸 경우, 무의식에 가라앉힌 감정은 언젠가 또 들고 일어나고 건드려지고 그 감정자체가 상황을 불러오게 되어 있고 그 감정의 프로그램은 다음 생에도 이어진다. 죽어서 몸만 벗어난 빙의령들을 보면 죽어서도 감정에서 벗어나지 못하고 계속 이어지고 다시 태어나도 계속된다. 한마디로 영원히 계속될 것이다. 그래서 이것이 업이고 카르마이고 프로그램이라는 것이다.

내가 제안한 방식은 방향이 반대라고 보면 된다. 표면 의식에 올라온 나를 사로잡고 내가 사로잡힌 부정적 감정을 위로! 더더더 직면하고 자극해서 끌어올려서 날려 버릴 것이다. 이 작업은 압축된 감정의 양에 따라 일정 기간, 몇 달, 몇 년이 계속될 수도 있다. 그리고 전생 대대로 양파 껍질처럼 켜켜이 누적된 것이라 한 겹 풀면 또 그 밑에 것이 풀려 올라오기를 반복 할 수도 있다. 그러나 이것이 몇 달이 걸리고 몇 년이 걸리든 이 작업은 끝이 나게 되어 있고 최소한 끝을 향해 달리는 작업이라는 것이다.

내가 『내 안의 권능 사용법 1』에서 여기까지만 와 주세요~라고 한 것이 바로 '행복 감정 스위치 켜기'까지였고 그 이후 나의 여정은 계속 진행되었다. 그 이후 일어난 일에 대해 얘기하자면 내 안에는 엄청난 고진동인 우주적 지복감이자 행복 감정의 스위치가 켜져야만 건드려질 수 있었던 저진동 압축 파일의 뿌리가 있었다.

그 뿌리 감정의 종류와 풀리는 순서도 저마다 다를 수 있지만 나의 경우, 그 뿌리 감정은 바로 '두려움'이었다. 저진동 압축 파일의 뿌리인 두려움의 감정이 물풍선처럼 두둥실 오르더니 픽~ 하고 터졌는데 그만 망망대해가 되고 말았다. 나는 졸지에 두려움의 바다에 떠 있게 되었다.

두려움이라는 감정의 압축이 터져 바다로 펼쳐졌을 때 내 의식의 내부를 구조적으로 파악하게 되었다. 내 무의식의 저변에 두려움이라는 것이 바다처럼 깔려 있었고 이 바다를 처리하지 않으면 즉 이 두려움을 말끔히 없애지 않으면 내가 아무리 고진동을 활성화시키고 행복 감정 스위치를 켜도 그 에너지가 제대로 뿌리를 내릴 수가 없다는 것을 구조적으로 감지하게 되었다. 이 두려움을 없애는 것부터 당장 먼저 해야겠다는 생각이 들었다.

그리고 특이한 지점은 뿌리로 등장한 두려움의 감정은 정말 대단히 막연한 두려움이었다. 뭔가 실체가 없지만 만연하고 막연한…. 뭔가 특별한 공포와 두려움의 기억체도 없이 진한 두려움의 감정도 없이 그저 막연한…. 그러나 너무 장대한 바다와 같은 두려움, 그것은 마치 우리 안에 이유 없고 근거 없는 행복감의 에너지 그 자체가 존재하는 것처럼 이유 없고 근거 없는 두려움의 에너지 그 자체가 존재하고 있는 것과도 같았다.

행복 스위치가 켜지기 전에도 두려움을 몇 번 압축 풀기로 처리한 적이 있었는데 그때와 다른 한 가지는 행복 감정 스위치가 켜지기 전에는 뭔가 역할자나 상황에 의해 건드려진 명확하고 강렬한 감정을 대상으로 압축 풀기를 했다면 행복 감정 스위치가 켜진 후에는 뭔가 더 예민해져서 심하게 건드려지고 느껴지는 감정이 아니더라도 행복감에 집중하는데 뭔가 거슬리고 방해되는 게 있다면 그건 풀어야 할 대상으로 감지되어 풀게 되는 지점들도 있었다.

그래서 나는 그 막연한 두려움이 심하게 느껴지진 않았지만 그냥 기계적으로라도 소리내어 말하며 풀기 시작했다. 그때 내 기분은 마치 해변에 앉아서 종이컵으로 바닷물을 퍼내고 있는 기분이었다. 이걸 언제까지 퍼내야 하고 끝이 어디인지 얼마나 퍼낸 건지도 모른 채 계속 퍼내고 있는 느낌이었다.

그러나 이 여정을 가는 나의 특징 '될 때까지 하자!' 그래서 그냥 어디까지 해야 될진 모르겠지만 난 이 두려움의 바다를 없애지 않으면 안 될 것 같으니 될 때까지 하자는 마음으로 계속 했다. 그래서 해 보니(30분씩 기계적으로 두려워~를 계속 반복해서 소리 내어 말했음.) 하루 평균 3시간, 30분 하다 쉬고 30분 하다 또 다른 일하고 또 30분 하고 하는 식으로 해서 하루 평균 3시간을 3일을 연달아 10시간 정도를 풀고 나니 더 이상 입에서 "두려워."라는 말이 나오지 않았다. 두려움이라는 개념 자체, 그 느낌 자체가 머리에서 집중이 안 되고 형성이 안 되는 것이다. 마치 집게로 모래를 집는 것처럼 두려움이라는 느낌 자체가 집어지지 않았다. 90%가 연소된 느낌~ 휑하니 사라진 느낌이었다.

그 작업을 하고 내가 한 가지 알게 된 것은 대부분의 분노, 원망, 불안, 근심, 걱정 등 부정적 감정이 바로 두려움이 가지를 뻗어 낸 다양한 감정체들이었다는 것이다. 마치 두려움의 다양한 변형물들처럼.

저 사람이 저렇게 하면 어떡하지? 저렇게 안 하면 어떡하지? 상황이 이렇게 되면 어쩌지? 이렇게 안 되면 어쩌지? 하는 두려움이 발생시키는 다양한 감정들이 분노, 원망, 불안, 걱정, 슬픔, 고통을 일으킬 수 있었겠구나!

두려움이라는 감정 뿌리를 처리한 후 달라진 점은, 일상에서 나의 선호와 기호가 불러오는 기대들이 있지만 모든 일이 그런 내 뜻대로 진행되지 않을 때 아주 가볍고 표면적인 기분만 살짝 자극될 뿐이라는 것이다. 그 표면적인 감정 상함이나 당황스러움이 내 감정 전체와 존재 자체를 흔들고 영향을 끼칠 만한 두려움이라는 큰 뿌리가 사라졌기에 그냥 바람처럼 지나가더라는 것이다.

압축 풀기 언제까지 해야 해요?라는 말이 나오는 이유를 안다. 하루 30분이나 1시간씩 한 번 하고 며칠 있다가 또 건드려져서 또 30분 하고 그렇게 했는데 며칠 있다가 또 건드려서 또 압축 풀기를 몇 번 반복하다 보면 이거 언제까지 해야 해? 끝도 없네~라고 느껴질 수밖에 없을 것이다.

이런 분들께 한 가지 감정, 하나의 문장으로 10시간을 연달아 해 보라고 권한다. 그렇게 해보신 분들이 잘 없기 때문이다. 아주 뿌리를 뽑고 끝장을 본다는 심정으로 하면 된다. 앞서 말했지만 몇천 번, 몇백 번의 생애 동안 압축된 카르마 감정을 몇 달, 몇 년 안에 풀고 자유로워지는 것만도 기적이다. 10년 해서 풀려도 기적이고 이번 생을 다 해서 풀려도 기적이다.

내가 1년 반에 걸쳐 압축 풀기를 한 그 여정을 돌아보면 이렇게 된다. 처음엔 압축 풀기가 시작되었을 때 풀수록 엄청난 양과 다양한 부정적 감정에 집중하고 노출되면서 그 무거운 감정에 눌리고 압도되고 마치 나락으로 떨어지는 것 같을 때도 있었다. 어떤 감정은 되뇌면서 너무 고통스러워 죽고 싶었고 이 모든 것이 다 흘러가고 결국 좋아질 것을 알면서도 그 감정에 빠지면 "내가 뭐하자고 이런 압축 풀기를 알아가지고 그냥 일반인으로 살 걸…." 하며 엉엉 울면서 압축 풀기를 하기도 했었다.

그런데 그렇게 나락으로 떨어지는 상태로 계속 하다 보면 바닥을 치고 올라오는 순간이 있었다. 마치 압축 파일의 임계치가 풀렸는지 살짝 반등하듯 가벼워지는 지점들이 생기고 그런 순간들을 맞이하고 맛보게 된다. 그렇게 되면 나중에는 리듬을 타게 된다. 감정이 건드려지면 압축 풀기를 하고 다시 호포노를 하고 다시 감정이 건드려 지면 또 압축 풀기를 하고 마치 나에게 먼지 털이 같은 유용한 도구가 하나 생긴 것처럼 유적 발굴할 때 보물에 빨리 접근하기 위해 보물을 덮고 있는 저진동 압축을 빨리 털어 내고 싶은 것처럼 저진동에 파묻힌 내 안의 보물, 고진동의 감정(나에 대한 감사와 사랑, 기쁨과 행복)에 접속하고 집중해 내기 위해 압축 풀기를 빨리 해내고 싶어지고 압축 풀기라는 도구를 유용하게 잘 쓰게 된다.

그렇게 7~80프로가 연소되면 어떤 경지 내지 단계가 오게 된다.

우리는 많은 영성 책이나 마음공부에서 이미 모든 게 환상이고 내 감정 조차 환상이라는 개념을 알고 있지만 고통이 환상이라는 것을 알면서도 실제처럼 체험한다. 그러나 압축 풀기를 하다 보면 내가 부정적인 감정을 반복해서 소리 내어 충분히 오래 말해 줬더니 그게 연해지고 옅어지고 사라지는 체험을 하게 되면서, 어느 날 감정이 살짝 건드려져서 풀려고 보니 압축풀기 작업을 하기도 전에 '이거 어차피 풀면 사라질 환상이잖아~.' 가 되더라는 것이다.

이게 체험이고 체득이라는 것이다. 압축 풀기를 하면 부정적 감정이 연기처럼 약해지고 사라지는 체험을 정말 체감하게 되고 그때는 진실로 그 모든 것이 환상이었다는 것을 알게 된다. 그래서 결국 '이거 어차피 풀면 없어질 환상인데 압축 풀기 할 에너지로 나 그냥 호포노하고 기쁨 느끼기 할래~.'가 되더라는 것이다.

이게 바로 영혼들이 환상에서, 무거운 프로그램에서 벗어나고 자유로워지는 과정이 아닐까? 개념이나 머리나 말로만 아는 것이 아니라 진짜 진심 그렇게 체험해 내고 느껴서 그게 된다면?

이 간단한 걸~ 이 진귀한 걸 시작도 못 하고, 안 하고, 하다가 포기하면 당신만 손해다.

그리고 이때야 말로 그냥 호포노로 정화되고 처리되는 순간이 오는 것이다. 부정적 감정의 저진동 압축 풀기를 하지 않을 경우, 내가 내 이름 넣어서 "○○아~ 고마워 사랑해."를 하는데 내 무의식 안에 나에 대한 수치감, 열등감, 분노 등이 있게 되면 두 가지 상반된 감정 에너지는 계속 충돌을 일으키며 내가 아무리 10년, 20년을 호포노를 해도 나에 대한 감사와 사랑의 감정이 뿌리를 내리지 못할 것이고 정화되기에 너무 많은 시간이 걸릴 것이다.

압축 풀기를 해서 내 안의 부정적 감정이 충분히 비워지면 호포노도 기쁨 느끼기도 장애물 없이 저항 없이 잘 진행되고 여러분의 에너지장에 뿌리를 잘 내릴 수 있을 것이다.

그럼에도 내가 제안하는 모든 방법들은 우주에 존재하는 수 만 가지 방법 중에 한 가지일 뿐이므로 당신에게 이 방법이 맞지 않고 도움이 되지 않고 효과가 없다면 당신에게 맞고 더 도움이 되는 더 훌륭하고 멋진 방법을 찾고 끌어당기면 된다. 당신 자신과 당신의 여정에 대해 포기만 하지 말길 바란다.

* 크게 건드려지는 저진동 압축 파일이 없는 것 같아요
(그런데 무의식이 다 처리된 건 아닌 것 같아요)

A: 가장 총체적 난국의 상태가 바로 자기 안에 압축 파일이 철저히 봉인되신 분들이다. 존재 안에 에너지 역량이 크고 기본적으로 이해와 연민이 많아서 웬만해서는 화도 잘 안 나고 고통도 잘 못 느끼고 또한 마음공부를 열심히 해서 순수한 초기 감정에 대해 즉각적인 재해석(이런 것은 화나고 힘들만한 일이 아니야~.)을 가해 무의식으로 가라앉히는 것이 습관화되신 분들, 고통을 체험하고 싶지 않아 감정선 자체를 끊어 내신 분들 등등이다. 이런 분들께는 두 가지 방법을 권하고 싶다.

1) 크게 건드려지고 느껴지지 않더라도 무의식 작업을 하듯이 기계적으로라도 소리내어 말하며 압축 풀기를 시도해 본다. (내가 부정적 감정 압축 파일의 뿌리로 등장한 막연한 두려움을 10시간 풀었던 것처럼.)

2) 특별히 부정적 감정이 감지되지 않으면 그냥 다음 단계인 기쁨 느끼기 훈련을 시도해 본다. (내가 기쁨과 행복감에 집중해 볼 때 저항이 오거나 뭔가 반대급부의 부정적 감정이 건드려지고 발견될 수도 있음.)

부정적 감정의 저진동 압축 파일 풀기를 할 때 지금의 의식상태로 해서는 안 된다. 지금의 의식 상태로는 과거의 그 모든 것이 이제 더 이상 크게 화날 일도 슬플 일도 아닐 수도 있고 희미해졌다고 느껴질 것이다. 당신은 그때로 돌아가서 상처받은 과거의 내면 아이를 다루고 그 관점과 그때의 입장이 되어야 하고 5살 아이처럼 세상의 중심이 내가 되어야 한다.

기준이 **나한테 감히 어떻게 이럴 수가 있어?!'**가 되어야 감정들이 건드려질 수 있고 발견되고 처리될 수 있다. 우리가 '내가 감히 타인에게 어떻게 그럴 수 있겠어?' 하고 살아서 쌓인 압축 파일이기 때문이다.

나 같은 경우, 압축 풀기 즉 감정 청소, 정화 작업을 굉장히 공격적으로 한다. 물론 행복 스위치가 켜지고 부정적 감정이 환상임을 알아서 저절로 넘어가져서 그냥 행복에 집중하는 것도 하지만 때로는 10% 정도짜리 압축 파일이 마치 아주 작지만 신경이 쓰이는 날파리처럼 윙윙거리고 주변을 알짱거릴 때, 나를 다치게 할 순 없지만 거슬리고 집중을 방해할 때, 아주 끝장을 내 버리자라는 마음으로, 꺼진 불도 다시 보자~ 청소한 데 또 닦자~ 씨를 말리자~ 이런 기분으로. 때론 아주 미미한 크기의 감정을 그냥 계속 압축 풀기를 해 버린다.

날파리 없애고 마음 편하게 아름다운 풍경을 실컷 감상하고 싶어서, 작은 부정적 감정이라도 말끔히 없애고 아주 완벽히 행복 감정에 푹 빠지고 집중해 내고 싶어서이다.

2

압축 풀기 후기(문자 & 이메일)

1 솔디님~ 목구멍에 걸린 듯한 답답함이 늘 있어 속수무책으로 있을 수밖에 없었는데 압축 풀기 소리 내어 뱉어 내는 걸 시도했더니 속도 시원하고 맺힌 듯한 답답함이 많이 풀려 나가네요. 이거 진짜 강추네요. 호포노와 입축 풀기 환상의 짝꿍이네요. 주변에 자신 있게 권할 수 있겠어요.

2 제 자신에게 이제는 정직하고 싶어요. 아프면 아프다고 슬프면 슬프다고 다 표현하고 살고 싶어요. 아니 그렇게 살 거예요. 압축풀기 현재 진행 상황은 아주 장난이 아니에요. 어쩜 그리 계속 풀 것이 나오는지, 정말 소울디님 말처럼 입이 아파서 일단 멈추긴 멈추는데도 분이 안 풀리니 속으로도 해요. 하다가 폭발해서 눈물도 쏟고 속이 시원해졌다가 그다음 날 또 같은 기억으로 또 분노가 올라오고요.
직장 동료에 대한 압축 풀기가 어느 정도 풀리니 이제는 저의 17년 지기 절친이 그 대상이 되더라고요. 그래서 더 힘들고 분노와 속상함이 함께 올라오고 사실 너무 괴롭기도 합니다. 17년 지기 친구라고 묻어 놓고 쌓아놓은 것이 너무 많더라고요. 끝도 없고 정말 이렇게 끝도 없이 나오는데 과연 끝이라는 게 있을까?

그런데 그런데요…. 저는 느껴요. 끝도 없게 느껴지지만 조금씩 달라지는 저를, 조금씩 편해지는 저를요. 정말 괴롭고 힘들지만 그래도 꿈틀대고 있는 저를 느껴요. 영성 공부 글로만 배우며 '모든 것이 완벽한 거래, 이게 다 내가 선택한 거래. 다 받아들이고 살아야 하는 거래.' 하며 포기하듯 체념하듯 마냥 손 놓고 있을 때와 달라요.

정화와 압축 풀기, 이 도구가 있어서 얼마나 든든한지 몰라요. 전 제 가슴속에 저만의 신전을 꼭 만들 거예요. 소울디님이 말씀하신 그곳이요. 온전한 내가 있는 그곳. 생각만 해도 눈물이 나고 기뻐요. 사랑합니다. 고맙습니다.

3 저는 행복 감정 느끼기 명상이 참 좋아요. 예전에 하던 깨달음 명상보다 고루하지 않고 숙제하는 듯한 무거운 느낌도 없어요. (물론 그땐 내가 그리 느끼고 있다는 것도 몰랐지만요.)

지금 몸 컨디션도 좋아요. 잠도 조금씩 더 좋아지고 몸의 긴장이 많이 줄었어요. (이완이 되니 비로소 제가 긴장했다는 걸 알게 되었고요.) 마지막으로 명상이나 정화하다가 좀 이상하고 낯선 경험을 할 때 이제 안 무서워요. 나 소울디 아는 사람이야. 이러면서 든든하고 또 안심하게 되어요. 정말 고마운 인연입니다!!!

4

　제가 1년 이상 소울디님 에너지 리딩을 받아오면서 제 마음이 평온해지고 분노가 많이 사라졌고 화내는 일상이 없어졌어요. 기쁨과 행복함이 더 많아지는 일상이 되어 가네요. 호오포노포노로 제 자신에게 사랑과 고마움을 표현했고 압축 풀기로 제 안에 쌓여 있었던 저진동을 하나씩 꺼내서 풀어냈더니 지금의 저는 예전과 비슷한 상황을 대면하더라도 그때의 감정이 일어나지 않고 그냥 남 일처럼 그랬었나? 그래져요.

다들 열심히 명상하고 비워라, 내려놓아라 그러잖아요. 그런데 이런 분노의 감정도 있는 그대로의 저인데 자꾸 누르고 참고 비우자 하는데도 자연스럽게 하지 않고 억지로 하기 싫은데 참고 누른 거였더라고요. 제 자신을 죽여 가면서요. 이 우주에서 제 자신이 신이고 빛이며 제일 소중한 존재라는 사실을 항상 잊지 않고 내 안에 내재되어 있는 고진동 압축 풀기로 깨어나려고 수없이 다짐하곤 합니다.

하다 보면 언젠가는 깨어나 있으리란 기쁨으로 나의 여정을 한 발씩 앞으로 걸어 나아가려 합니다. 소울디님의 도움을 받아 저의 노력으로요.

먼저 앞서 걸어 나가신 소울디님께 무한 감사드립니다.

5

　안녕하세요, 소울디님~! ○○입니다. 작업받으러 간 지 3주 반 정도 지난 것 같습니다. 그때 상태가 좀 안 좋아서 경각심을 갖고 고진동 압축 풀기 위주로 3주 간 틈나는 대로 만트라 했는데요. 날이 갈수록 효과를 느끼는 것 같습니다.
타인으로부터 공명된 에너지로 머리가 아플 때 일정 시간 동안 고진동 만트라 하면 공명 에너지가 없어지는 게 느껴지는 현상이 있었고, 최근에는 누워서 "○○아 고마워 사랑해~" 하는데 할 때마다 몸의 세포가 진동하였고, 오늘 같은 경우에는 기쁨 느끼기 명상을 하는데, 아직 한 지 얼마 안 되어서 로또 1등 당첨 같은 걸 상상해 봐도 딱히 별 감흥이 없다가 '그냥 나라서 기쁘다.'라고 느껴 보았는데 안에서 온유하며 설레는 기쁨의 감정이 솟구치며 올라오는 걸 느꼈습니다. 한 15분 정도 지속되었던 것 같네요.

고진동 만트라를 하면 할수록 일종의 긍정적인 에너지장이 형성되고 있는 느낌입니다.
며칠 전부터는 저진동 압축 파일 위주로 하는 걸로 바꿨는데, 저진동 감정체들을 의식적으로 꺼내니 '아 내가 무거운 에너지들을 담고 있었구나.' 느껴집니다.

'과정 중에 카르마 없이 저진동 압축 파일을 없애게 해 주셔서 감사하고 사랑합니다.' 하며 지내고 있습니다. 응원 부탁드립니다.

앞으로도 어떤 진전이 있을지 기대가 되네요.
이러한 도구를 알게 해 주신 소울디님께 무한한 감사와 사랑을 드립니다.

6 소울디님이 말씀한 내용대로 압축 풀기를 등산하면서 소리 지르며 4-5시간 하고 있는데 쓰레기들이 막 올라오고 어제는 그 쓰레기들이 몸 전체에 가득 차 있는 게 느껴지더라고요, 오늘도 4시간 정도 등산하면서 했는데 막 올라오고 있어요. 님 감사해요.

(○○님의 경우, 오랜 수행으로 나름 정화를 했다고 생각하시며 저진동 감정 풀기를 제대로 본격적으로 실천하지 않으시다가 에너지 작업을 수차례 받으시면서 자신 안의 처리되지 못한 저진동 감정과 마주하며 처리 방법을 제대로 이해하시고 실천하게 된 경우임.)

소울디님 안녕하세요. ○○입니다.

에너지 작업 이후로 압축 풀기(우울하다 뿌리 뽑기) 하고 있는데요, 항상 생리 전 날에 머리가 아팠는데 이번에는 머리가 안 아파요. 너무 신기하네요. 제가 압축 풀기로 우울하다는 말만 20일 넘게 하고 있는데, 오늘은 "나는 바보, 멍청이, 사람들이 그걸 알아보는 게 두려워."란 말이 저절로 나와 30분 동안 "나는 바보 멍청이다. 하하하!!!" 했더니 너무 속이 후련해요.

아, 그리고 우울하다는 말을 하다 보니 오늘은 구덩이에 파묻혀 있던 저를 꺼내어 포근한 푸른 잔디밭에 누워 햇빛을 따뜻하게 쬐는 상상을 해 봤어요. 그냥 저도 제가 너무 가여워서 그러고 싶었어요. 이런 얘기를 소울디님께 털어놓을 수 있어 너무 행복하네요.

오늘도 좋은 하루 보내세요.

8

　　소울디님 저진동 압출 풀기를 하는데 "나 너무 두려워~. 나 버림받을까 봐 너무 두려워~."를 거의 한 시간 동안 하다가 갑자기 입에서 쌍욕이 나오네요. 뭐를 향한 분노인지는 모르지만 그때 소울디님과의 에너지 작업을 통해 알게 된 저의 내면 깊숙이 있던 저진동 감정체들이 저절로 잘 알아서 나와 주네요.

"○○아 고마워 사랑해~."를 먼저 하려 하니 뭔가 안에서 거부감이 있더라고요. 그래서 녹음해 둔 거 틀어두고 "난 너무 두려워~."를 진짜 원 없이 하고 알 수 없는 대상을 향한 쌍욕을 정말 시원하게 하고나니 속이 다 시원하고 "○○아~ 고마워 사랑해~."가 절로 나와요. 이제 정말 조금씩 해낼 수 있을 것 같아요.

9

　　소울디님 안녕하세요. 저 압축 파일 풀기가 드디어 돼요. 이제 스스로 자연스럽게 하게 되네요. 분노 에너지가 너무 커서 힘이 달려서 해오던 수련을 4년 전 쯤, 못 하게 되고 감정에너지 푸는 방법을 찾다가 결국 3년 전쯤 내면 아이 치유를 하면서 몸도 많이 좋아졌지만 몸속에 아직도 감정체가 물질화된 에너지가 남아 있는 것이 소울디님과도 인연이 되어 다 마무리가 될 듯합니다. 물론 나머지 감정 에너지와 관계 없는 육체적인 장애는 따로 치유해야겠지만, 감정체의 압축 파일이 풀어지면 에너지적 고통은 해결될 듯하네요.

압축 파일 풀기를 하니 그대로 드러나네요. 구역질, 담음, 트림, 하품으로 에너지가 빠져나가네요. 마음공부하시는 유튜버분들께서도 이런 현상이 감정이 풀릴 때 나타나는 현상이라고 말해 줘서 더 확신을 갖게 되었어요.

소울디님 인연에 정말 감사드려요~. ^^♡
그리고 예약이 비는 날이 있으면 언제든지 연락 주셔요~.
두 달 후가 아니더라도 받고 싶어요. ^^

참고로 4년 전에 잠시 수련할 때 구역질과 담음, 하품은 했었고 내면 아이 치유할 때도 담음이 나왔었지만 명치 쪽이 꽉 막혀 뭔가 시원하게 안 나오는 느낌을 받아 답답했었는데 요즘 트림이 나와서 좀 시원해짐을 느껴요. 이제 압축된 게 점점 풀리나 봐요.

10 소울디님~ 오늘 정말 고생 많으셨어요. 녹음 들어 보니 고진동 소리가 엄청 오랫동안 자주 나와서 힘드셨을 것 같아요.

이번 에너지 작업을 통해서 제가 입 밖에 내지 않아서 저조차도 그저 감정으로 인식하고 있는 부분이 리딩이 되는 걸 보고 나라는 사람이 그대로 다 기록되고 내게 남아 있다는 걸 다시 배우게 되네요.

오늘 해 주신 말씀 제게 큰 위로가 되고 용기가 되어 주었습니다. 정말 감사드려요~♡. 이 길의 여정에서 무엇에 집중해야하는지 집어 주셔서 감사해요. 힘들고 혼란스러웠을 이 길을 먼저 걸어 주시고 저와 같은 이들을 도와주셔서 감사해요. ^^

압축 풀기는 정말 정화하는 데 좋은 방법인 것 같아요. 숨어 있는 감정들을 드릴처럼 파내고 표면에 드러나게 하더라고요. 그리고 실컷 말하면서 느끼다 보면 그 감정을 충분히 경험한 느낌? 아, 이제 이만큼 맛봤으면 됐

다! 하는 느낌이 확실히 들어요.

이런 찰떡 같은 방법 생각해 내고 공유해 주셔서 감사합니다.
다시 뵙게 되는 1월이 너무 멀게만 느껴지네요. 정진해서 그때 뵐게요. ♡

11 　　안녕하세요. 소울디님 행복한 현실 창조가 이루어져서 너무 기뻐서 연락드려요!!! 며칠 전에 압축 풀기하고 지쳐서 침대에 드러누워 있는데 친구한테 갑자기 카톡이 와서 봤더니 자기가 하던 알바를 저보고 하라고 토스해 주었어요. 재택으로 할 수 있고 시급도 높고 나름 꿀인 그런 알바를 얻게 되었습니다!! 어제 면접 봤고 오늘부터 일하기로 했어요.

그래서 소울디님 에너지 작업을 더 여유롭게 받을 수 있게 되었어요!! 이게 다 소울디님의 에너지 작업과 압축 풀기 덕분이 아닐지…. 너무 감격스럽습니다. 작년부터 계속 알바 지원해도 연락이 안 오든지, 떨어지든지 이러면서 상황이 계속 안 되는 방향으로 가서 너무 답답했었고 아무것도 안 하고 누워 있는 것도 지쳤었는데 뭔가 할거리가 생겼다는 게 너무 기쁘고요 너무 좋아요!

그리고 제 일러스트 그림을 마켓에서 일주일 동안 판매할 수 있는 좋은 기회도 얻어서 신청했어요. 아직 확정된 건 아니지만 갑자기 이렇게 신청할 수 있는 기회가 왔다는 것도 신기하구요.

그리고 저진동 압축 풀기하면 진짜 에너지가 샘솟는 느낌이 들고 하고 싶은 말 다 할 수 있어서 너무 시원해요. 100정도의 감정이 50 정도로 줄

여지는 그 느낌이 너무 신기해요.

면접 보기 전에도 너무 무섭고 긴장되어서 한 시간 동안 "무섭다. 무섭다."이러고 풀었는데 갑자기 눈물이 나더니 "엄마 살려 줘, 엄마 나 혼자야." 이런 말이 나오더니 공포감이 엄청 줄어들었고 면접 볼 때 긴장도 평소보다 덜했어요. 너무 좋아요!!!!

그리고 이제 진짜 이마랑 정수리에 압(력)이 잘 안 와요. 영상이랑 책도 잘 볼 수 있고요. 정수리 부분이 약간 압이 있을 때도 있는데 딱히 거슬리지 않아요. 시원함을 느낄 때도 있고 숨도 더 깊이 쉬어지는 거 같습니다. 너무 기뻐서 소울디님한테 꼭 말씀드리고 싶었습니다. 제 인생에 나타나 주셔서 감사합니다. ♥

....

* 〈빛의 시크릿〉 블로그 주소
https://blog.naver.com/secretofsoulde
(네이버 검색창에 '빛의 시크릿 정화'로 검색)

빛의 시크릿

ⓒ SoulDe, 2022

초판 1쇄 발행 2022년 12월 12일

지은이   SoulDe
펴낸이   이기봉
편집   좋은땅 편집팀
펴낸곳   도서출판 좋은땅
주소   서울특별시 마포구 양화로12길 26 지월드빌딩 (서교동 395-7)
전화   02)374-8616~7
팩스   02)374-8614
이메일   gworldbook@naver.com
홈페이지   www.g-world.co.kr

ISBN   979-11-388-1469-0 (03200)